1 fr. 25 le volume

ŒUVRES COMPLÈTES D'HECTOR MALOT

LA

DUCHESSE D'ARVERNES

PARIS
LIBRAIRIE MARPON & FLAMMARION
E. FLAMMARION, SUCC.
26, RUE RACINE, PRÈS L'ODÉON

EN VENTE A LA MÊME LIBRAIRIE

EN COURS DE PUBLICATION

ŒUVRES COMPLÈTES D'HECTOR MALOT
à 1 fr. 25 le volume

Le Lieutenant Bonnet ....
Susanne ....
Miss Clifton ....
Clotilde Martory ....
Pompon ....
Mariehette ....
Un Curé de Province ....
Un Miracle ....
Romain Kalbris ....
La Fille de la Comédienne ....
L'Héritage d'Arthur ....
Le Colonel Chamberlain ....
La Marquise de Lucillière ....
Ida et Carmelita ....
Thérèse ....
Le Mariage de Juliette ....
Une Belle-Mère ....
Séduction ....
Paulette ....
Bon Jeune homme ....
Comte du Pape ....
Marié par les Prêtres ....
Cara ....
Vices Français ....
Raphaelle ....
Duchesse d'Arvernes ....
Corysandre ....
Anie ....
Les Millions Honteux ....
La Sœur Claude ....
Le Mari de Charlotte ....
Conscience ....
Justice ....
Les Amants ....
Les Époux ....
Les Enfants ....
Les Amours de Jacques ....

PARIS. — IMP. C. MARPON ET E. FLAMMARION, RUE RACINE, 26.

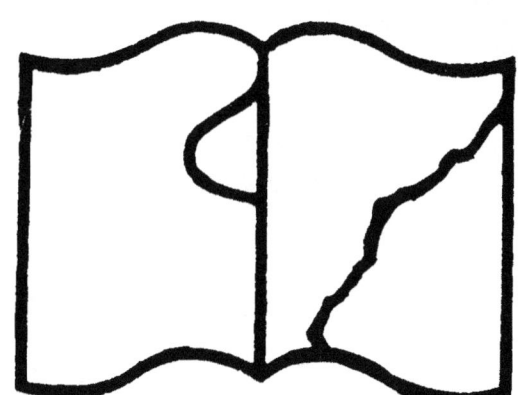

Texte détérioré — reliure défectueuse
NF Z 43-120-11

LA

DUCHESSE D'ARVERNES

Ouvrages de HECTOR MALOT

COLLECTION GRAND IN-18 JÉSUS

LES VICTIMES D'AMOUR : LES AMANTS, LES ÉPOUX, LES ENFANTS........ 2 vol.	SANS FAMILLE......... 2 vol
LES AMOURS DE JACQUES. 1 —	LE DOCTEUR CLAUDE.... 1 —
ROMAIN KALBRIS....... 1 —	LA BOHÈME TAPAGEUSE.. 3 —
UN BEAU-FRÈRE....... 1 —	UNE FEMME D'ARGENT... 1 —
MADAME OBERNIN...... 1 —	POMPON............. 1 —
UNE BONNE AFFAIRE.... 1 —	SÉDUCTION........... 1 —
UN CURÉ DE PROVINCE... 1 —	LES MILLIONS HONTEUX.. 1 —
UN MIRACLE.......... 1 —	LA PETITE SŒUR....... 2 —
SOUVENIRS D'UN BLESSÉ : SUZANNE............ 1 —	PAULETTE............ 1 —
	LES BESOIGNEUX....... 2 —
SOUVENIRS D'UN BLESSÉ : MISS CLIFTON........ 1 —	MARICHETTE.... ..... 2 —
	MICHELINE........... 1 —
LA BELLE MADAME DONIS. 1 —	LE SANG BLEU........ 1 —
CLOTILDE MARTORY..... 1 —	LE LIEUTENANT BONNET. 1 —
UNE BELLE-MÈRE....... 1 —	BACCARA............ 1 —
LE MARI DE CHARLOTTE.. 1 —	ZYTE............... 1 —
L'HÉRITAGE D'ARTHUR... 1 —	VICES FRANÇAIS....... 1 —
L'AUBERGE DU MONDE : LE COLONEL CHAMBERLAIN, LA MARQUISE DE LUCILLIÈRE............. 2 —	GHISLAINE........... 1 —
	CONSCIENCE.......... 1 —
	JUSTICE .... 1 —
	MARIAGE RICHE .... 1 —
	MONDAINE........... 1 —
L'AUBERGE DU MONDE : IDA ET CARMELITA, THÉRÈSE 2 —	MÈRE............... 1 —
	ANIE................ 1 —
MADAME PRÉTAVOINE.... 2 —	COMPLICES........... 1 —
CARA................ 1 —	EN FAMILLE.......... 2 —

Mme HECTOR MALOT

FOLIE D'AMOUR........ 1 vol. | LE PRINCE............ 1 vol.

ÉMILE COLIN — IMPRIMERIE DE LAGNY

LA DUCHESSE
D'ARVERNES

PAR

HECTOR MALOT

PARIS
ERNEST FLAMMARION, ÉDITEUR
26, RUE RACINE, PRÈS L'ODÉON

Tous droits réservés.

LA
DUCHESSE D'ARVERNES [1]

I

Il y avait plus de deux ans que le duc de Naurouse, accompagné de son secrétaire Crozat, était venu s'installer au château de Varages.

Et cependant, au village et parmi les gens du château, on parlait toujours de cette arrivée, comme si elle datait de quelques jours seulement.

C'est que cette installation du maître de Varages avait été un véritable événement dans la contrée.

Depuis plus de quarante ans en effet, c'est-à-dire depuis la mort du marquis de Varages, ou plus simplement du Marquis, comme on disait, le château avait été, sinon fermé, au moins inhabité.

Il était devenu alors la propriété de mademoiselle Gaëtane de Condrieu-Revel par suite du testament

[1] L'épisode qui précède a pour titre : *Raphaëlle*.

fait en faveur de celle-ci par le marquis de Varages, son parrain, et même mieux que cela, disaient les mauvaises langues, et comme celle-ci encore enfant, puisqu'elle n'était à ce moment âgée que de quatre ans, avait pour administrateur légal de sa fortune son père, le comte de Condrieu-Revel, qui résidait forcément au chef-lieu de sa préfecture, le château naguère si animé, si brillant, toujours plein du bruit et du mouvement des fêtes, s'était trouvé sans habitants. Encore n'avait-il dû sa conservation qu'à une clause prévoyante du testament, laquelle exigeait que le mobilier ne fût pas vendu, afin que le château fût remis à la légataire, le jour où celle-ci atteindrait sa majorité, intact et dans l'état même où il se trouvait à la mort du testateur. Sans cette clause, M. le comte de Condrieu-Revel l'eût assurément mis à sac, au moins pouvait-on le croire par la façon dont il avait administré l'héritage de sa fille, qu'il ne visitait que pour voir par lui-même les bois dont il pouvait avancer les coupes.

Devenue duchesse de Naurouse, mademoiselle Gaëtane de Condrieu-Revel n'avait point eu le temps d'habiter son château de la Provence, et, lorsqu'elle était morte, laissant pour unique héritier son fils Roger, la terre de Varages était retombée aux mains du comte de Condrieu-Revel, tuteur de son petit-fils.

Comme autrefois, M. de Condrieu-Revel n'était venu au château que pour signer les baux, ordonner les coupes de bois, toucher les revenus, surveiller certaines réparations importantes, et c'était à peine si, dans le village, on avait vu deux ou trois fois le jeune duc de Naurouse, enfant chétif et maladif, accompagner son grand-père.

Varages n'aurait donc plus jamais de maître; ses

cheminées ne fumeraient donc plus; dans ses écuries, on n'entendrait donc plus le hennissement des chevaux; sous ses grands bois ne retentirait donc plus la voix sonore des chiens?

A vingt lieues à la ronde, où trouver un château de plus belle ordonnance avec la vaste plate-forme sur laquelle s'élèvent ses bâtiments flanqués aux quatre angles de grosses tours, qui datent du quinzième siècle, et ses élégantes façades construites sous la Renaissance. De la terrasse, qui règne autour du château, ne jouit-on pas d'une des plus belles vues de la Provence, sur une contrée accidentée où les montagnes, qui se maintiennent à de moyennes hauteurs, sont çà et là coupées de riches vallées ou de gorges sauvages? Dans ces vallées, des prairies qu'arrosent des eaux abondantes et limpides, qui courent au milieu de la confusion des arbres fruitiers, pêchers, amandiers, abricotiers, mûriers, et parfois tombent de cascade en cascade, en jetant sous les rayons du soleil des éclairs argentés. Le long des collines, des vignes et des oliviers au pâle feuillage, séparé par des sillons de blé. Enfin, à mesure qu'on s'élève, les masses sombres de la forêt qui couvre les pentes escarpées et les sommets de la montagne, partout où les châtaigniers, les pins et les chênes trouvent un peu de terre végétale pour enfoncer leurs racines.

Et le château lui-même, quel crime que ses grilles restassent toujours fermées au nez des curieux. Ceux dont les souvenirs remontaient à quarante ans et qui avaient été les invités du marquis de Varages, parlaient avec enthousiasme des appartements intérieurs et de l'ameublement : d'une salle dite du Roi, de dimensions considérables, avec un plafond formé de caissons saillants sculptés et dorés; des cheminées du seizième siècle dignes de celle de Chambord; d'un escalier monumental sur la rampe duquel était sculptée une chasse au faucon. Toutes ces pièces avaient leur mobilier ou leurs collections : dans la salle du Roi, des armures du treizième siècle et des modèles des premières armes à feu; dans la chambre du marquis, une garniture de rideaux de lit en point de Venise qui était une merveille; dans la salle à manger et dans l'escalier, des tapisseries de Flandre, appelées, « Verdures »; partout des meubles curieux, des porcelaines de Chine, de Saxe, des glaces de Venise; tout un musée, sans l'entassement fatigant de la collection, puisque chaque chose était à sa place.

Une fois par an seulement, ces grilles s'ouvraient, le jour de la Saint-Savournin, pour que les fidèles de la contrée pussent venir adorer les reliques du bienheureux saint déposées dans un oratoire qui se trouvait dans l'une des tours; mais cela ne donnait point entrée dans le château lui-même : on défilait en procession sur la terrasse, on priait dans l'oratoire et c'était tout.

Et cependant, pas une seule fois en ces quarante années, les volets du château n'étaient restés clos : chaque matin un domestique appelé Camoin, qui avait été au service du marquis et que M. de Condrieu-Revel avait gardé, les ouvrait tous les uns après les autres, et chaque soir il les fermait; il avait vieilli là le balai et le plumeau à la main, attendant un maître qui ne venait pas et tenant tout en état pour son arrivée.

Lorsque le jeune duc Roger de Naurouse avait approché de sa majorité, on avait espéré qu'il viendrait à Varages, et bien des gens, dans le village et dans les environs, avaient supputé les bénéfices qu'ils ne manqueraient pas de faire lorsque le château serait habité :

un maître de vingt-et-un ans mènerait belle existence; ses amis viendraient avec lui; il donnerait des fêtes, des chasses; pour tout le monde; il y aurait gros à gagner; enfin on se rattraperait de quarante années de privations pendant lesquelles la terre de Varages avait été administrée par ce vieux grigou de Condrieu-Revel, qui emportait l'argent du pays et n'en apportait pas.

Mais un jour on avait appris par M. Vidal, le notaire, qu'une hypothèque d'un million venait d'être consentie sur la terre de Varages, et tous les beaux rêves s'étaient envolés : plus de bénéfices à faire avec le duc de Naurouse, plus de réceptions, plus de fêtes; les grilles ne s'ouvriraient pas, et les coups de balai de Camoin, ses coups de plumeau, seraient perdus; jamais le duc de Naurouse ne viendrait à Varages; Camoin mourrait, et un autre Camoin vieillirait avant que le château reprît un peu de son ancienne splendeur, ce qui n'arriverait bien certainement que si la terre passait aux mains d'un autre propriétaire.

Aussi l'étonnement avait-il été général lorsque le duc était arrivé.

En voyant une voiture toute couverte de poussière monter la rue du village, personne n'avait eu l'idée que l'un des voyageurs qu'elle renfermait pouvait être le duc de Naurouse.

— Encore des curieux qui veulent visiter le château, s'était-on dit, et qui vont se casser le nez contre la grille fermée.

Quand le duc, descendu de voiture, avait voulu entrer, la femme d'un garde, qui remplissait les fonctions de concierge et habitait un des pavillons d'entrée, lui avait barré le passage en lui disant que les étrangers n'étaient pas admis dans le château.

Cette réponse et quelques autres de ce genre, qui avaient été faites au duc en ce jour, alimentaient encore les conversations après plus de deux ans.

— Il ne s'est pas fâché, le duc, disait la concierge, quand je lui ai signifié qu'on ne passait pas, il s'est mis à sourire. — Camoin est-il ici? m'a-t-il demandé. — Oui, M. Camoin est ici. — Eh bien! appelez-le, il me reconnaîtra peut-être et voudra bien me laisser entrer chez moi. — Vous seriez donc...? — Le duc de Naurouse. En voilà une surprise, les bras m'en sont tombés du corps. Après ça il ne m'en a pas voulu de ne pas l'avoir reconnu, ce qui était bien naturel puisque je ne l'avais jamais vu, n'étant pas encore mariée quand il était venu au château tout enfant avec son grand-père.

Et Camoin :

— Moi, je l'ai reconnu de suite, bien que ne l'ayant pas vu depuis longtemps et qu'il eût changé ; mais en changeant il avait été ressemblant de plus en plus au portrait de défunt M. le marquis de Varages, même que c'en serait extraordinaire, s'il était permis à un homme de ma condition de faire des suppositions. Au reste, il faut que cela soit bien visible, puisque le secrétaire, M. Crozat, traversant le salon des portraits pour la première fois et voyant le portrait de M. le marquis dit à M. le duc : — Un de vos ancêtres ? — Non, le parrain de ma mère, le marquis de Varages, de qui nous vient cette terre.

II

L'arrivée du duc de Naurouse à Varages avait mis

toutes les cervelles en travail et tous les intérêts en jeu.

Il semblait que le commerce allait prendre un développement considérable, que la fortune du pays était faite, et qu'on allait revoir les beaux temps du marquis; ce n'est pas impunément qu'un pays vit pendant plusieurs années des bénéfices de la domesticité.

Mais il avait fallu bien vite en rabattre de ces beaux calculs; lorsque le vieux Camoin avait raconté son premier entretien avec son jeune maître, ç'avait été une véritable stupéfaction dans le pays.

— Le matin, j'entre dans la chambre de M. le duc et ça me rend tout guilleret de voir le lit occupé; vous pensez, ça me reporte à plus de quarante ans en arrière; je m'imagine que c'est M. le marquis qui dort là, dans les rideaux en point de Venise; et c'est lui, en effet, mais plus jeune et cependant avec aussi grand air. — « Camoin! qu'il me dit, j'ai à causer avec vous; vous êtes ici depuis plus de quarante ans, vous aviez la confiance du marquis de Varages, c'est une raison pour que vous ayez la mienne, et vous l'avez entière. »
— Hein!... c'est parler ça. Là-dessus je le remercie comme il convient, et il continue : — « Je vais faire un séjour ici qui sera de plusieurs années peut-être ; je n'amène avec moi personne de Paris; je compte donc sur vous pour me trouver les gens nécessaires à mon service. — C'est facile, monsieur le duc, que je lui réponds, j'ai un neveu cocher à Marseille et un cousin maître d'hôtel à Nice dont je suis sûr; pour le cuisinier chef... » — Mais voilà qu'il m'interrompt en souriant :
— « Pas si vite, il ne me faut ni cocher, ni maître d'hôtel, ni cuisinier chef, attendu que je viens ici pour travailler, non pour m'amuser : les seules gens dont

j'ai besoin sont une simple cuisinière et un garçon pour nous servir mon secrétaire et moi, de façon à ce que vous ne vous fatiguiez pas. » — Vous pensez les bras m'en sont tombés du corps ; ah ! ce n'était plus M. le marquis.

Comment ! le duc de Naurouse venait à Varages pour travailler, non pour s'amuser, recevoir et donner des fêtes ! Ah çà ! c'est donc un faux duc, et il avait donc volé son héritage. Pas de cocher, pas de cuisinier, c'était à faire pitié.

Bientôt on avait eu l'explication de ce mystère : par M. Vidal, le notaire, on avait su que le duc était pourvu d'un conseil judiciaire. Quelle honte pour le pays !

Et il travaillait ? un duc ! A quoi travaillait-il ? C'était peut-être pour vivre.

Là-dessus aussi, Camoin avait raconté des histoires bien curieuses.

— D'ordinaire, n'est-ce pas, c'est le maître qui dicte à son secrétaire. Eh bien ! chez nous, c'est tout le contraire, c'est le secrétaire qui dicte au maître. Et pas doucement encore. Du temps de M. le marquis ça ne se serait point passé comme ça, mais présentement le respect est perdu. Je vous dis qu'il est perdu. Ce n'est pas un méchant homme ce secrétaire, ce M. Crozat, habituellement il est poli avec tout le monde ; et puis il chercherait plutôt à vous éviter du dérangement qu'à vous en donner. Eh bien ! avec M. le duc ça n'est plus ça. Pas poli du tout, au moins quand ils travaillent ensemble. C'est dans la bibliothèque qu'ils travaillent : M. le duc s'assied devant une table vis-à-vis de la fenêtre, et M. Crozat se promène d'un bout à l'autre, tenant un livre à la main et dictant des mots dans une langue que je ne connais pas ; c'est je crois bien du latin, parce que j'ai entendu plusieurs fois *Deus*, *Dominus*, des paroles de la messe. M. le duc écrit, mais il y a des moments aussi où il s'arrête et où il reste à regarder par la fenêtre, comme si le secrétaire ne dictait pas toujours. — Eh bien ! dit M. Crozat. Ah ! c'est vrai, répond M. le duc, je m'oublie à regarder le ciel et les bois ; il est curieux que pour un homme né à Paris j'éprouve tant de bonheur à me perdre dans le ciel bleu ; un Provençal ne serait pas plus amoureux que moi de ce beau climat. — Ce n'est pas de la rêverie, de la distraction qu'il nous faut, dit le secrétaire, c'est de l'application ; allons, allons au travail. — Et savez-vous ce qu'il ajoute, ce secrétaire parlant à son maître, à un duc ? Je vous le donne en mille. Savez-vous comment il l'appelle, et sans se mettre en colère, doucement, comme pour l'encourager ? Vous ne devinez pas. Eh bien ! il l'appelle animau.

— Comment animau ? Vous voulez dire animal.

— Je vous dis animau ; croyez-vous que je n'ai pas des oreilles pour entendre ; deux fois, trois fois il lui dit : « Macté animau » ? *macte*, je ne sais pas ce que ça signifie ; mais animau, il me semble que c'est clair ; chacun comprend ça. Ah ! vraiment, le respect est perdu.

Cependant le temps de Roger n'était pas pris par le travail du matin au soir ; il y avait des heures dans la journée, tantôt à midi, tantôt le soir, selon les saisons et l'ardeur du soleil provençal, où il sortait pour faire de longues promenades, soit dans la campagne, soit dans la forêt.

Le matin, en quittant sa chambre, il descendait à la bibliothèque, où il trouvait installé depuis longtemps déjà Crozat, qui avait toujours été un de ces puissants travailleurs du matin pour lesquels les journées sont doubles ; sur un guéridon, Camoin avait servi un morceau de pain, une bouteille de vin blanc, des fruits frais ou des raisins secs avec des amandes, tous produits de la terre de Varages; le maître et l'élève mangeaient une croûte, buvaient un verre de vin tout en causant affectueusement, puis le travail commençait et se continuait sans repos jusqu'à l'heure du déjeuner, coupé de temps en temps par un de ces *macte animo* qui avaient si fort scandalisé le vieux Camoin.

Le déjeuner ne les retenait pas longtemps à table : un plat de viande, un plat de légumes, quelques fruits et c'était tout.

Alors Roger prenait un bâton ou un fusil et s'en allait droit devant lui pendant deux ou trois heures.

Pendant les premiers jours, Crozat l'avait accompagné, mais bientôt celui-ci avait renoncé à ces promenades; il n'avait point les goûts provençaux du duc; le terrible soleil du Midi le mettait en eau; le mistral l'horripilait; la poussière l'aveuglait. Il aimait mieux rester enfermé dans la bibliothèque dont il avait entrepris le catalogue : malheureusement il avait une manière de faire ce catalogue qui ne lui permettait pas d'aller vite : la bibliothèque du château de Varages était riche en anciennes éditions, il y avait là des livres sur la chevalerie d'Antoine Vérard, des éditions d'auteurs latins de Simon de Collines et des Estiennes, des Elzéviers en grand nombre; Crozat prenait un de ces livres, l'ouvrait religieusement, en admirait le titre, puis, tournant les feuillets, il se mettait à lire et, une fois qu'il avait commencé, il ne s'arrêtait plus, le catalogue était oublié.

Tout d'abord Roger avait fait ses promenades à pied, ce qui permettait d'aller à l'aventure, au hasard de la flânerie, marchant vite, marchant doucement, s'arrêtant pour causer avec un paysan dont il écoutait le provençal en souriant comme s'il le comprenait, bien qu'il n'en sût pas un mot ; mais un jour à Marseille, il avait trouvé attelé à un fiacre un cheval de pur sang nommé *Balaclava*, qu'il avait monté autrefois à Longchamp et à Chantilly, et il l'avait acheté pour une somme modique ; puis, après l'avoir mis en état par des soins et une nourriture convenable, il s'était amusé à le dresser aux obstacles, sur une piste qu'il avait aménagée dans une prairie, et alors il avait souvent fait de longues courses par les bois et les champs, passant bravement à travers tout, au grand ébahissement des paysans, étonnés de son audacieuse témérité, et émerveillés de son habileté, quand ils savaient ce que c'était que monter à cheval.

Mais si emporté qu'il fût par ce besoin de se dépenser, qui était le fond même de sa nature, il n'oubliait pas l'heure du travail, et, au moment fixé, Crozat le voyait revenir prendre docilement sa besogne d'écolier ; il était bien un peu essoufflé, ses mains tremblaient, mais peu à peu l'apaisement se faisait et le travail continuait jusqu'au dîner.

Alors bien souvent le dîner fini, quand Roger n'éprouvait pas le besoin d'un galop à travers bois ils s'asseyaient sur la terrasse et, par ces belles soirées du Midi, dans le silence de la nuit, doucement caressés par la bise toute chargée du parfum des bois et des fleurs, suivant des yeux le vol des lucioles, ils restaient à causer, et Crozat, non plus par des livres, mais par des discours pleins d'intérêt, tantôt sur un sujet, tantôt sur un autre, hâtait cette éducation qui se faisait alors inconsciemment, en se jouant, plus rapide et plus solide en quelques heures de conversation, qu'elle n'eût pu l'être dans un travail appliqué et continu.

III

Malgré la douceur de ses hivers, la Provence a aussi ses jours de mauvais temps, de pluie, de neige et de vent, où le mistral brise les vitres avec les cailloux qu'il arrache aux collines dénudées et transporte au loin. Bien que peu sensible à ces intempéries, Roger ne pouvait donc pas toujours sortir ; alors il restait à la maison, employant son temps comme il pouvait, tantôt visitant en détail quelque coin du château qu'il ne connaissait pas encore, tantôt écrivant des lettres, tantôt rêvant tout simplement devant le feu, mais toujours refusant obstinément les invitations de Crozat de travailler au catalogue de la bibliothèque, malgré tous les plaisirs que devait offrir cette occupation.

Un jour d'hiver qu'il était ainsi demeuré au château, il fit une trouvaille dans un meuble de sa chambre qui amena une révolution dans sa vie.

Il avait écrit à Harly, et sa lettre achevée, il était resté assis devant le bureau, sur lequel il l'avait écrite, réfléchissant, rêvant, s'amusant machinalement à ouvrir et à refermer quelques-uns des nombreux tiroirs de ce vieux meuble de fabrique milanaise, qui, pour la richesse de l'exécution et la complication de ses dispositions intérieures, était une merveille. Tout à coup, sous sa main, et sans qu'il sût trop comment la chose s'était faite, deux petits volets se séparèrent par le milieu et s'ouvrirent, découvrant une sorte de tabernacle, si bien caché, qu'il n'avait jamais soupçonné son existence. Dans ce tabernacle, garni de velours, se trouvaient quatre liasses de lettres attachées avec un fil d'or, un ruban décoloré, quelques fleurs desséchées, et une miniature qu'il reconnut tout de suite pour être le portrait de sa grand'mère maternelle, la comtesse de Condrieu-Revel, la femme de son grandpère, de son tuteur détesté le comte de Condrieu-Revel; il n'avait jamais connu cette grand'mère morte jeune bien avant qu'il fût au monde, mais il avait été élevé devant son portrait en pied, et la ressemblance entre ce portrait et la miniature était telle, que l'hésitation n'était pas possible.

Comment cette miniature se trouvait-elle dans un meuble ayant appartenu au marquis de Varages et n'ayant pas été ouvert très probablement depuis la mort de celui-ci?

Roger resta un moment à réfléchir, puis prenant la liasse de lettres, il dénoua le fil qui les réunissait, et se mit à lire celle qui se trouvait la première:

« Pourquoi ai-je vécu avant de vous connaître, cher
» Gaëtan! Que d'années vides, que de temps perdu,
» que de jours mal employés; maintenant je vais à
» une autre existence; votre amour me tire de moi-
» même; je suis prise dans un tourbillon qui m'enlève
» et m'entraîne. Ce sont des joies célestes, celles
» que vous me faites goûter. Si parfois j'avais pres-
» senti ces joies, si je les avais appelées de toutes les
» forces de mon être, je n'avais pas pu les rêver si
» délicieuses, si complètes. C'est le ciel que vous
» m'ouvrez, et jamais je n'avais pu espérer, jamais je
» n'avais imaginé que le ciel était fait pour moi.

» C'en est donc à jamais fini de ma solitude et de
» mon abandon; je suis aimée; j'aime; ma vie entière

» va tenir dans ces deux mots; je n'aurai plus rien à
» désirer : je connais le bonheur.

» Mon cœur déborde de reconnaissance envers vous
» qui êtes venu à moi et aussi envers Dieu qui nous a
» permis de nous aimer.

» Comment ai-je eu la faiblesse de craindre des
» troubles et des remords qui me feraient expier la
» faute de me livrer à votre tendresse! Je ne ren-
» contre en moi au contraire qu'apaisement, sérénité
» et confiance. Il me semble vivre dans un autre
» monde; c'est un autre air que je respire; ce sont des
» sensations nouvelles, imprévues, bouleversantes,
» enivrantes qui m'animent et m'émeuvent.

» Oh! c'est bien cela l'amour! l'amour irrésistible
» qui unit deux âmes et les enchaîne des plus doux
» liens, l'amour qui sait renverser tous les obstacles,
» qui compte pour rien les plus dangereux, comme
» ceux qui sont infranchissables pour aller droit vers
» l'aimant qui l'attire; le devoir, la raison, la famille
» ne sont plus que des mots quand les bras sont impa-
» tients de s'étreindre.

» Et jusqu'au jour où je vous ai rencontré, où vos
» yeux m'ont parlé, où vos paroles brûlantes ont
» frappé mon oreille pour me toucher si délicieuse-
» ment le cœur, j'ai pu rester ignorante de ces belles
» vérités; j'ai pu croire que mon chemin était tracé
» de telle sorte que jamais la main d'un homme ne
» prendrait la mienne avec une caresse, que jamais
» des lèvres chéries ne chercheraient les miennes, et
» que mon existence se poursuivrait à jamais, jusqu'à
» la fin, morne et solitaire.

» Je ne tentais même pas de me soustraire au sort
» terrible qui m'était fait, que je m'étais fait en ac-
« ceptant pour mari un homme que je méprisais; je

» courbais les épaules en sacrifiée qui n'a plus l'espoir
» de se relever jamais, et je subissais sans révolte,
» quoique sans résignation, la honte de porter le nom
» de cet homme qui me fait horreur, de partager son
» existence. Je ne cherchais rien, je n'entendais rien ;
» ma vie était finie sans avoir jamais commencé.

» Mais vous m'êtes apparu.

» Et voilà que tout à coup s'est révélé en moi
» quelque chose d'inattendu, d'inespéré, de fou-
» droyant, qu'aucun mot ne peut expliquer, que rien
» ne peut rendre ; je me suis mise à espérer, moi qui
» depuis si longtemps n'espérais plus ; j'ai eu comme
» un épanouissement, moi qui étais étouffée sous la
» contrainte, et, sans savoir pourquoi, sans me rendre
» compte de ce que je ressentais, j'ai éprouvé un eni-
» vrement qui me transportait hors de l'enfer stupé-
» fiant dans lequel jusqu'alors j'avais vécu étouffée ou
» torturée.

» Je n'ai pas analysé mes impressions, je ne les ai
» pas pesées, mesurées ; il m'a été impossible de les
» étudier à loisir ; je ne me suis rien expliqué, j'ai su
» seulement, j'ai vu, j'ai senti que j'étais prise d'un
» grand émoi quand j'avais l'espérance, de nous
» rencontrer.

» Quel trouble, quelle angoisse ! aussi, lorsque
» nous étions ensemble et que vos yeux me cher-
» chaient, je devenais mortellement craintive à la
» pensée d'être regardée par vous, d'être jugée par
» vous et de n'être pas trouvée digne de vous plaire ;
» car, instinctivement, inconsciemment, malgré moi,
» je voulais vous plaire, je voulais votre amour.

» Et pourtant, quand j'ai compris quels sentiments
» m'envahissaient, quand j'ai compris que vous auss

» vous m'aimiez, j'ai essayé de me défendre : vos
» regards, que d'abord j'avais cherchés parce que je
» puisais en eux une consolation et des jouissances
» indéfinissables, je les ai redoutés, j'ai voulu les
» fuir.

» Mais déjà il n'était plus temps de me défendre
» contre la passion qui m'avait envahie et qui m'en-
» traînait.

» Comme je me suis mal défendue ! J'ai été sans
» forces contre moi-même ; chaque jour mon cœur
» s'est donné un peu mieux ; chaque jour un plus fié-
» vreux, un plus dévorant besoin de vous voir m'a
» gagné, et peu à peu une révolution s'est faite en
» mon âme.

» Moi, la malheureuse meurtrie et désespérée, je
» me suis souvenue que j'étais jeune, ma conscience
» m'a dit que j'avais le droit d'aimer, je me suis sentie
» libre. Rien de ce qui n'était pas vous n'a existé pour
» moi, je n'ai plus vu que ce qui vous touchait.

» C'est ainsi que je me suis donnée, entraînée irré-
» sistiblement, et que je me suis laissé conduire par
» vous. Vous m'avez prise par la main, et pas à pas
» vous m'avez introduite dans ce monde merveilleux
» de l'amour.

» Quelle gratitude pourra vous payer jamais les
» sensations exquises que vous m'avez fait ressentir !

» Je m'abandonnais, me sentant à vous pour tou-
» jours ; et je frémissais d'une folle volupté à m'en-
» tendre dire que j'étais adorée ; il me venait des
» étonnements béats de votre tendresse que je goûtais
» avec délices, tout en me demandant encore un peu
» craintivement si un homme pouvait être réellement
» et surtout constamment aussi bon, aussi doux,

» aussi tendre, aussi noble, aussi admirable que vous
» vous montriez avec moi. Ne changeriez-vous pas un
» jour pour parler en maître ?

» Pardonnez-moi ce doute que je confesse parce
» que je ne me le pardonne pas moi-même, en voyant
» que vous êtes devenu meilleur encore et plus par-
» fait. Oh ! mon sauveur, mon amour !

» Maintenant vous savez que non seulement je suis
» à vous sans peur, mais encore qu'à chacune de nos
» entrevues je vous découvre un mérite nouveau qui
» m'exalte et me transporte.

» Maintenant, je suis sûre de vous, sûre du pré-
» sent, sûre de l'avenir, et je n'ai plus à redouter
» qu'un chagrin ou une déception me ramène dure-
» ment à la réalité.

» Maintenant je n'ai à attendre de vous que des
» joies plus profondes encore, et si cela est possible
» qu'un bonheur plus complet.

» Maintenant notre absence même et notre sépara-
» tion me sont adoucies, si cruelles qu'elles soient,
» je peux les remplir de satisfactions pénétrantes ;
» quand vous vous éloignez de moi je sais que je ne
» vais pas me dégager de l'ivresse que votre présence
» m'a causée et je sais aussi que je vais retrouver en
» moi votre image animée, vos paroles toutes vi-
» brantes et que, toujours émue de l'espérance de
» vous revoir, je garderai un trouble indicible, inef-
» fable qui occupera constamment mon cœur, ma
» tête et mon esprit, sans laisser place à une pensée
» qui ne soit vous ou notre amour.

» A bientôt, n'est-ce pas !

» ÉLÉONORE. »

Il avait lu cette longue lettre, sans s'arrêter et se

reprendre, entraîné par la passion dont elle débordait.

Pas un fait, pas un mot précis, pas un incident particulier, rien qu'un hymne d'amour, et cependant on voyait, on sentait comment cette passion était née, s'était développée, s'était épanouie.

Celui à qui elle était adressée? le marquis de Varages.

Celle qui l'avait écrite? sa grand'mère, la comtesse de Condrieu-Revel; le portrait qui l'accompagnait, le nom d'Éléonore dont elle était signée, ne laissaient pas place au doute ou à l'hésitation là-dessus.

Moins exaltée, moins sincère, moins pure, il ne l'eût pas lue jusqu'au bout cette lettre; il se fût arrêté au moment même où l'idée s'était présentée à son esprit que celle qui parlait ainsi était la mère de sa mère; un sentiment de pudeur et de respect lui eût fermé les yeux.

Mais ce n'était point l'histoire d'une amourette qu'il venait de lire. Ce qu'il venait d'entendre, c'était le cri puissant d'une grande passion, assez haute, assez noble, pour qu'il n'y eût point indiscrétion ou curiosité futile à vouloir la connaître. Assurément, celle qui avait écrit ces lettres ne pouvait pas perdre à ce qu'on les lût; et puis, d'autre part, il pressentait vaguement qu'il avait intérêt lui, un intérêt capital à les lire.

Vivement, il prit celle qui venait en second :

« C'était vrai, je ne me laissais pas tromper par l'es-
» pérance; cela est certain, je suis enceinte, et je
» meurs de joie.

» Ne crois pas que je m'en rapporte à mes désirs;
» j'ai voulu avant de t'écrire consulter le médecin; je
» lui ai dit ce que j'éprouvais; son autorité, dont tu
» ne douteras pas, a confirmé ce que je pensais : je
» suis enceinte.

» Je croyais ne pouvoir jamais être plus complète-
» ment heureuse que je ne le suis depuis que tu m'ai-
» mes, et voilà maintenant que ce nouveau bon-
» heur, qui surpasse peut-être celui que je reçois
» de toi depuis quelques mois, s'ajoute à ma féli-
» cité.

» Avoir un enfant de toi, sens-tu tout ce qu'il y a
» dans une pareille espérance. Un enfant que je
» chérirai non seulement parce qu'il sera le mien,
» mais surtout parce qu'il sera le tien; le tien,
» c'est-à-dire qu'il aura ton âme, ta tendresse, ta
» droiture, ta noblesse, ton esprit, ta grâce, tes per-
» fections, et qu'en lui je retrouverai ton visage et ton
» cœur, ta bonté et ton sourire.

» Comprends-tu, cher bien-aimé, quels seront mes
» ravissements et ma fierté lorsque notre enfant
» en grandissant me rappellera son père adoré : me
» vois-tu épiant curieusement, jalousement ses gestes,
» écoutant sa voix pour retrouver la douce musique
» de la tienne.

» Je veux une fille, et je le sens ce sera une fille. Il
» ne faut pas que l'enfant de notre amour garde le
» nom détesté sous lequel il naîtra. Ma fille sera douce
» et charmante, en tout semblable à toi; ses cheveux
» seront bruns et bouclés comme les tiens; ses yeux
» prendront aux tiens leur couleur sombre, leur feu,
» ou leur belle langueur voilée ; elle sera grande et
» élégante ; elle possédera l'admirable grâce qui n'ap-
» partient qu'à toi et ta suprême noblesse.

« Je l'élèverai pour toi; ton intelligence et ton sa-
» voir me guideront ; elle sera ce que tu voudras
» qu'elle soit ; mes idées ne compteront pas; ce se-
» ront les tiennes que je suivrai, et elle grandira dans
» tes principes : ce que tu respectes, elle le respectera ;

» ce que tu détestes ou méprises, elle le méprisera et
» le détestera.

» Il faut que tu sois son parrain ; il faut que tu lui
» donnes ton nom ; je lui apprendrai à t'adorer et à
» te vénérer ; elle deviendra pour toi-même une en-
» fant soumise et aimante ; je lui ferai dire aussi ten-
» drement « mon parrain » qu'elle aurait dit « papa ».
» Tu me seras un modèle qu'à chaque instant, que
» chaque jour je lui mettrai devant les yeux. Dès
» qu'elle pourra m'entendre et comprendre quelque
» chose, je lui ferai savoir ce que tu vaux et lui ap-
» prendrai à apprécier tes hautes qualités ; je veux
» qu'elle t'admire ; je veux qu'elle te trouve beau ; je
» veux qu'elle s'habitue à voir dans le marquis de
» Varages le type du gentilhomme et du grand sei-
» gneur accompli. A toute heure je l'entretiendrai, je
» la bercerai de tes mérites, et je lui parlerai de toi
» sans crainte avec l'amour qui m'anime. Nous com-
» binerons tous deux, si tu le veux bien, ce que je
» devrai lui dire pour son éducation et comment je
» devrai le dire ; tu me souffleras ; je n'aurai qu'à
» répéter ce que tu auras voulu que je répète, et ainsi
» ce sera toi qui parleras à ta fille, toi qui provoque-
» ras l'éveil de son intelligence que tu développeras à
» ton gré.

» Chaque soir j'écrirai sans rien oublier, sans rien
» changer, sans négliger rien, ce qu'elle aura dit, fait
» ou appris, ses rires ou ses larmes, ses plaisirs ou
» ses chagrins, et de cette façon tu apprendras à la
» connaître comme si du matin au soir tu ne la quit-
» tais pas.

» Si tu savais que de pensées, que de projets se
» heurtent dans ma tête, que je voudrais t'expliquer,
» mais qui m'emportent sans que je puisse les mettre

» en ordre ; j'ai l'esprit perdu ; je te raconte tout sans
» suite, tremblante d'émotion, en m'imaginant tant
» de joie, folle de fierté en sentant en moi cette ma-
» ternité qui va si bien remplir ma vie.

» Tu ne seras plus jamais loin de moi, un petit être
» à toi respirera sur mon sein, plus tard vivra à mes
» côtés, dans mes bras, et je vais prendre de lui, de
» sa présence, de ses caresses une assurance de bon-
» heur éternel. Dieu ne peut plus amais nous sépa-
» rer puisqu'un enfant nous sera né, et que cet enfant
» aura besoin de notre union et de notre amour pour
» s'élever et grandir, puisqu'il lui faudra notre appui
» à tous deux et nos soins.

» Ah ! que je suis heureuse et que je suis fière, je
» ne le dirai jamais, je ne le crierai jamais assez
haut.

» Mon bonheur est légitime ; c'est un bonheur qui
» m'était dû, et je ne me sens pas coupable de m'en
» enivrer.

» On m'a pris mon fils... »

Si Roger avait pu avoir des doutes sur l'enfant dont sa grand'mère parlait dans cette lettre, ce mot les aurait détruits : ce fils dont elle parlait, c'était son premier enfant, celui qui plus tard était devenu le père de Ludovic de Condrieu et de Christine ; tandis que l'enfant dont elle se disait enceinte, c'était la fille qu'elle avait eue ensuite, c'est-à-dire celle qui était devenue duchesse de Naurouse, — sa mère.

Il continua :

» On m'a pris mon fils, on m'a brisé ma jeunesse ;
» on m'a laissée sans foi ; désespérée j'avais le droit,
» après mes contraintes et mes douleurs passées, de
» me reprendre pour me réfugier près de qui j'aime
» et près de qui m'aime. Magsoжesәs s est la consé-

» cration, la sanctification de notre amour; elle me
» ferait tout braver, et je sens bien que je n'aurai plus
» maintenant de ces rougeurs et de ces embarras
» subits qui en ces derniers temps m'ont si fort tour-
» mentée.

» Maintenant, lorsque devant moi on prononce ton
» nom, je lève la tête : tu es mon époux, et, si un
» sentiment de pudeur ne me retenait pas, je crierais
» tout haut et à tous : « Je l'aime. »

» Je ne peux plus, je ne dois plus être, et je te pro-
» mets que je ne serai plus la pauvre créature que
» j'étais, pliée sous une volonté de fer, peureuse et
» timide, car notre enfant en souffrirait, et ma fai-
» blesse retomberait sur lui.

» Il ne faut pas qu'on me prenne celui-là comme on
» m'a pris l'autre pour ne lui donner que des leçons
» d'égoïsme et de dureté, pour ne lui enseigner que
» la religion de l'ambition et de l'intérêt, il faut au
» contraire qu'il vive sous la protection de sa mère;
» ce que je n'ai pas pu faire pour moi, je te jure que
» je l'obtiendrai pour lui, sois sans crainte.

» Tant que je serai vivante, sois assuré qu'il sera
» bien défendu. Au milieu de mon bonheur, je ne
» me laisse pas emporter; je réfléchis et raisonne;
» j'admets que celui que le monde considérera
» comme son père peut vouloir l'accaparer, tenter
» de se faire aimer de lui, lui donner des baisers,
» lui demander des caresses; oui, j'admets cela sans
» le croire; mais, si cela se présentait, sache que je
» serai là et que je saurai bien empêcher notre en-
» fant de lui tendre les bras, dussé-je tout dire.

» Mais c'est là une crainte vaine dont Dieu m'épar-
» gnera la réalisation; il n'est pas dans la nature de
» celui que je redoute de chercher à se faire aimer.

» D'ailleurs, je ne veux pas en un pareil jour et
» quand je suis si heureuse, me laisser aller à de
» tristes pensées.

» Si le malheur vous accable et vous laisse sans
» énergie, sans courage et sans ressource, si pour
» soi, on accepte lâchement le martyre, l'énergie vous
» revient dans le bonheur, et l'on trouve du courage,
» on trouve de l'esprit lorsqu'il s'agit de ceux qui
» vous tiennent le cœur : pour notre enfant et pour
» toi, pour nous deux que ne ferais-je pas dans le
» danger; pour toi, je donnerais ma vie éternelle si
» c'était à ce prix seulement que je pouvais conserver
» ton amour; pour notre enfant, mon repos, mon
» honneur, mon sang.

» Quand vais-je te voir? car tu sens bien qu'il faut
» que je te voie; je ne sais pas t'attendre en un pareil
» moment. Viens donc vite, viens tout de suite, viens
» lire dans mes yeux ma joie débordante; viens, que
» je lise la tienne. Il faut que je te serre dans mes
» bras. Il faut que je te remercie. Il faut que je me
» mette à genoux devant toi comme devant mon Dieu,
» que je m'imprègne de toi, que tes traits se gravent
» en moi pour que l'enfant que je porte soit créé à
» l'image de celui que j'adore.

» ÉLÉONORE. »

IV

Il continua la lecture des lettres, et, lorsque Camoin vint l'avertir que Crozat l'attendait dans la bibliothèque, — l'heure de la reprise du travail étant passée depuis longtemps déjà, — il répondit qu'il priait

M. Crozat de l'excuser, mais qu'il ne travaillerait plus de la journée.

Travailler : faire du latin et du grec, démontrer qu'en tout triangle rectangle le carré de l'hypoténuse est égal au carré des deux autres côtés, raconter les origines de la guerre du sacerdoce et de l'empire, il avait bien la tête à cela!

Il se replongea dans ses lettres, et, la première liasse finie, il passa à la seconde, puis de la seconde à la troisième, et enfin de la troisième à la quatrième et dernière.

Dans toutes c'était la même passion débordante, la même exaltation, la même fièvre d'amour; pas une seule fois, pendant les quatre années qu'elles embrassaient, un nuage ne s'était élevé; pas une seule fois cette ardeur de sentiments ne s'était refroidie. Si cette tendre Éléonore cessait de parler d'elle, de sa passion, de son bonheur, de sa reconnaissance, des mérites et des perfections de son amant devant qui elle restait en adoration perpétuelle, c'était pour parler de son enfant, sa fille, sa Gaëtane, car l'engagement qu'elle avait pris, elle l'avait religieusement tenu : « Sans rien oublier, sans rien négliger, elle avait écrit ce que sa fille avait dit, fait ou appris, ses rires ou ses larmes, ses plaisirs ou ses chagrins. »

Ainsi l'enfance de Gaëtane était racontée jour par jour, heure par heure, et le père « de cette façon, avait pu apprendre à connaître sa fille comme s'il ne l'avait pas quittée. »

Il y avait l'histoire de la première dent et le récit du premier pas.

Que d'inquiétudes pour savoir quel serait le premier mot que prononceraient ses petites lèvres roses : *pa* avait été la première articulation qu'elles avaient formée ; mais *pa* n'était pas un mot, c'était un bruit, un cri, quelque chose de bestial encore et non déjà d'humain. Il fallait que ce *pa* fût complété. Comment le serait-il? Son premier mot serait-il celui qu'elle ne devait pas dire : « papa », ce titre qu'elle ne devait jamais donner à l'homme exécré que la loi faisait son père? Que de craintes! que d'angoisses! Mais ce mot n'avait jamais frappé son oreille ; tandis que celui de « parrain » lui avait été répété sur les tons les plus doux et les plus affectueux ; *ain*, était le son qu'elle avait formé après celui de *pa*. Quel triomphe et quelle joie! c'était son *paain* qu'elle avait appelé à son aide.

Un jour elle avait été malade : fièvre, frissonnement, chaleur de la peau, bouffissure de la face, blancheur de la langue, respiration bruyante, toux d'un son rauque ; on avait craint le croup ; il s'était déclaré. Alors aux angoisses de la mère s'étaient jointes les remords de la femme coupable : Dieu les punissait, les frappait dans leur enfant ; leur bonheur n'était plus légitime ; ils devaient l'expier. Et elle était seule pour la soigner. Ah! s'il était près d'elle ; s'ils étaient ensemble pour la soigner, pour souffrir et s'encourager ; mais non, cela était impossible ; Dieu était contre eux. L'enfant avait guéri, se rétablissant aussi vite qu'elle avait été abattue, les remords s'étaient évanouis ; leur bonheur était béni ; Dieu était avec eux.

A mesure que Roger avait lu ces lettres il avait senti grandir son admiration pour cette femme que, pendant si longtemps, il avait confondue dans le mépris et la haine qu'il portait à tout ce qui était Condrieu, — la seule Christine exceptée.

Condrieu, elle ne l'avait jamais été, puisque toujours elle avait détesté son mari, le comte de Condrieu, de qui elle avait eu tant à souffrir.

Il pouvait donc s'abandonner librement au sentiment d'admiration qu'il sentait naître dans son esprit et dans son cœur.

Mais c'était mieux que de l'admiration qu'il devait avoir pour elle, c'était de la reconnaissance.

Car lui non plus n'était pas un Condrieu.

Varages il était.

C'est-à-dire le petit-fils d'un homme noble, beau, bon, généreux, chevaleresque, digne d'avoir inspiré cette belle passion, qui avait laissé une mémoire honorée, et non celui d'un homme sans naissance, sans cœur, sans honneur, tout à l'ambition, à l'égoïsme, à la dureté, à la méchanceté, laid de caractère au moins autant que de corps, dévoré de basses passions et capable de tout, crimes et infamies pour les satisfaire.

Ce n'était pas seulement un sentiment de fierté qui faisait bondir son cœur, c'était aussi un sentiment de délivrance.

Rien, rien de commun entre lui et celui qu'il avait cru son grand-père ; il pouvait maintenant le mépriser et le détester sans scrupules et sans remords ; il pouvait s'enorgueillir d'avoir, par une sorte de pressentiment, deviné la vérité ; il pouvait rire des inquiétudes de conscience qui depuis son enfance jusqu'à ce jour l'avaient si souvent tourmenté et humilié.

Car ce n'avait point été sans luttes intérieures, longues et cruelles, qu'il s'était abandonné à ces sentiments de haine et de mépris que, tout enfant, il avait éprouvés pour l'homme qui ne manquait jamais de l'appeler « mon... mon cher petit-fils ». Combien de fois, malgré les souffrances que cet homme lui imposait, s'était-il reproché de n'avoir pas le sentiment de la famille, car enfin cet homme, si dur qu'il fût, si hypocrite, si fourbe, si implacable dans la poursuite de ses desseins coupables, était son grand-père. N'était-ce point parce qu'il n'avait pas de cœur qu'il voyait si clairement tous ses défauts et qu'il interprétait à mal tous ses desseins mystérieux? Un autre à sa place, plus tendre, plus juste, n'eût-il pas été heureux d'ouvrir les oreilles à ce « mon cher petit-fils » qui le faisait bouillir d'indignation chaque fois qu'il l'entendait prononcer.

Mais non, cet homme ne lui était rien ; désormais il pouvait ne voir en lui qu'un ennemi, l'ennemi héréditaire, l'ennemi de sa grand'mère, l'ennemi de sa mère, le sien.

Cependant quelque chose manquait à sa joie et, il le sentait, lui manquerait toujours: la possibilité d'aller, la tête haute, dire fièrement à cet homme : « Je ne suis pas votre petit-fils, il n'y a rien de commun entre nous que notre haine, celle que vous éprouvez pour moi, celle que je ressens pour vous. Lisez ces lettres. » C'était dans sa chambre qu'il réfléchissait ainsi devant le tabernacle ouvert; il le referma après avoir bien étudié le ressort caché qu'il fallait pousser pour l'ouvrir, et il descendit au rez-de-chaussée, pris du besoin de revoir et d'examiner le portrait du marquis de Varages, qu'il avait si souvent regardé cependant, mais toujours un peu négligemment et non avec les dispositions qui l'animaient à cette heure.

C'était dans un salon auquel on n'arrivait qu'en traversant la bibliothèque qu'était placé ce portrait; Roger trouva Crozat debout dans la bibliothèque, près d'une fenêtre, profitant des dernières lueurs du jour pour achever un volume qu'il avait atteint pour le cataloguer et qu'il avait lu presque en entier sans penser à s'asseoir et sans avoir conscience du temps écoulé, se rapprochant seulement de la fenêtre, pas à pas, à mesure que la lumière baissait.

— Nous allons nous mettre au travail, dit Crozat, fermant son livre.

— Non, pas aujourd'hui.

— Ah! vraiment; ah! vraiment.

Et Roger entra dans le salon : le portrait était accroché à côté d'une grande glace de Venise, placée au-dessus d'une cheminée. C'était une œuvre de Girodet assez médiocre, mais où l'on trouvait cependant de la vie et qui, à défaut d'autres mérites, devait avoir au moins celui de la ressemblance.

Le jour étant trop bas pour le voir, Roger alluma toutes les bougies d'une grande torchère posée sur la cheminée et longtemps il resta absorbé dans l'étude, dans la contemplation de ce portrait; puis ses yeux s'étant portés inconsciemment sur la glace, il fut frappé de la ressemblance extraordinaire qui existait entre la tête qu'il voyait dans cette glace, — la sienne, — et ce portrait : même front plein et large, mais peu élevé, mêmes cheveux noirs frisés, même nez mince, mêmes lèvres un peu épaisses, surtout même expression dans le regard et le port de tête; si Roger avait eu un col de satin noir montant haut, il eût pu croire que c'était lui qui avait posé.

Alors lui revint la parole de Crozat sur cette ressemblance, qui lorsqu'elle avait été dite ne l'avait pas frappé.

Au dîner il voulut que Camoin lui parlât du marquis et lui racontât tout ce qu'il avait pu retenir sur son ancien maître, sur ses habitudes, sur sa manière de vivre, sur son caractère, ce que Camoin fit longuement et avec bonheur; il voulut aussi que le vieux domestique lui nommât ceux des amis du marquis qui étaient encore vivants, afin de pouvoir aller leur faire visite. Camoin n'en connaissait plus que deux : une dame à Marseille, un ancien magistrat à Aix; encore n'était-il pas bien sûr que la dame ne fût pas morte.

Il irait voir ces vieux amis et sans retard; mais, remonté dans sa chambre, il se prit à regretter de n'avoir pas de lettres de son grand-père comme il en avait de sa grand'mère. Quelles conversations, quels souvenirs d'amis vaudraient, pour lui faire connaître le marquis, des lettres comme celles qu'il venait de lire ?

Sa grand'mère, il la voyait maintenant comme s'il avait vécu près d'elle et comme si, par un miracle impossible, elle l'avait fait le témoin et le confident de son amour.

Il la voyait et il l'admirait, fasciné, entraîné par le rayonnement de cette passion.

Elle était pour lui un être idéal, plus grand, plus parfait que nature.

Quelle distance de cet amour aux sentiments qu'il avait éprouvés, et auxquels il n'osait pas maintenant donner le nom d'amour!

Qu'il y avait loin de ce qu'il connaissait à ce qu'il venait d'apprendre !

C'était un monde nouveau qui venait de s'ouvrir devant ses yeux éblouis, comme c'était une langue nouvelle que venaient d'entendre ses oreilles charmées.

V

Le seul journal que Roger reçût à Varages, une fois par semaine, le vendredi, était le *Sport*, qui le tenait à peu près au courant de ce qui se passait dans le milieu où pendant plusieurs années il avait occupé une place des plus en vue : par les articles sur les courses, il savait quels étaient ceux de ses amis qui avaient été heureux ou malheureux, il suivait les chevaux qu'il avait connus, il retrouvait les noms de ses anciens camarades, de ses anciens rivaux : Sainte-Austreberthe, Plouha, d'Ypréau, Pompéran, Mautravers, Sermizelles. La *Vie à Paris* lui apprenait les fêtes, les bals, les mariages, les bruits du monde; dans l'énumération des *déplacements et villégiatures* il voyait où étaient ceux qui, à un titre quelconque, l'intéressaient, s'ils avaient quitté Paris, s'ils étaient aux eaux ou dans leurs terres. Alors, pendant une heure ou deux, il revivait de son ancienne vie, il était duc de Naurouse ; puis, le journal fermé, il rentrait dans le présent et devenait l'élève docile et attentif de son professeur : *Bucéphale* remplaçait *Monarque*, *Fille-de-l'Air* ou *Vermout* ; M. Duruy, M. Eugène Chapus.

Un jour, un dimanche matin, il fut tout surpris qu'on lui remît, au moment où il entrait dans la salle à manger, un autre journal acccompagné d'une lettre : bien entendu, il laissa le journal de côté pour prendre la lettre et l'ouvrir ; elle était de Nougaret, son avoué ;

« Monsieur le duc,

» Avec cette lettre je vous envoie un numéro de
» journal contenant une nouvelle qui me paraît être
» une manœuvre de notre adversaire aux abois. Cette
» nouvelle annonce que vous vous êtes tué dans une
» chute de cheval. Je vous avoue que tout d'abord j'ai
» cru à la véracité de cette histoire, et je n'ai pas be-
» soin, n'est-ce pas, de vous exprimer l'émotion dou-
» loureuse dont j'ai été saisi ? Mais l'expérience et le

» métier m'ont rendu soupçonneux. J'ai immédiate-
» ment envoyé chez Harly, à qui l'excellent Crozat eût
» assurément télégraphié si ce malheur était arrivé.
» Harly n'avait reçu aucune dépêche. Ensuite j'ai fait
» faire des recherches dans les journaux de Marseille,
» qui sont muets à ce sujet. Alors j'ai été convaincu
» que nous étions victimes d'un simple canard à sen-
» sation ou plutôt d'une manœuvre de notre adversaire,
» et ce qui m'a confirmé dans cette pensée, c'est la
» fin de l'article sur laquelle j'appelle votre attention.
» Cet article a-t-il été écrit seulement pour cette fin ou
» bien a-t-il un autre but ? C'est ce que je ne sais pas
» et ce que je vais chercher, espérant bien le décou-
» vrir. En attendant, je crois bon que vous m'adres-
» siez une lettre de démenti que je ferai insérer dans
» le journal.

» Comme je vous le disais dans ma dernière lettre,
» notre affaire est en bon chemin ; votre retraite fait
« merveille, je suis convaincu qu'avant peu vous ob-
» tiendrez le jugement qui vous relèvera de votre con-
» seil judiciaire et nous débarrassera enfin de l'assis-
» tance de l'aimable Berthomieux.

» Dans cet espoir j'ai l'honneur, etc. »

Roger n'en lut pas davantage ; vivement, il ouvrit le journal et courut à une marque rouge faite au crayon pour encadrer l'article qui le concernait.

« Nous recevons de la Provence une lamentable
» nouvelle, qui, si elle se confirme, comme cela ne
» paraît que trop probab: élas ! va porter la tris-
» tesse et le deuil dans la haute société parisienne :
» M. le duc de Naurouse, depuis plus de deux ans,
» s'était retiré dans sa terre de Varages ; il se se-
» rait tué en faisant une chute de cheval. Il y a quel-
» ques mois, le duc de Naurouse avait trouvé, attelé

» à un fiacre de Marseille, un cheval de course qui a
» eu son heure de célébrité à Longchamp, sous le
» nom de *Balaclava;* il l'avait acheté et s'était amusé à
» en faire un excellent sauteur, ne reculant devant
» aucun obstacle. Mais il n'y a si bon cheval qui, à un
» moment donné, ne puisse s'abattre, ni si bon cava-
» lier, — et M. le duc de Naurouse comptait parmi les
» meilleurs pour la solidité, l'intrépidité et l'élégance,
» — qui ne puisse tomber. C'est une chute en forêt qui
» l'a tué. Rapporté évanoui au château, il n'a pas
» repris connaissance et il est mort après quelques
» heures.

» Bien que nous n'ayons que de très bonnes raisons
» pour ne pas douter de la sûreté des renseignements
» qui nous sont transmis, nous ne pouvons croire à cet
» affreux malheur.

» Malgré l'évidence, nous nous refusons à admettre
» que ce jeune homme, que nous admirions naguère,
» si brillant, si plein de vie, a pu périr de cette mi-
» sérable façon, lui qui semblait né pour de grandes
» choses. »

Ici se trouvait un éloge pompeux que Roger sauta, n'ayant nulle envie de lire de son vivant le panégyrique qu'on pouvait faire de lui après sa mort.

Ce qui l'intéressait, c'était la fin de l'article que Nougaret lui avait signalée :

« Le nom de Naurouse s'éteint avec lui. Cependant
» il serait possible que ce nom et le titre de duc passas-
» sent à son cousin, M. le vicomte Ludovic de Con-
» drieu-Revel, qui vient d'entrer au conseil d'État et
» qui promet de continuer les traditions que M. le
» comte de Condrieu-Revel, le sénateur, a laissées
» dans la haute administration. Ce serait avec bon-
» heur qu'on ne verrait pas briser l'écusson du duc

« dernier de sa race sur la tombe où il vient de des-
» cendre si malheureusement. »

Pourquoi et dans quel but M. de Condrieu voulait-il le faire passer pour mort.

Il était occupé à examiner cette question et à se la répéter sans lui trouver une réponse satisfaisante, quand Crozat entra dans la salle à manger pour déjeuner, s'excusant d'être en retard.

— Voici un article, dit Roger, en lui tendant le journal, qui va vous surprendre.

En voyant le titre d'un journal parisien, Crozat se mit à sourire et son visage s'empourpra.

— Savez-vous donc ce qu'il contient? demanda Roger.

— Je m'en doute un peu, répondit Crozat avec un air modeste qui voulait cacher un transport de joie, j'avoue même qu'il y a longtemps que je l'attends.

Roger le regarda stupéfait.

— Ah! vraiment, dit-il, vous l'attendez depuis longtemps?

— Il m'est d'autant plus agréable que ne l'ai pas demandé.

— Décidément nous ne nous entendons pas, s'écria Roger.

— Il ne s'agit donc pas d'un article sur *le Comte et la Marquise?* balbutia Crozat.

— Il s'agit d'un article dans lequel on annonce que je me suis tué en faisant une chute avec *Balaclava*.

— Ah! mon Dieu!

Et, vivement, Crozat se mit à lire l'article que l'encadrement au crayon rouge lui signalait.

— Mais c'est abominable cela, s'écria-t-il, quel coup pour ceux qui vous aiment!

— On n'a point eu ce souci.

— Comment a-t-on pu inventer une pareille infamie.

— En arrangeant la vérité : vous savez qu'il y a un mois *Balaclava* s'est abattu en glissant et, bien que je n'aie pas éprouvé la plus légère contusion, on a exploité ce fait ; en le grossissant, en l'arrangeant, on a fabriqué cette nouvelle. Cela prouve qu'il y a ici des gens qui s'occupent de moi.

— Vous allez écrire pour démentir cette nouvelle ?

— Non.

— Comment, vous n'allez pas rassurer vos amis ?

— Si, seulement je voudrais mieux qu'une lettre pour cela.

— Quoi donc ?

— Je voudrais me montrer et prouver moi-même que je ne suis pas mort ; mais cela dépend de vous.

— De moi ?

— Suis-je en état de passer mon examen et de rentrer à Paris ? Voilà la question que je vous pose. Quel que soit l'intérêt que je peux avoir à rentrer à Paris pour démentir la nouvelle que vous venez de lire et d'autres qu'on inventera, j'en suis certain, je ne quitterai Varages qu'après que j'aurai passé mon examen, car, si je partais avant, je ne le passerais jamais. Suis-je en état de le subir... et convenablement ?

Crozat réfléchit un moment, la tête basse ; enfin, la relevant :

— Monsieur le duc, dit-il gravement, j'ai deux pardons à vous demander : le premier, pour avoir eu un mouvement d'égoïsme quand vous m'avez tendu ce journal et m'être imaginé que c'était un article sur *le Comte et la Marquise* ; cela prouve que, si philosophe qu'on soit, on est un sot quand on est aveuglé par l'amour-propre littéraire.

— Ne parlons pas de cela.

— Le second, beaucoup plus grave, se rapporte à une faute que j'ai commise envers vous. Cette faute, la voici : il y a déjà plusieurs mois que vous êtes en état de passer votre examen et cependant je ne vous l'ai pas dit.

— Pourquoi ?

— Parce que je craignais que vous ne m'échappassiez. — Crozat ne recherchait pas ces beaux imparfaits du subjonctif, mais lorsqu'ils se présentaient à lui, il était trop professeur pour les éviter et alors il les lâchait bravement. — Je sentais bien que, votre examen passé, vous seriez entraîné vers Paris, et je voulais vous garder pour vous faire travailler encore, non les matières de votre examen, cela n'est plus indispensable, mais toutes sortes de sujets, afin de pousser votre instruction aussi loin que possible et que vous fussiez en état de parler *de omni re scibili et de quibusdam aliis*. Voilà ma faute. Son excuse, si elle en a une, prend sa source dans l'intérêt, permettez-moi le mot, dans l'amitié que je ressens pour vous. Mais aujourd'hui je serais criminel si j'essayais de vous retenir : vous me demandez si vous êtes en état de subir votre examen ; franchement, en mon âme et conscience, je vous réponds : oui et avec succès, — un succès complet.

VI

Ils partirent pour Aix dès le lendemain, et trois jours après, Roger passait son examen.

Bien que ce fût réellement en son âme et conscience, et en toute sincérité que Crozat eût répondu que cet examen devait être subi avec un succès complet, son inquiétude était grande.

Il s'efforçait de ne pas la laisser paraître; mais il était malhabile pour cacher ce qu'il pensait ou ce qu'il ressentait, — la diplomatie, comme il le disait lui-même, étant la partie faible chez lui : philosophe, oui, diplomate, non.

C'était sous un flot de paroles qu'il tâchait de dissimuler cette inquiétude, par des conseils appropriés à la circonstance, par des exemples fameux, au moins pour lui.

— Incontestablement, disait-il, tout examen est une loterie; mais on peut à l'avance mettre presque toutes les chances de son côté par le travail, et ces chances, vous les avez. Ce que je vous recommande, c'est de ne pas vous troubler.

C'était le matin, à huit heures, que la première partie devait être passée. Crozat voulut que Roger mangeât avant d'aller à la Faculté.

— Il faut se soutenir, disait-il, non pas de façon à s'alourdir, mais de façon à ne pas éprouver de faiblesse; un esprit ferme dans un corps solide.

Mais, pour lui, il ne put rien prendre, pas même un verre de vin : il avait la gorge serrée.

— C'est que j'ai déjà déjeuné ce matin, dit-il pour expliquer cette abstinence extraordinaire chez lui; pardonnez-moi de ne pas vous avoir attendu.

Il voulut conduire son élève jusqu'à la Faculté, portant lui-même le dictionnaire et le portefeuille, non par obséquiosité, — il ne connaissait pas la chose et trouvait même que le mot était un mauvais néologisme, — mais pour que Roger arrivât frais et dispos, le corps solide pour avoir l'esprit ferme.

Tout en marchant, il lui prodiguait les conseils.

Après l'avoir quitté en lui serrant la main chaleureusement, il le rappela; dans son trouble, il avait oublié une dernière recommandation :

— Ne serrez pas trop le mot à mot, soyez plutôt élégant, c'est un bon moyen pour éviter un contresens; et puis tout le monde aime l'élégance; allons, bon courage, soyez calme; comme je le suis moi-même.

Cependant ce ne fut pas un homme calme que, de huit à dix heures du matin, on rencontra dans les rues d'Aix, celles de la vieille ville et celles de la ville neuve; mais, au contraire, une espèce de fou qui marchait rapidement en tenant son chapeau à la main, qui s'arrêtait brusquement, qui repartait tout à coup et s'arrêtait encore sans raison, se frappant le front et la poitrine. On le vit sur le Cours, dans le quartier Saint-Jean et le quartier Saint-Louis, sur la place de l'Hôtel-de-Ville, sur celle des Prêcheurs, devant la fontaine de la Rotonde et devant celle du roi René; devant l'aigle aux ailes déployées qui surmonte la pyramide de la place des Prêcheurs on le vit mettre la main sur son cœur et s'écrier tout haut avec attendrissement : « Belle nature!... » Ce cri surprit beaucoup ceux qui l'entendirent, mais comme ils étaient Provençaux et patriotes, ils se l'expliquèrent en se disant qu'il s'appliquait assurément à la contrée au milieu de laquelle s'élève leur ville. Qu'eussent-ils pensé s'ils avaient pu deviner qu'il avait été poussé en pensant à un jeune homme qui était en ce moment en train de faire sa version du baccalauréat?

A neuf heures, il se retrouva devant la porte où il avait laissé Roger; mais comme celui-ci ne pouvait encore sortir, il se remit en course, revint à neuf heures et demie, repartit encore, pour revenir enfin dix minutes avant dix heures et attendre.

Quand Roger parut, il sauta dessus en le dévorant des yeux.

— Eh bien ?
— Ni bien, ni mal, je crois.
— Vous avez compris ?
— A peu près.
— De qui la version ?
— De Sénèque : *De temporis usu.*
— Épîtres à Lucilius; mauvaise affaire; on ne devrait pas donner du Sénèque; trop de brillant, trop de défauts séduisants, comme dit Quintilien : *Dulcibus vitiis.*

Ils étaient arrivés à un endroit écarté, Crozat voulut voir tout de suite le morceau dicté et la traduction.

— Bien, bien, disait-il à mesure qu'il avançait dans sa lecture.

Tout à coup il s'arrêta et lut : « *Contemnere omnia aliquis potest ; omnia habere nemo potest.* »

— Comment avez-vous traduit cela ? s'écria-t-il.

Il lut : « On peut tout mépriser; on ne peut tout avoir. »

— Suffisant, s'écria-t-il, j'ai eu une belle peur; vous êtes sauvé; allons déjeuner.

— Je croyais que vous aviez déjeuné ce matin ? dit Roger en riant.

— La faim m'est revenue.

Venue eût été plus juste; mais il ne mentait pas en parlant de sa faim : il dévora; jamais Roger ne l'avait vu de si belle humeur.

Ç'avait été un événement dans la ville universitaire quand on avait appris que le duc de Naurouse devait subir son examen.

Aussi la salle dans laquelle cet examen devait être subi se trouva-t-elle pleine, ce qui ne s'était jamais vu; on était venu là comme à une première représentation.

Pour l'épreuve orale Crozat ne s'était point lancé en courses à travers la ville comme il l'avait fait pour l'épreuve écrite; il était au premier rang des curieux, suant d'émotion et d'impatience, s'indignant des propos qu'il entendait autour de lui.

— Vous savez que ça va être drôle. — Pourquoi? — Il ne va pas dire deux mots. — Vraiment? — Un retoqué à Paris qui se rabat sur la province, mais j'espère bien que la province va le renvoyer à Paris, ça lui apprendra.

C'en fut trop pour Crozat : il était d'humeur pacifique ordinairement et sa philosophie, autant que son caractère, lui avaient toujours fait éviter non seulement les querelles, mais même les simples altercations; cette fois il éclata.

— Retoqué! s'écria-t-il en s'épongeant le front, il ne l'a jamais été ; sachez que c'est la première fois qu'il se présente et qu'il n'aura pas besoin de se présenter une deuxième.

On regarda curieusement ce grand corps dégingandé et l'on se mit à rire.

Quand le duc de Naurouse parut, tous les yeux s'attachèrent sur lui : il avait pris un air convenable, ni vainqueur, ni modeste.

Il avait un morceau de Virgile à expliquer, il s'en tira bien; mais Crozat n'était pas sans inquiétude pour le grec : comment allait-il aborder *Œdipe-Roi?* Heureusement on ne lui donna pas un passage trop difficile, celui du Messager : « Que je sache de vous, ô étrangers, où est la demeure du roi Œdipe. » Crozat respira si fortement que tout le monde se tourna vers lui : se trouvait-il mal ? Non, il respirait, considérant la victoire comme gagnée, étant sûr à l'avance de son élève pour les autres matières de l'examen.

Elle le fut, elle le fut même brillamment ; à chaque réponse Crozat se retenait pour ne pas applaudir et se tournant vers ses voisins avec un air de triomphe, des yeux il leur disait : « Eh bien, sera-t-il retoqué ? »

Jamais il n'avait été dans un pareil état d'exaltation, et quand Roger sortit, il ne put pas ne pas lui sauter au cou.

Mais cela ne suffit pas pour le calmer et en retournant à Varages, dans la voiture qui les emmenait grand train, il récita avec enthousiasme l'ode d'Horace à Sextius :

Nunc decet aut viridi nitidum caput impedire myrto.

(Mêlons à nos cheveux parfumés le myrte vert et les fleurs que le soleil fait éclore.)

Le lendemain ils partirent pour Paris. Crozat était toujours aussi heureux, aussi exalté dans sa joie. Cependant, après Lyon, il laissa paraître une certaine préoccupation qui alla en augmentant à mesure qu'ils avançaient ; il ne parlait plus et il attachait de temps en temps des yeux attendris sur Roger.

— Êtes-vous donc fâché de rentrer à Paris ? lui demanda Roger.

— Oh ! non, assurément non.

Comme ils étaient seuls dans leur coupé, ils pouvaient parler librement ; mais Crozat ne se montrait pas disposé à user de cette liberté ; ils passèrent donc la nuit silencieusement, le duc dormant, Crozat réfléchissant. Cependant, après Charenton, Crozat se décida, voyant le duc éveillé.

— Voulez-vous me permettre une question ? dit-il.
— Vous me demandez cela !
— Je voulais savoir où vous en étiez de votre procès en conseil judiciaire.

Roger qui depuis longtemps l'avait mis au courant de ses affaires, lui raconta ce que Nougaret écrivait.

— De sorte qu'il n'est pas levé, dit Crozat, et que vous allez rentrer à Paris les mains liées, d'une façon peu convenable pour vous. Depuis que je suis à Varages, grâce au traitement splendide que vous m'avez accordé, je suis devenu riche. N'ayant rien dépensé, j'ai fait des économies : j'ai dix mille francs. Laissez-moi les mettre à votre disposition.

Roger fut touché au cœur et ce fut avec émotion qu'il serra les mains de Crozat ; mais malgré les instances de celui-ci, il ne voulut pas accepter cette offre.

— Cet argent me coûterait trop à dépenser, dit-il, et le regret que j'éprouverais à le dépenser me gâterait le souvenir que je garderai de votre proposition ; et puis moi aussi j'ai fait des économies ; je vivrai avec en attendant la levée du conseil judiciaire qui ne peut pas tarder maintenant.

— J'aurais été heureux que vous acceptassiez, dit Crozat, tout peiné ; cela m'eût fait grand plaisir et puis cela m'eût peut-être rendu service.

— Comment cela ?

— C'est que je ne vais peut-être pas employer cet argent très sagement. Une pièce est faite pour être jouée, n'est-ce pas ; j'ai donc eu tort de faire imprimer la mienne ; je vais m'occuper maintenant de la faire jouer, et avec de l'argent j'y arriverai : un directeur ne refuse pas un homme qui lui garantit ses frais. Cela sera-t-il sage ? Je ne doute pas de ma pièce, mais suis-je de mon époque ? serai-je compris ?

Malgré son émotion, Roger ne put retenir un sourire en pensant que le brave garçon se croyait en avance sur son époque.

VII

Roger, qui pensait que les surprises étaient souvent imprudentes, avait envoyé, la veille au soir, de Lyon, une dépêche à Bernard pour annoncer son retour, mais en recommandant de le tenir caché.

Il trouva donc son valet de chambre l'attendant dans un appartement en ordre.

Le lit, garni de draps blancs, était préparé; mais Roger ne se coucha point : sa toilette faite, il essaya une culotte de peau et ses bottes de course; il n'avait point engraissé et il n'eut même pas besoin de toucher à la boucle de la culotte.

— Allez sur le boulevard, dit-il à son domestique, et achetez-moi un programme des courses d'aujourd'hui.

— J'en ai un ici.

— Vous vous occupez donc de courses maintenant ?

— N'ayant pas grand'chose à faire en l'absence de monsieur le duc, je fais des poules.

Roger connaissait trop bien son calendrier des courses pour ne pas savoir qu'il y avait ce jour-là une course pour gentlemen-riders ; mais c'était le programme seul qui pouvait lui dire quels chevaux étaient engagés. Il vit que le marquis de Lucillière en avait trois et aussitôt son plan fut arrêté.

Envoyant chercher une voiture, il se fit conduire rue de Courcelles, chez le marquis qui, toujours engagé dans des affaires de toutes sortes, se levait de bonne heure pour recevoir ses agents et les personnes avec qui il était en relation.

Justement M. de Lucillière venait de descendre dans son cabinet et il n'y avait encore personne avec lui : Roger fit passer sa carte et presque aussitôt la porte de ce cabinet fut ouverte avec fracas par le marquis lui-même, qui parut, haussant sa petite taille et secouant l'épaisse chevelure blonde qui chargeait sa tête.

— Est-ce possible ! s'écria-t-il de sa voix de fausset, mais, oui, c'est bien vous, mon cher duc ; convenez que si je croyais aux revenants vous me feriez une belle peur. Vous n'êtes donc pas mort ?

— Pas encore, et je viens vous demander de m'aider à montrer à tous que je suis vivant.

— Ah ! bien volontiers.

— Vous avez trois chevaux dans la course pour gentlemen, voulez-vous m'en donner un à monter ?

— Avec grand plaisir ; je n'en faisais partir qu'un : *Caramel*, parce que je n'avais personne à qui donner les deux autres, *Giboulée* et *Douairière*. Prenez celle que vous voudrez, mais je vous préviens qu'elles ne valent pas grand'chose ni l'une ni l'autre ; au reste, le champ est médiocre ; et ce sera le cheval le mieux monté qui gagnera. Vous avez donc de grandes chances, — cela fut dit avec une gracieuse politesse, — bien que vous deviez rencontrer des adversaires sérieux : Sainte-Austreberthe, d'Ypréau, Plouha, Sermizelles, le capitaine Spark.

M. de Lucillière avait trop grand souci de ses intérêts pour ne penser qu'à la politesse.

— Y a-t-il longtemps que vous n'avez monté à cheval ? demanda-t-il.

— A Varages je montais tous les jours.

— Alors vous battrez ces messieurs, qui, le plus souvent, arrivent sur le terrain après une nuit passée au jeu ou ailleurs, et qui n'ont pas de bras; c'est avec les bras qu'on gagne une course, et on ne se les développe pas à abattre pique ou cœur. Prenez donc *Giboulée*, qui tire en diable.

Les choses ainsi convenues, Roger pria le marquis de ne point dire qu'ils s'étaient vus: il voulait surprendre ses amis et n'arriver qu'au moment de la course.

— Il n'y a pas de danger, dit M. de Lucillière avec son sourire chafouin; je vais vous envoyer une casaque chez vous.

Ce mot fit comprendre à Roger qu'il avait été naïf dans sa demande, M. de Lucillière n'étant pas homme à perdre les bénéfices qu'il pouvait tirer de cette surprise, et cela soit en faisant parier pour *Giboulée* qu'on savait ne pas devoir partir, soit en faisant parier contre *Caramel* qui n'était plus le véritable champion de son écurie.

Ce fut seulement au moment où ses concurrents se faisaient peser que Roger arriva à Longchamp, tout habillé pour la course sous son pardessus boutonné et n'ayant plus que sa toque à mettre; l'opération touchait à sa fin, et déjà quelques chevaux étaient sellés.

— Il n'y a plus personne? demanda le juge qui présidait gravement au pesage, entouré de propriétaires de chevaux, d'entraîneurs et de journalistes.

— Je fais partir *Giboulée*, dit le marquis de Lucillière, qui plus d'une fois avait regardé du côté de la porte avec inquiétude.

— Et qui monte *Giboulée ?*

— M. le duc de Naurouse.

En entendant ce nom prononcé d'une voix claire et haute, chacun se regarda, se demandant si le marquis de Lucillière devenait fou, et il y eut une sourde rumeur.

Mais avant qu'aucune observation pût être formulée, il se fit un mouvement du côté de la porte ; c'était l'entraîneur du marquis de Lucillière qui entrait, portant une selle, une bride et une cravache, et qui, avec son flegme britannique, écartait rudement ceux qui gênaient son passage : derrière lui, vêtu d'une casaque verte et coiffé d'une toque rouge, venait le duc de Naurouse.

Alors les exclamations et les cris de surprise éclatèrent si fort, qu'ils couvrirent un moment les vociférations du *ring*; puis les mains de ceux qui avaient été en relations avec le duc se tendirent vers lui, tandis que le marquis riait en se tenant les côtes.

L'opération du pesage, qui se fait ordinairement avec une gravité et une majesté sacerdotales, fut un moment interrompue par les acclamations et les questions qui se croisaient.

Enfin le juge, qui n'oubliait pas facilement l'importance de ses fonctions, réclama le silence, et, d'une voix nette :

— *Giboulée*, dit-il, 55 kil. 1/2 ; M. le duc de Naurouse.

Et Roger s'assit sur la balance ; puis l'entraîneur lui mit sur les genoux selle, bride et cravache ; il fallut un moment, pour faire le poids juste, ajouter des petites feuilles de plomb, en retirer, Roger ne s'étant point pesé à l'avance, comme cela se fait d'ordinaire.

La nouvelle s'était vite répandue que le duc de Naurouse n'était pas mort, comme quelques journaux l'avaient annoncé, et que c'était lui qui montait

Giboulée. Alors une clameur s'était élevée dans le monde des parieurs et des bookmakers.

— Encore un tour du marquis de Lucillière ! criaient les uns. — C'est une volerie ! — Pas du tout ! c'est bien fait.

Instantanément la cote avait été bouleversée, et *Giboulée*, qui était à 20 contre 1, était montée à égalité.

Quand Roger sortit de la salle du pesage, il fut accompagné par une foule compacte et il eut la plus grande peine à approcher de la jument qu'on était en train de seller ; on lui tendait les mains, on l'arrêtait, et les simples curieux lui barraient le passage sans se déranger.

Lorsqu'il passa devant les tribunes au pas pour aller prendre son galop d'essai, il vit tous les yeux ramassés sur lui, aussi bien dans ces tribunes que de l'autre côté de la piste, dans les voitures entassées le long de la lice. Décidément son moyen était bon, il n'aurait pas besoin d'écrire aux journaux pour dire qu'il n'était pas mort ; mais maintenant il fallait gagner, car, après avoir excité une pareille curiosité, il serait piteux d'être battu.

Le départ donné, il vit que M. de Lucillière ne l'avait pas trompé : « *Giboulée* tirait en diable » et ce n'était pas trop de toute la force de ses bras pour la retenir et faire une course d'attente, — la plus sûre avec des gentlemen qui sont le plus souvent disposés à se laisser emballer et à s'emballer eux-mêmes.

Tandis que ses adversaires galopaient à fond, il restait en queue, suivant le train, mais avec quinze ou vingt longueurs de retard, ne se pressant pas, gardant le sang-froid et la précision d'un jockey accompli, sans se douter des railleries qui l'accompagnaient dans les tribunes.

— C'est le gentleman-fantôme.

— Il paraît que sur le turf les morts ne vont pas vite.

Mais il vint un moment où ce mort jugea bon d'aller vite : au dernier tournant, *Giboulée* avait rejoint le peloton ; dans la ligne droite elle était parmi les trois premiers, et alors des cris s'élevaient des tribunes.

— *Giboulée* gagne.

Cependant elle ne gagnait pas encore ; une lutte très vive s'engageait entre elle et les chevaux montés par d'Ypréau et de Plouha, et c'était cerclée de coups de cravache, portée par son cavalier, le cou habilement relevé sur le poteau qu'elle gagnait d'une tête difficilement.

Alors ce fut une acclamation générale, une clameur comme on en entend seulement les jours de Derby ou de Grand-Prix ; les sergents de ville furent obligés d'escorter *Giboulée* pour lui frayer un chemin jusqu'au pesage.

Roger descendit de cheval dans les bras de M. de Lucillière.

— Admirablement monté, cria-t-il, Pratt et Fordham tout ensemble ; le sentiment du train de l'un, les bras de l'autre. Quels coups de cravache ! On les entendait résonner comme sur un tambour, vous l'avez portée positivement.

Au pesage, les compliments recommencèrent ; les anciens amis du duc qui ne l'avaient pas encore vu l'attendaient : le prince de Kappel, Savine, Mautravers.

Savine, qui n'oubliait point les services qu'il n'avait point rendus, crut devoir dire un mot à Roger pour s'excuser encore :

— Moi non plus je ne suis pas mort, dit-il finement en serrant les mains du duc à les lui briser.

Alors Mautravers s'approcha de l'oreille de Roger.

— Ça ne tardera peut-être pas beaucoup maintenant, dit-il à voix basse, il est avec Raphaëlle.

Ces paroles laissèrent Roger parfaitement froid ; Raphaëlle ! que lui importait Raphaëlle. Ce nom ainsi jeté n'éveillait en lui aucune émotion, ne lui rappelait aucun souvenir de tendresse ou de mépris ; il lui était indifférent.

Ce ne fut même pas à elle qu'il pensa dans sa réponse :

— Et Poupardin ? dit-il.

— Il a pris Balbine.

Roger se prit à rire :

— Ça, c'est drôle.

Mautravers voulut l'emmener lorsqu'il fut rhabillé, et se promener à son bras, mais Roger le quitta.

Il lui avait plu de faire une rentrée tapageuse, mais il ne lui plaisait pas de s'offrir à la curiosité de la foule.

Il sortit à pied et, gagnant la station de Suresnes, il s'en alla dîner aux Réservoirs, à Versailles.

Qu'eût-il fait à Paris, — seul ?

VIII

Le lendemain matin à neuf heures, Roger entrait dans l'étude de la rue Saint-Anne, impatient de savoir si Nougaret avait appris ou deviné les raisons qui avaient poussé M. de Condrieu à le tuer et quel intérêt celui-ci pouvait tirer d'une mort qui n'était pas vraie.

Nougaret le reçut avec une figure de mauvaise humeur et un ton fâché; il était déjà au traṽïl, non habillé, en robe de chambre et en pantoufles, avec un foulard au cou.

— Ah! monsieur le duc, s'écria-t-il, après les premières paroles de politesse, vous nous mettez joliment dans l'embarras et le gâchis.

— Moi!

— Eh sans doute.

— En revenant?

— Oh! pas du tout et je trouve même que votre manière de prouver que vous n'êtes pas mort a quelque chose d'original : vous n'aurez pas à écrire aux journaux, tous ce matin célèbrent votre triomphe et s'occupent de vous; il y en a même un qui le fait avec une perfidie bien habile.

— Comment cela? En quoi ai-je donné lieu à la critique?

— Les éloges sont souvent plus dangereux que les critiques, et c'est là le cas de ce journal, qui a dû être inspiré par quelqu'un d'habile; mais nous verrons cela tout à l'heure. Pour le moment, revenons à l'embarras que vous nous causez. Comme je vous l'écrivais, l'affaire se présentait dans les conditions les plus favorables et le succès paraissait certain; c'est en voyant cela que M. de Condrieu, effrayé, a inventé l'histoire de votre mort.

— Pourquoi?

— Comment pourquoi? C'est vous qui le demandez, monsieur le duc!

— Mais sans doute.

— Pour faire sortir nos créanciers et obliger ceux qu'il ne connaissait pas à se montrer. Pourquoi, diable, au moment de notre premier procès, ne m'avez-vous pas déclaré toutes vos dettes ?

— Parce qu'il y a des dettes qu'on porte la tête haute et d'autres la tête basse; il y en a qu'on avoue, il y en a qu'on cache.

— Belle pudeur ! Et dire que plaideurs et malades sont tous les mêmes : chez l'avoué comme chez le médecin, on fait de la délicatesse, on tâche de cacher certaines choses dont on a honte de parler, et l'avoué, comme le médecin, qui ne peuvent pas tout deviner, vous laissent succomber quand ils auraient pu facilement vous sauver ; c'est votre cas, monsieur le duc. Ah ! que M. de Condrieu connaît bien la nature humaine ; c'est un homme, savez-vous, et l'on apprend à son école ; seulement, quand on l'a pour adversaire, on paye ses leçons, qu'il vend cher et ne donne pas. Ainsi vous avez caché un peu plus de deux cent mille francs de dettes ?

— J'avais fait ces dettes pour une installation à Saint-Prix. Et par suite de certaines circonstances qu'il est inutile de rappeler, même aujourd'hui, j'avais voulu les cacher, j'avais vu ceux à qui je devais, j'avais pris des arrangements avec eux, et il était entendu que je ne les payerais que dans un délai de cinq ans, c'est-à-dire quand je serais rentré en possession de mon revenu ou quand mon conseil serait levé.

— Voilà l'affaire ! M. de Condrieu a-t-il connu quelques-uns de ces arrangements, ou bien les a-t-il soupçonnés, ou bien a-t-il voulu user de tous ses moyens de défense, même de ceux qui devaient ne pas valoir grand'chose ? Je n'en sais rien. Mais le certain c'est qu'il a fait annoncer votre mort et que ce coup de canon, tiré peut-être au hasard, a porté en plein. Au bruit, vos créanciers, effarés, sont sortis, leurs titres à la main, en poussant des cris de paon : « Voilà ce que le duc de Naurouse nous doit, où sont les héritiers? » Le tour était joué et bien joué. Ah! si j'avais su que vous aviez des créanciers cachés, je ne me serais pas creusé la tête à chercher pour quelles raisons votre grand-père vous tuait alors que vous vous portiez bien.

Nougaret laissa paraître une très vive contrariété de n'avoir pas deviné ce tour : évidemment il était blessé dans son amour-propre professionnel d'avoir été battu par un homme qui n'était pas du métier. Si encore ç'avait été un avoué, un bon avoué, une des capacités de la corporation; mais un sénateur, c'était humiliant.

Roger réfléchit un moment, et ce fut presque timidement qu'il se décida à prendre la parole :

— Voulez-vous me permettre une question, dit-il, je ne comprends pas bien la situation : les dettes qui viennent de se découvrir ont été faites par moi avant que le jugement qui me nomme un conseil judiciaire ait été rendu, et la preuve, c'est que depuis deux ans et demi j'ai vécu avec vingt-cinq mille francs par an, au lieu de faire des dettes nouvelles; j'en ai éteint pour près de douze cent mille francs d'anciennes. »

C'est votre raisonnement; mais ce n'est pas celui qui sera tenu en justice par nos adversaires : « M. le duc de Naurouse prétend qu'il n'est plus prodigue, diront-ils, et cependant depuis deux ans, ne se contentant pas de la rente qu'il s'était réservée, il a fait pour deux cent mille francs de dettes nouvelles. »

— Les dates sont là.

— Qui donnera l'authencité à ces dates que vous invoquez?

— Qui pouvait prévoir...

— Avec lui, il faut tout prévoir, surtout il faut que

moi je puisse tout savoir... de votre part, j'entends.

— Pour l'avenir je vous promets que je ne ferai rien sans vous consulter.

— Cela vaudra mieux ; quant au passé, nous n'y pouvons rien.

— Vous parliez d'un article de journal.

Nougaret chercha dans un fouillis de journaux dépliés, jetés sous son bureau pêle-mêle; puis, ayant trouvé celui qu'il cherchait, il le tendit à Roger.

— Pendant que vous le lirez, dit-il, je vous demande la permission de déjeuner.

A son coup de sonnette on lui apporta un grand bol plein d'une soupe au pain, si épaisse que la cuiller tenait debout dedans : pendant trop longtemps l'ancien paysan avait été privé de cette grosse soupe; depuis que les années d'épreuves étaient passées il s'offrait chaque matin ce régal de son enfance.

Roger avait commencé sa lecture :

« On ne saurait vraiment trop s'élever contre la
» facilité déplorable avec laquelle certains journaux
» accueillent des nouvelles fausses et les insèrent sans
» les contrôler. Ainsi, il y a quelques jours, ces jour-
» naux annonçaient la mort de M. le duc de Naurouse,
» tué, disaient-ils, dans une chute de cheval; on citait
» même l'endroit où cette catastrophe était arrivée :
» Varages, en Provence.

» Hier M. le duc de Naurouse montait *Giboulée* à
« Longchamp et gagnait la course au milieu de l'en-
» thousiasme général. Dans cette foule qui battait des
» mains il n'était personne qui ne fût heureux de fêter
» le retour du jeune duc, qui n'a que des amis dans le
» *high-life.*

» Tout jeune, plein d'intelligence et de distinction,
» charmant de manières, affable d'accueil, serviable

» et généreux, possesseur d'une belle fortune, le duc
» de Naurouse est dans les plus heureuses conditions
» pour devenir le plus brillant objectif du grand
» monde parisien : c'est un soleil levant qui va jeter
» dans l'ombre quelques-unes des individualités jus-
» qu'à présent en vue dans la haute existence. Dans
» le monde où l'on s'amuse, personne mieux que
» M. le duc de Naurouse ne mérite de tenir la pre-
» mière place. »

— Eh bien, demanda l'avoué, la bouche pleine, car, en surveillant le duc, il n'avait pas cessé d'avaler sa soupe à grandes cuillerées.

— Ce n'est pas seulement à la fin de l'article que je trouve la perfidie dont vous parlez c'est partout : au commencement, au milieu où l'on me prédit que je vais devenir un brillant objectif pour le monde parisien — ce qui est bien drôle, soit dit en passant. Si vous avez besoin d'une preuve pour être convaincu que l'annonce de ma mort et cet article sont de la même main, c'est-à-dire de celle de M. de Condrieu, vous la trouverez dans le premier paragraphe qui est tout à fait dans sa manière.

— Tiens, c'est vrai ! je vois que vous le connaissez bien.

— Que trop, par malheur ! Quand il relève, sans charité, un mensonge, il y a bien des chances pour que ce mensonge soit de lui : c'est sa façon de détourner les soupçons.

— Enfin, pour en revenir aux dernières lignes de cet article, qui au premier abord doit paraître plein de sympathie pour vous, vous voyez, n'est-ce pas, quel parti on en peut tirer en justice ? Entendez-vous d'ici Nicolas plaidant contre vous et parlant de votre générosité, de vos relations et de votre fortune : « En réa-

lité, messieurs, quel est ce jeune duc de Naurouse? »
Et il lit cet article : « Comment n'aurait-il pas été entraîné? Soleil levant, objectif brillant, cela mène devant vous, messieurs. »

IX

Ce que Roger avait poursuivi en travaillant à Varages avec Crozat et en passant son examen, ce n'était pas la gloire d'être bachelier : c'était un diplôme, — c'était celui que le duc d'Arvernes avait exigé pour l'attacher au ministère des affaires étrangères.

En sortant de chez Nougaret, il se rendit au quai d'Orsay ; le duc d'Arvernes lui avait dit de venir le matin quand il voudrait le voir, peut-être serait-il reçu.

Il le fut après une assez longue attente, et l'accueil que lui fit le ministre fut aussi affable, aussi bienveillant, aussi amical que lors de sa première visite.

— J'étais hier à Longchamp, dit le duc, j'ai assisté à votre triomphe ; je vous ai cherché pour vous adresser mes félicitations et pour que la duchesse pût vous adresser les siennes non seulement sur votre victoire, mais surtout sur votre résurrection. Comment donc cette nouvelle de votre mort a-t-elle pu naître et se propager dans les journaux?

Roger, qui ne voulait point parler de M. de Condrieu, répondit que c'était son absence qui avait donné naissance à ce bruit.

— Il est de fait qu'elle a été un peu longue.
— Et je vous prie de me la pardonner.
— Comment donc?

— J'aurais dû, j'en conviens, vous apporter plus tôt ce que vous m'aviez demandé.

M. d'Arvernes parut surpris :

— Et que vous avais-je donc demandé? dit-il.

— Certaines pièces. Entre autres un diplôme de bachelier. Si je ne vous l'ai pas apporté le lendemain et si j'ai attendu deux ans et demi, ce qui est un peu long, je le reconnais, c'est que je n'avais pas ce diplôme, c'est que je n'avais pas passé mon examen, c'est que je n'étais point en état de le passer. J'ai donc été m'enfermer dans une terre de la Provence avec un professeur, j'ai travaillé, beaucoup travaillé, et je vous apporte, sinon le diplôme même que vous m'aviez demandé, au moins le certificat qui en tient lieu.

Disant cela, il tendit ce certificat au duc d'Arvernes.

— Mais c'est admirable ce que vous avez fait là, s'écria celui-ci, cela prouve...

— Le désir bien arrêté de mériter l'accueil si bienveillant que m'avait fait Votre Excellence, interrompit Roger.

Le duc d'Arvernes lui tendit la main, très sensible au compliment.

— Vous pourrez vous présenter au ministère quand vous voudrez, dit-il, à partir d'aujourd'hui vous êtes attaché à mon cabinet.

Roger n'avait qu'à remercier et à prendre congé, — ce qu'il fit, car il n'avait nullement envie d'entrer en fonctions le jour même.

Sa journée n'était pas finie; s'il l'avait commencée par les affaires, il lui restait une dernière visite qui lui tenait au cœur.

Depuis deux ans et demi il n'avait point entendu parler de Christine; plusieurs fois il avait essayé d'avoir de ses nouvelles, mais il n'y avait point réussi, car, ne pouvant pas la nommer et étant obligé de procéder incidemment d'une façon plus ou moins adroite, il n'avait jamais obtenu de réponse à ses questions vagues. Quand il avait demandé : « Quelles nouvelles de ma famille ? » On lui avait écrit des détails circonstanciés sur M. de Condrieu et sur Ludovic, dont il n'avait point souci, au moins souci affectueux ; mais on ne lui avait pas dit un mot de Christine, qui justement le touchait et occupait sa pensée.

C'était la camarade, l'amie, la sœur qu'il aimait dans Christine ; c'était la charmante et vaillante jeune fille qui lui avait écrit cette lettre toute pleine de tendresse, dont le souvenir après trois ans lui faisait battre le cœur et lever la tête ; — c'était celle qu'il eût voulue pour femme un jour si elle n'avait pas été une Condrieu.

C'était celle-là qu'il voulait voir après une séparation de plus de trois ans.

Quels changements ces trois années avaient-elles apportés dans sa beauté ? Ses cheveux étaient-ils aussi blonds ? ses yeux étaient-ils aussi purs, aussi enfantins ? son regard avait-il conservé son expression de douceur, de sereine bonté qu'il n'avait jamais vu troublé, même alors qu'elle était victime de la dureté et de l'injustice de son grand-père ou des brutalités de son frère ?

Comme ils avaient dû, unis tous deux, la faire souffrir, la torturer pour la pousser au couvent, qui pour elle devait être un refuge.

Il devait avoir souci du repos de Christine, mieux que de son repos, de sa réputation, comme s'il était son seul défenseur, son frère ou son fiancé.

Et cependant il voulait la voir ; en tous cas il voulait

avoir de ses nouvelles et lui faire savoir qu'il était de retour à Paris ; peut-être avait-elle cru qu'il était mort, peut-être le croyait-elle encore ?

De toutes les personnes de la famille ou de l'entourage de M. de Condrieu, Roger n'en voyait qu'une seule à qui il pût s'adresser avec confiance et sans que sa démarche pût nuire à Christine ou lui causer des ennuis : c'était la tante de celle-ci, mademoiselle Renée de Queyras.

Cette mademoiselle Renée de Queyras ou, comme on disait souvent en parlant d'elle, mademoiselle Renée, était une vieille fille toute pleine de bizarreries de manies, d'exigences qui l'avaient empêchée de se marier quand elle était jeune, et qui, naturellement, n'avaient fait qu'augmenter et grandir avec l'âge. Sœur aînée de la mère de Christine, avec quinze ans de différence d'âge, elle avait voulu s'occuper de son neveu et de sa nièce lorsque la vicomtesse de Condrieu était morte ; mais le comte de Condrieu, qui ne voulait pas être gêné dans la direction qu'il entendait imprimer à la vie de ses petits-enfants et qui craignait autant la volonté absolue que le caractère droit de mademoiselle de Queyras, n'avait point permis cette intrusion, et il n'avait laissé son petit-fils et sa petite-fille aller chez leur tante que deux fois par mois, le premier et le troisième jeudi du mois.

Roger, lorsqu'il était revenu de la Dombe à Paris, tout maladif de son séjour au milieu des étangs, tout fiévreux, avait accompagné son cousin et sa cousine chez la vieille mademoiselle Renée, dans l'hôtel qu'elle habitait rue Férou, une maison sombre, noire, verdâtre et froide comme un puits, qui depuis Louis XIV appartenait aux Queyras.

Son entrée dans cette maison lui avait laissé une

impression qui ne s'était point effacée : allant chez la tante de Christine sans aucun plaisir et simplement parce qu'on la conduisait là, il s'était trouvé en présence d'une sorte de fée enveloppée de dentelles noires, gantée, portant une perruche perchée sur son chignon, et qui l'avait arrêté d'un geste circulaire de son bras droit, décrivant un cercle autour de lui comme s'il était armée d'une baguette magique : — Qu'est-ce que c'est que celui-là ? avait demandé mademoiselle Renée. — Mon cousin Roger. — Tiens, il n'est pas mort, avait dit mademoiselle Renée, eh ! bien tant mieux.

Ce mot, ce geste et la perruche verte étaient restés dans la mémoire de Roger.

Tendre et affectueuse pour sa nièce, mademoiselle Renée l'avait été beaucoup moins pour son neveu, et dans ses brusqueries et ses rebuffades elle avait souvent réuni Roger avec Ludovic : ils étaient garçons, ils faisaient du bruit, ils effrayaient les oiseaux dont la maison était pleine ; c'était assez pour qu'elle les bousculât, et ses bousculades avaient été assez vives pour que Roger ne fût point retourné rue Férou du jour où il avait eu la liberté d'aller où il voulait.

Cependant ce n'était point une méchante personne que mademoiselle Renée, et le souvenir désagréable que Roger avait gardé de ses brusqueries et de ses réprimandes n'empêchait point qu'il rendît justice à ses mérites ; généreuse, charitable au point de n'avoir jamais que quelques louis devant elle, malgré l'importance de sa fortune, tout occupée de bonnes œuvres, pieuse sans dévotion étroite, dévouée à tous ceux qui s'adressaient à elle et n'épargnant pour eux ni sa peine, ni son temps, ni ses démarches, ni son argent, avec cela aimant Christine et détestant M. de Condrieu.

Bien qu'il ne l'eût pas vue depuis sept ou huit ans,

ce fut à elle que Roger pensa dans l'embarras où il se trouvait : il n'était plus d'âge à être bousculé, et mademoiselle Renée le bousculât-elle un peu, il pouvait bien s'exposer à cela pour Christine.

En sortant du ministère des affaires étrangères, il se rendit donc rue Férou.

La maison était toujours aussi noire, aussi froide que lorsqu'il l'avait vue pour la dernière fois, sept ans auparavant.

Dans la loge il retrouva la même concierge, bonne femme à lunettes, tricotant toujours, qui, lorsqu'il venait avec Christine, annonçait leur arrivée par un coup de cloche, et cette cloche sonna encore le coup qu'il avait si souvent entendu.

Dans le vestibule il retrouva la même femme de chambre qui les recevait autrefois pour les introduire auprès de mademoiselle Renée ; car c'était la règle de la maison que le service tout entier se fît par des femmes, mademoiselle Renée poussant son horreur et son mépris des hommes jusqu'aux domestiques mâles et étant véritablement malheureuse de ne pouvoir pas avoir une femme pour cocher.

Dans cette froide maison, ce qui autrefois avait paru à Roger le plus froid c'était le salon ; et même il avait gardé un souvenir de la garniture de cheminée de ce salon qui, plus d'une fois, en y pensant, l'avait fait sourire : ni pendule, ni bronzes, ni candélabres, mais seulement des gobelets en porcelaine de Chine flanqués de deux vases de cristal montés en or. Cependant, en entrant dans ce salon, il ne retrouva point cette impression de froid qu'il avait emportée : plus sensible maintenant à ce qui était beau et simple, il fut frappé de l'harmonie et de la noblesse de ce vieux salon, avec ses murs tendus de verdure de Flandre sur laquelle se détachaient des portraits et des tableaux religieux, ses meubles de noyer garnis de brocart à fleurs or et argent, sa table de trictrac, son parquet ciré et brillant comme un miroir.

Au reste, il ne put pas se livrer à un long examen, mademoiselle Renée étant entrée presque en même temps que lui et sur ses pas ; il se retourna pour la saluer.

Comme la première fois qu'il l'avait vue, elle était enveloppée dans des dentelles noires, gantée, et sur ses cheveux, blancs maintenant, était perchée sa perruche ; au moment où il se retournait, elle tendit vers lui sa main droite avec son geste de fée.

— Ainsi vous n'êtes pas mort ? dit-elle.

Roger se mit à sourire :

— Non, mademoiselle.

— Eh bien, tant mieux.

— C'est de ces deux mots que vous avez salué mon entrée lorsque je suis venu chez vous la première fois avec Christine.

— C'est qu'apparemment on veut toujours vous faire passer pour mort.

Il se fit un silence. Mademoiselle Renée s'était assise et de la main elle avait montré un siège à Roger, qui avait pris place vis-à-vis d'elle : ils restaient ainsi, mademoiselle Renée en embrassant sa perruche qu'elle avait prise sur son doigt, Roger attendant un mot d'encouragement.

Voyant que ce mot ne venait pas, il se décida.

— Depuis deux ans et demi, dit-il, je suis absent de Paris.

— Je sais cela ; Christine m'en a parlé.

Il ne fut pas maître de suivre la ligne qu'il s'était tracée :

— Où est-elle ? demanda-t-il vivement, je suis anxieux d'avoir de ses nouvelles.

— Vous avez de l'affection pour Christine ? dit-elle.

— La tendresse d'un frère pour une sœur aimée.

— Bien, bien.

— Sans Christine, sans sa gentillesse, sa bonté, son amitié, je serais mort de désespoir dans la maison de mon tuteur, la plus dure des prisons pour moi ; depuis ces jours d'enfance, Christine ne m'a pas oublié, elle m'a défendu quand elle a pu le faire, elle m'a soutenu, encouragé, elle m'a donné des marques d'affection qui sont les grandes joies de ma vie abandonnée.

— Bien, bien, répéta mademoiselle Renée avec une satisfaction de plus en plus manifeste.

— C'est un grand chagrin pour moi, très réel, très vif, de ne pouvoir point la voir et d'être privé de nouvelles d'elle depuis deux ans et demi ; en vous faisant cette visite, permettez-moi cette franchise, mon but est surtout d'obtenir de ses nouvelles.

— Bien, bien, j'aime la franchise ; vous ne me deviez pas de visite.

— J'en devais une à la tante de Christine.

Elle le regarda encore sans parler.

— Et votre ancien tuteur, dit-elle, le comte de Condrieu, comment êtes-vous avec lui ? C'est le moment de faire preuve de franchise.

— Aussi mal que possible : c'est M. de Condrieu qui a répandu le bruit de ma mort afin de faire maintenir par la justice le conseil judiciaire qu'il m'avait imposé.

— Ne l'aviez-vous pas mérité, ce conseil judiciaire ?

— Peut-être. Mais en vivant deux ans et demi à la campagne, enfermé avec un professeur, en travaillant pour passer un examen dont l'éducation que j'avais reçue sous la direction de M. de Condrieu me rendait incapable, en ne dépensant rien afin de payer mes dettes, j'avais mérité, il me semble, d'être relevé de ce conseil ; j'allais réussir lorsque M. de Condrieu a inventé cette nouvelle de ma mort dans le but de trouver d'anciens créanciers, si j'en avais, et aussi dans celui de tâter le terrain pour voir s'il lui serait possible de faire passer mon nom et mon titre sur la tête de Ludovic en cas où je viendrais à mourir enfin réellement, ce qu'il espère, ce qu'il attend avec impatience.

Mademoiselle Renée avait remis la perruche sur un perchoir, et, les bras serrés sur son corsage, drapée dans ses dentelles, elle examinait Roger :

— On m'a rapporté sur vous des choses graves, dit-elle.

— Pas Christine ?

— Non, pas Christine.

— Alors ce n'est rien ; tout ce qu'on a pu vous dire ne compte pas pour moi.

— Peut-être ferai-je bien de ne pas le compter non plus ; vous me paraissez franc et sincère ; en tous cas, votre affection pour Christine vous vaut mon indulgence ; vous n'avez pas été heureux, pauvre enfant.

Cela fut dit avec une sympathie qui toucha Roger.

— Le plus malheureux des enfants.

— Cela excuse bien des choses, et je commence à croire que Christine n'avait pas tort quand elle vous défendait partout, même auprès de moi, qui n'étais pas votre adversaire puisque je n'avais pas à m'occuper de vous.

Roger était exaspéré de tous ces retards, mais il

sentait que mademoiselle Renée voulait l'interroger, se rendre compte de ce qu'il était, de ce qu'il voulait, avant de parler; et cela augmentait son inquiétude.

— Je vous en prie... dit-il.

— Oui, oui, dit-elle, se parlant à elle-même, vous êtes digne d'entendre la vérité, et d'ailleurs, comme on peut vouloir vous tromper, il est de mon devoir de vous l'apprendre ; je vais donc vous la dire ; mais à l'avance, je vous préviens de vous raidir contre votre émotion, contre votre indignation. Vous savez que, toute jeune, Christine a montré certaines dispositions, on ne peut pas dire vocation, pour la vie religieuse. Ces dispositions étaient-elles natives en elle ou bien lui ont-elles été soufflées ? C'est une question que je n'osais décider d'une façon formelle ; mais j'inclinais à penser que c'était M. de Condrieu qui la poussait au couvent, en inclinant ses idées et son éducation de ce côté, afin qu'elle abandonnât sa fortune à Ludovic. Aussi, pensant cela, avais-je grand soin de répéter sans cesse à Christine qu'on peut très bien faire son salut dans le monde et qu'on peut trouver le bonheur dans l'amour de son mari et de ses enfants. C'était ma manière de combattre M. de Condrieu et de prendre mes précautions contre la pression que je le soupçonnais de vouloir exercer sur Christine, et cela en faveur de Ludovic. Je n'ai pas besoin de vous dire que je me serais fait scrupule de contrarier la vocation religieuse de ma nièce ; mais, d'autre part, je me serais fait scrupule aussi de ne pas veiller à ce que sa liberté morale fût respectée : il y avait là pour moi une nuance délicate à observer et je crois l'avoir observée. A mesure que Christine grandit, ses dispositions pour la vie religieuse s'affirmèrent, et il vint un moment où elle déclara très nettement qu'elle voulait se consacrer à Dieu. Elle avait alors dix-sept ans, c'est-à-dire qu'il y a trois ans de cela. Vous avez été son camarade, vous avez donc pu étudier et connaître son caractère : ce ne fut pas avec de grand élans qu'elle déclara sa vocation, mais avec cette fermeté douce qui est sa nature. Pendant six mois il ne se fit point de changement dans son état, si je croyais à la solidité de sa vocation, lorsqu'il y a deux ans et demi je remarquai en elle du trouble et de l'hésitation. Alors je l'adjurai de bien réfléchir pendant qu'il en était temps encore et pour se décider, de n'écouter que sa conscience, après avoir fermé son cœur à toute considération étrangère, à toute influence venant du dehors, si puissante que pût être cette influence. Nous eûmes de longs entretiens à ce sujet, et à la fin elle me dit que, sans vouloir renoncer dès maintenant à la vie religieuse, elle trouvait sage d'attendre avant de se prononcer formellement dans un sens ou dans un autre. Une nouvelle période de quelques mois s'écoula, pendant laquelle je remarquai en elle un état de trouble moral et de fièvre corporelle qui m'inquiéta beaucoup. Puis un jour, au milieu des larmes et des sanglots, dans une vraie crise, sans vouloir s'expliquer autrement, elle me dit qu'elle était décidée à entrer dans la congrégation de Saint-Jacques-de-Villeneuve. Vous pouvez juger de ma surprise et de mon étonnement. Comment s'était-elle décidée si brusquement, comment l'avait-on décidée plutôt ? C'est ce que je vais vous expliquer.

Sans avoir conscience de ce qu'il faisait et dans un mouvement d'anxiété il s'était rapproché de mademoiselle Renée qu'il ne quittait pas des yeux.

— J'avais fait à Christine, dit-elle, toutes les observations que la raison, que la tendresse m'inspiraient ; je n'avais obtenu pour réponse que des flots de larmes et son mot, toujours le même: « Je suis décidée, il le faut... » Je l'avais pressée de toutes les manières pour savoir pourquoi il le fallait, j'avais fait appel à son cœur, rien ne l'avait touchée. — Il le faut, il le faut, répétait-elle. — Son état était réellement lamentable et tout à fait inquiétant. La voyant ainsi je lui dis que puisque je ne pouvais rien sur elle, moi, sa tante, la sœur de sa mère, moi qui l'aimais si tendrement, j'allais m'adresser à son grand-père. A ce mot elle se jeta à mes genoux, sur ce parquet, à cette place même où nous sommes, et elle m'embrassa les mains désespérément en me suppliant de ne point faire cela ; elle était hors d'elle-même, affolée par l'épouvante, et elle répétait : Je vous en prie, tante, ne parlez pas à M. de Condrieu. — Mais pourquoi ? disais-je. — Là-dessus elle se taisait et son trouble, sa confusion augmentaient au point que j'avais peur qu'elle ne défaillît.

— Pauvre Christine! murmura Roger.

— Oui, pauvre Christine! Plus infortunée, la malheureuse enfant, que vous ne pouvez l'imaginer. La voyant ainsi, je cessai de la presser et de lui parler de son grand-père. A quoi bon ; cela ne pouvait qu'aggraver son état. Mais je ne renonçai pas, vous devez bien le penser, à interroger M. de Condrieu. Je l'allai trouver. Aux premiers mots que je lui dis, il prit une figure désolée et poussa des hélas! qui ne finissaient pas ; je fus positivement arrêtée par les démonstrations de sa douleur pendant plusieurs minutes. — C'est un grand malheur, répétait-il, mais il le fallait, il le fallait. — Que fallait-il ? — Qu'elle connût la vérité. — Quelle vérité ? — Il fallait lui arracher les paroles les unes après les autres, et encore c'était à peine si celles qu'il articulait difficilement étaient intel-

4.

gibles, bien qu'il les répétât à plusieurs reprises; vous connaissez cette manière.

Roger inclina la tête par un signe affirmatif : il voyait M. de Condrieu avec sa mine convulsée, il voyait son geste pour essuyer une larme qui jamais ne mouillait le bout de son doigt.

— Je le pressai, continua mademoiselle Renée, je le secouai, — elle étendit son bras avec le mouvement de la fée qui commande à un mauvais génie, — et je l'obligeai enfin à abandonner les lamentations pour parler comme tout le monde, au moins à peu près. — « Vous savez, dit-il que j'ai toujours désiré que Christine se fît religieuse, et qu'autant qu'il m'a été possible je l'ai poussée dans cette voie. — Vous le reconnaissez? — Parfaitement; je n'ai rien négligé pour aider à sa vocation, d'ailleurs réelle; vous pensez bien qu'en agissant ainsi j'avais un but qui était qu'elle abandonnât ses biens présents à son frère avec l'engagement d'honneur de lui abandonner aussi ceux qui pourraient lui échoir un jour, ne se réservant que la dot qu'elle devrait verser à son couvent. » Je fus stupéfaite de l'entendre parler avec cette franchise, lui qui d'ordinaire enveloppe ses paroles de voiles si épais. — J'avais mes raisons, poursuivit-il, des raisons toutes-puissantes pour exiger ce sacrifice, qui, me semble-t-il, vous paraît excessif. — Dites injustes... — Quand vous connaîtrez ces raisons, vous ne parlerez pas ainsi : Si Christine avait persévéré dans la voie qu'elle paraissait suivre avec amour, jamais personne n'aurait connu ces raisons; c'est le changement qui s'est opéré en elle qui m'a obligé à les lui faire connaître; c'est quand je l'ai vue disposée à s'éloigner de la vie religieuse pour entrer dans la vie mondaine que j'ai dû lui révéler la vérité, et alors, comme c'est une honnête jeune fille, au cœur droit, à la conscience loyale, elle a compris que le couvent était le seul refuge possible pour elle, et que le sacrifice de sa fortune, que je lui demandais, n'était qu'un acte de justice.

Roger eut un frisson :

— Quel homme! dit-il à mi-voix.

— Le plus misérable, le plus fourbe, le plus habile artisan en crimes qui soit au monde; vous allez le voir. — Quelle vérité lui avez-vous donc révélée? demandai-je, exaspérée et ne pouvant plus me contenir. — S'il m'en a terriblement coûté, dit-il, de la faire connaître à Christine, et je ne m'y suis décidé qu'à la dernière extrémité, parce que c'était mon devoir de chef de famille et que je devais accomplir ce devoir, si douloureux qu'il fût, il m'en coûte aussi beaucoup de vous l'apprendre, car elle va vous atteindre cruellement; je vous demande donc de bien constater que je ne m'y résigne que parce que vous m'y contraignez. — Oui, oui, je vous y contrains; maintenant, parlez, parlez. — Votre sœur, femme de mon fils, mère de Ludovic et de Christine, n'a pas eu pour son mari, vous le savez comme moi, l'affection qu'il méritait et qu'elle lui devait. — Il n'a rien fait pour gagner cette affection, tout au contraire. — Ceci est une appréciation que j'admets dans votre bouche, vous, sa sœur, mais contre laquelle je m'élève; cependant je vous demande de ne pas engager de discussion à ce propos, cela nous éloignerait de notre sujet; il suffit que vous reconnaissiez que cette affection n'existait pas. Mais l'affection, la tendresse, l'amour qu'elle n'avait pas pour son mari, elle les eut pour un autre. — C'est un mensonge! m'écriai-je, indignée, car ma sœur a été une femme honnête et pure, soyez-en sûre, monsieur le duc.

Roger s'inclina.

— Sans se laisser interrompre, continua mademoiselle Renée, M. de Condrieu répéta ses dernières paroles : « Elle les a eus pour un autre, son amant. » De nouveau je protestai, mais il poursuivit : — De cette liaison est née une fille, Christine.

— Quelle infamie! s'écria Roger ; oh! la pauvre Christine, elle qui avait gardé de sa mère une si respectueuse adoration.

— Quand M. de Condrieu a eu l'idée de révéler ce qu'il appelle la vérité, il a compris que, malgré l'autorité que lui donne son titre de grand-père, Christine se révolterait contre cette accusation, comme vous venez de vous révolter vous-même, et alors il l'a prouvée au moyen de lettres écrites à ma sœur par cet amant, lettres que lui, M. de Condrieu, a trouvées après la mort de sa belle-fille et qu'il a précieusement gardées pour le jour où il aurait besoin de s'en servir : et il s'en est servi, et il les a mises sous les yeux de Christine, et il les a mises sous les miens.

— Et ces lettres?

— Fabriquées avec un art diabolique : rien qui ne puisse être lu, excepté par une fille, — des détails précis sur la paternité du vrai père, sur la naissance, le nom de Christine répété à chaque ligne, enfin tous les caractères de la vraisemblance; mais nulle part le nom ou le petit nom de cet amant, ni rien qui puisse faire deviner qui il était.

— Et Christine? demanda Roger après quelques instants.

— Christine a-t-elle lu ces lettres? Je n'en sais rien. Mais elle les a vues. M. de Condrieu, sans doute, lui a fait toucher du doigt certains passages; il lui a expliqué qu'elle n'était point une Condrieu, qu'elle n'était qu'une bâtarde, et qu'elle serait une voleuse si, sachant la vérité sur sa naissance, elle n'abandonnait pas tout ce qu'elle possédait à son frère et si elle ne prenait pas l'engagement de lui abandonner aussi tout ce qu'elle pourrait recueillir plus tard. Christine, écrasée, anéantie par ce coup effroyable, Christine, qui voulait attendre avant d'entrer au couvent ; Christine, chassée de cette famille qui n'était plus la sienne, n'a trouvé de refuge et de soutien qu'auprès de Dieu. Vous comprenez qu'après cet entretien avec M. de Condrieu, je n'ai plus combattu la résolution désespérée de la pauvre enfant. Que lui aurais-je dit? Que ces lettres étaient fausses? Comment le prouver? On lui avait mis une preuve matérielle sous les yeux que je n'aurais pu combattre qu'avec des allégations et des protestations. Je l'aurais ébranlée. Je suis sûre que je l'aurais touchée, mais jamais je n'aurais arraché le doute jusque dans ses racines. M. de Condrieu lui avait fait une blessure que la main des hommes est impuissante à guérir et qui ne peut être soulagée que par celle de Dieu. Je l'ai laissée aller à Dieu. Elle a ignoré, elle ignorera toujours que j'ai eu cet entretien avec M. de Condrieu et nous pouvons parler ensemble de sa mère... sans qu'elle rougisse, et longuement nous en parlons : la vive tendresse qu'elle avait toujours eue pour sa mère s'est avivée, et c'est avec une joie douce à son cœur qu'elle m'écoute quand je fais revivre devant elle ma pauvre sœur, avec toutes ses qualités de douceur, de bonté, de droiture... mais telle est l'horreur de la situation que je n'ose pas, le croiriez-vous, parler de son honnêteté.

Après un moment de silence, Roger, qui avait respecté l'émotion de mademoiselle Renée et qui d'ailleurs était bouleversé lui-même, risqua une question :

— Et où est-elle ?

— Postulante aux sœurs de Saint-Jacques-de-Villeneuve.

— Cloîtrée ?

— Non.

— Je pourrai donc la voir ?

— Demain, si vous voulez, car c'est demain qu'elle prend l'habit et vous pouvez m'accompagner à la cérémonie.

X

Quand il arriva le lendemain matin rue Férou, il trouva dans la cour le landau attelé ; ce landau, que mademoiselle Renée avait recueilli dans l'héritage de son père, avait été maintes fois repeint, réparé, regarni, mais cela ne lui avait pas enlevé son caractère rococo ; rococo aussi était l'attelage, composé de deux vieux chevaux isabelle hauts sur jambes ; plus rococo encore était le cocher en livrée noire, ayant tout l'air d'un sacristain.

Mademoiselle Renée attendait dans le salon ; elle était en grande toilette, et, dans les plumes de son chapeau, se montrait un oiseau vert qui avait l'air d'une perruche, et qui en était une en effet, mais non vivante.

— Partons, dit-elle.

Lorsque Roger fut installé dans le landau vis-à-vis de mademoiselle Renée, respectueusement, il put lui adresser les questions qui, depuis la veille, s'étaient pressées dans son esprit : quelle était cette congrégation de Saint-Jacques-de-Villeneuve? A quelles œuvres ses membres se consacraient-ils?

Mademoiselle Renée répondit :

— La maison-mère est rue du Cherche-Midi, et c'est dans la chapelle de cette maison que va avoir lieu la cérémonie; c'est là que se trouve la fameuse Vierge noire devant laquelle saint François de Sales a recouvré la paix alors, que, se croyant damné, il demandait à Dieu de beaucoup l'aimer pendant qu'il était sur la terre. Les sœurs de Saint-Jacques soignent les malades, — à l'Enfant-Jésus par exemple, — elles ont des orphelinats, des dispensaires où elles font les pansements aux pauvres gens et leur distribuent du linge : elles ont aussi plusieurs maisons aux colonies.

— Christine peut être envoyée aux colonies?

Ils ne tardèrent pas à arriver rue du Cherche-Midi et Roger suivit mademoiselle Renée, qui paraissait être chez elle, se dirigeant sans rien demander, rendant affectueusement les saluts qu'on lui adressait.

Du côté opposé à celui où mademoiselle Renée l'avait amené, Roger aperçut un vieillard de haute stature, aux épaules voûtées, et près de celui-ci un jeune homme de grande taille : M. de Condrieu-Revel et son petit-fils Ludovic.

Roger voulut détourner la tête, mais à ce moment même les yeux du comte se fixèrent sur lui; alors ils restèrent l'un et l'autre se regardant; ceux qui les observèrent remarquèrent sur le visage de Roger la fureur; sur le visage du comte, la gêne.

Après quelques instants, mademoiselle Renée se pencha vers Roger :

— La cérémonie va commencer par une messe, dit-elle, la messe de la communauté dite par le supérieur; Christine l'entendra dans le chœur, assise sur ce fauteuil que vous voyez. Elle va arriver; elle sortira de derrière cette grille.

Disant cela, elle montra une grande grille qui tenait toute la partie gauche du chœur, et derrière laquelle on voyait un rideau en ce moment fermé.

— C'est là que se tient la communauté, continua mademoiselle Renée, et, la messe dite, ce sera devant la communauté que se fera la cérémonie.

Après une assez longue attente, le chœur s'emplit de prêtres; puis le rideau fut tiré avec un cliquetis d'anneaux et la grille s'ouvrit.

Tout à coup Roger vit, se détachant sur le fond noir formé par les membres de la communauté rangés le long de la grille, une apparition blanche.

C'était Christine qui s'avançait lentement en robe de mariée, la couronne sur la tête, le bouquet au corsage, enveloppée dans son voile; mais le tissu de ce voile était assez léger pour qu'on distinguât ses traits; il trouva qu'elle était pâlie, amaigrie, mais embellie, plus charmante qu'elle ne l'avait jamais été, d'un charme idéal et céleste.

Elle marchait, les yeux baissés, et sans voir personne elle arriva à son prie-Dieu, sur lequel elle s'agenouilla.

La messe commença; ce fut machinalement que Roger se leva, s'assit et se releva; il restait les yeux attachés sur Christine.

Un prédicateur monta en chaire, et Roger n'écoutait guère son sermon, lorsque quelques paroles le frappèrent et le rendirent attentif.

Le prédicateur s'était tourné vers M. de Condrieu et il faisait l'éloge de ce grand-père vénérable, de cet homme de bien, de ce juste qui avait élevé sa petite-fille pour qu'elle se consacrât à Dieu un jour.

A ce moment, Roger sentit la main de mademoiselle Renée se poser sur la sienne; dans une même étreinte ils se dirent leur indignation, ne pouvant pas la crier tout haut.

Mais si Roger ne pouvait pas prendre la parole, il pouvait au moins se servir de ses yeux : les regards qu'il lança sur M. de Condrieu, qu'il lui asséna, furent si pleins d'éclairs que celui-ci, malgré lui, releva ses lourdes paupières; mais aussitôt il les rabaissa et même il courba le dos.

La messe se continua et s'acheva. Alors il se fit un grand mouvement dans l'assistance; chacun quitta sa place.

— Nous allons entrer dans le chœur, dit mademoiselle Renée.

En effet, ils allèrent se placer derrière Christine et à une petite distance d'elle, mais en faisant face à la communauté.

Le supérieur qui avait dit la messe ayant quitté ses ornements sacerdotaux, vint en rochet, avec son aumusse et sa croix suspendue à un large ruban rouge moiré s'asseoir sur un fauteuil, en faisant face aussi à la communauté.

Aussitôt Christine, accompagnée d'une sœur qui était la maîtresse des novices, quitta le prie-Dieu sur lequel elle avait entendu la messe et, son cierge à la main, traînant derrière elle la longue queue de sa robe de noces, elle vint s'agenouiller devant le supérieur.

— Que demandez-vous, ma fille? dit celui-ci.

Une voix faible, mais ferme dans son accent, cette voix de Christine que Roger n'avait pas entendue depuis longtemps, répondit :

— La bénédiction de Dieu et la vôtre
— Avez-vous essayé vos forces ?
— Je compte sur la grâce de Dieu.
— Espérez dans le Seigneur.
L'ayant bénie, il ajouta :
— Allez revêtir le saint habit de pénitence que vous réclamez.

Elle se releva et, suivie de la maîtresse des novices, elle franchit la grille et disparut dans la communauté.

Aussitôt toutes les voix de femmes entonnèrent un psaume.

Au bout de quelques instants, entre les deux rangées des sœurs, Roger vit s'avancer Christine ayant à sa droite la supérieure et à sa gauche la maîtresse des novices : elle avait quitté sa robe de noces, plus de couronne, plus de bouquet, plus de voile; elle était en jupon court de percale blanche, un corsage de même étoffe lui montait jusqu'au cou, mais laissait à nu ses bras ; sur ses épaules et sa poitrine étaient épars ses cheveux, ses admirables cheveux, qui l'enveloppaient d'un voile presque aussi long et plus épais que celui de sa toilette de mariée; couchée dans son bras gauche, elle portait une grande croix de bois noir avec un christ en ivoire sur lequel elle tenait ses yeux attachés.

Marchant doucement, elle était venue s'agenouiller devant le supérieur, faisant face à l'assistance, mais n'ayant des regards que pour le christ.

Des sœurs s'approchèrent et remirent à la maîtresse des novices des étoffes blanches et noires : — la robe, la coiffe, dont allait se revêtir la postulante, et un plat en argent sur lequel se trouvaient des ciseaux.

Le chœur des religieuses entonna un nouveau psaume.

La maîtresse des novices tendit le plat au supérieur et celui-ci, ayant pris d'une main les ciseaux, de l'autre une mèche dans la chevelure de Christine, il la coupa et la déposa dans le plat; la prieure prit à son tour les ciseaux et à son tour aussi elle coupa une autre mèche.

Toute cette belle chevelure allait donc tomber sous ces ciseaux ? Le cri des cheveux avait retenti dans le cœur de Roger.

On avait mis sur les bras de Christine la robe noire qui avait été apportée à la maîtresse des novices; elle la présenta au supérieur, qui la bénit.

Alors elle rentra de nouveau dans la communauté et quand elle reparut elle était vêtue d'une longue robe noire.

Pour chacune des pièces composant le costume qui désormais devait être le sien jusqu'au jour de sa mort : pour la guimpe, pour les bandeaux, pour la coiffe, pour le voile, il y eut une nouvelle bénédiction.

Et chaque fois elle retourna auprès de la prieure, qui lui mettait ces objets; mais ce n'était que d'une façon confuse que l'assistance pouvait voir cet habillement, car les sœurs l'entouraient en se groupant autour d'elle et elle disparaissait dans le fourmillement des robes noires et des coiffes blanches.

Enfin elle revint vers le supérieur complètement habillée, sœur de Saint-Jacques de la tête aux pieds, et cette fois, sur son front il posa une couronne d'épines.

Alors, toujours agenouillée, elle chanta un psaume dont Roger entendit mal les paroles bien qu'elle les prononçât nettement... Cependant il en saisit assez pour comprendre que c'était une sorte de dialogue entre elle et la communauté : elle demandait à être admise, et on lui répondait qu'on l'admettait.

Les dernières paroles du psaume s'éteignirent; elle alla lentement à la prieure, s'agenouilla, et celle-ci, se penchant vers elle, l'embrassa.

Alors elle se tourna vers la maîtresse des novices, qui l'embrassa aussi.

Puis, la précédant, celle-ci la conduisit devant chacune des sœurs : elle s'agenouilla devant chacune d'elles et toutes successivement l'embrassèrent.

Elle était arrivée tout au fond de la chapelle réservée; elle s'agenouilla une dernière fois dans l'ombre et une dernière fois elle fut embrassée.

C'était fini : elle était membre de la communauté.

Les grilles se fermèrent aussitôt, et les rideaux, glissant lentement sur leurs tringles, se rejoignirent.

XI

Pendant la dernière partie de la cérémonie, mademoiselle Renée avait paru ne rien voir de ce qui se passait; agenouillée sur son prie-Dieu, elle était restée le visage caché dans ses deux mains, tout entière à son émotion ou à sa prière.

Lorsque la grille et le rideau se refermèrent, elle n'abandonna point cette attitude, et, tandis que l'assistance sortait du chœur, elle demeura, la tête entre les mains, abîmée dans sa douleur et son recueillement.

Debout près d'elle, Roger n'osa point la troubler, il resta là, attendant.

Enfin, elle tourna vers lui son visage baigné de larmes.

— Nous n'allons point nous rendre au parloir, dit-elle ; nous nous y rencontrerions avec M. de Condrieu, et je ne suis pas en état en ce moment de supporter sa vue.

— Mais Christine?

— Nous la verrons dans quelques jours ; demain, après-demain, je vous mènerai près d'elle, je vous le promets. Ajourd'hui, que lui diriez-vous ? Que vous dirait-elle ? Et puis, voulez-vous subir la présence de M. de Condrieu ? Je vous écrirai.

Il n'y avait rien à répondre : évidemment, c'était le langage de la raison et de la sagessse.

Ce fut deux jours après qu'elle lui écrivit pour le prévenir qu'elle était prête à le conduire auprès de Christine.

Lorsqu'il arriva rue Férou, il trouva dans la cour le landau attelé comme le jour de la prise d'habit, et, comme ce jour aussi, mademoiselle Renée qui l'attendait dans le salon.

Ils montèrent en voiture ; mais en sortant le cocher, au lieu de monter la rue Férou, la descendit.

— Nous n'allons donc pas rue du Cherche-Midi? demanda Roger.

— Nous allons à Charonne, à l'orphelinat Saint-Jacques, où Christine est entrée en fonctions depuis hier.

— Sait-elle que je vous accompagne et que j'ai assisté à sa prise d'habit.

— Par moi elle ne sait rien de ce qui vous concerne ; mais j'ignore ce que M. de Condrieu a pu lui dire ; cependant il n'est guère probable qu'il lui ait parlé de vous.

La voiture traversa tout Paris au trot cadencé de ses deux chevaux et elle arriva dans un quartier dont

Roger n'avait aucune idée : une rue de village bordée de boutiques à l'aspect provincial, avec des échappées de vue, par les rues latérales, sur des étendues vagues ; ils passèrent devant une petite église perchée au haut d'un escalier et entourée d'un cimetière, puis, la voiture ayant tourné à droite, ils s'arrêtèrent devant une grande porte percée d'un guichet ; au-dessus de cette porte on lisait : Orphelinat Saint-Jacques.

Une sonnette à chaîne de fer ayant été tirée par mademoiselle Renée, la porte s'ouvrit.

Après avoir passé sous la voûte de la grande porte, ils entrèrent dans un parloir dont la nudité frappa Roger ; pour tout meuble des chaises foncées en paille alignées le long des murs peints en rose ; sur ces murs un christ en bois peint et des images de sainteté dans des cadres de sapin verni ; le carreau en terre rouge, lavé.

Une femme vêtue pauvrement, une ouvrière, était dans un coin avec une enfant de six ou sept ans qui pleurait :

— Ne pleure donc pas, disait la mère, tu seras plus heureuse qu'à la maison : tu auras de la bonne soupe chaude tous les jours.

— J'aime mieux la maison, disait l'enfant en s'efforçant de retenir ses sanglots.

Une sœur entra et vint vivement à mademoiselle Renée avec toutes les démonstrations du respect et de l'affection.

— Nous venons voir sœur Angélique, dit mademoiselle Renée.

Puis, se tournant vers Roger :

— Un parent, M. le duc de Naurouse qui rentre à Paris après une longue absence.

— Je vais faire prévenir notre mère, dit la sœur ; sœur Angélique est au préau avec les enfants.

Les fenêtres du parloir donnaient justement sur ce préau, planté de tilleuls taillés en berceau : l'une de ces fenêtres était ouverte; Roger s'en approcha tandis que mademoiselle Renée et la sœur continuaient leur entretien. Sous les arbres, deux par deux, des petites filles marchaient en frappant le gravier des pieds et allant tantôt à droite, tantôt à gauche, elles semblaient suivre un dessin tracé, sous la direction d'une sœur vêtue d'une robe noire à queue relevée sur le côté, serrée à la taille par une ceinture en cuir noir et coiffée d'une petite coiffe blanche en batiste à fond plissé ; elles chantaient une chanson sur l'air de *Cadet Roussel,* en criant tant qu'elles pouvaient et en marquant la mesure des pieds, des bras, de la tête et de tout le corps :

> Tâchons, enfants, de pratiquer
> Ce qu'on veut bien nous enseigner ;
> Soyons attentifs et dociles,
> Toujours prêts à nous rendre utiles,
> Chacun nous aimera
> Et le bon Dieu nous bénira.

Roger avait été frappé par la voix de la sœur ; dans un mouvement que fit la bande des enfants qui revenait vers le parloir, la sœur se retourna et lui fit face ; c'était Christine.

Comme elle marchait en venant droit sur le parloir, ses yeux se portèrent sur la fenêtre ouverte et rencontrèrent ceux de Roger : alors ses lèvres restèrent entr'ouvertes sans achever les mots qu'elle chantait, ses mains tremblèrent et si elle n'avait pas trouvé à sa portée un arbre dont elle prit le tronc, elle serait tombée.

Roger se pencha par la fenêtre ; mais à ce moment une sœur s'approcha de Christine, qui se redressa ; alors de peur de se trahir, il revint près de mademoiselle Renée en tâchant de contenir son émotion.

Cependant, Christine n'arrivant pas, la sœur qui s'entrenait avec mademoiselle Renée sortit pour l'aller chercher elle-même.

Au bout d'un temps assez long la porte du parloir se rouvrit et Christine parut seule : son visage était décoloré et ses lèvres pâles étaient agitées d'un tremblement.

Elle s'avança en tenant ses yeux fixés sur sa tante, n'osant pas, bien évidemment, regarder Roger.

— Je t'ai amené ton cousin, dit mademoiselle Renée en l'embrassant tendrement.

Alors Roger fit un pas vers elle :

— Bonjour, ma cousine, dit-il machinalement.

— Bonjour, Roger, murmura-t-elle.

Elle ne l'appelait point « mon cousin »; elle tenait ses mains appliquées sur sa robe. Alors il laissa lui-même tomber la main qu'il lui tendait.

— Ton cousin arrive à Paris, dit mademoiselle Renée.

— Je suis arrivé dimanche, et mardi j'ai assisté à ta prise d'habit avec mademoiselle Renée, près d'elle.

— Je ne t'ai pas vu, je n'ai vu personne.

— Voulant avoir de tes nouvelles, ton cousin a eu la bonne pensée de s'adresser à moi, dit mademoiselle Renée.

— Je ne savais rien de toi depuis deux ans et demi, dit Roger.

— Alors, continua mademoiselle Renée, je te l'ai amené, certaine que tu serais heureuse de le voir.

— Je vous remercie, ma tante.

Roger remarqua qu'elle disait ma « tante ». Cette parenté existait encore pour elle, tandis que celle avec les Condrieu n'existait plus. S'il avait été embarrassé pour la poignée de main, il ne l'était pas moins pour le tutoiement. Comment devait-il lui parler ?

Elle prit les devants :

— Tu as fait un bon voyage ? demanda-t-elle.

— Je n'ai pas voyagé, je suis resté à Varages, où j'ai travaillé sous la direction d'un maître ; j'ai passé mon examen de bachelier et lundi j'ai porté mon diplôme au duc d'Arvernes qui m'a attaché à son cabinet : c'est en sortant de chez le ministre que j'ai voulu te porter ces nouvelles, et comme je ne savais où tu étais, je me suis adressé à mademoiselle Renée.

Roger avait vu le visage de Christine s'animer et rougir à mesure qu'il parlait ; dans ses yeux brillait une flamme de joie.

— Tu vois que tes conseils ont été suivis, dit-il, il était donc juste que je t'apporte l'expression de ma reconnaissance.

Elle ferma ses yeux à demi pour en voiler l'éclat, mais elle ne put pas voiler ses joues qui s'étaient empourprées et qui, par leur rougeur, trahissaient son émotion.

— Et pendant ces deux ans et demi tu as toujours été en bonne santé ? demanda-t-elle après un moment de silence.

— Je n'ai pas eu une minute de malaise. Il raconta sa vie à Varages, l'emploi de son temps, ses heures de travail avec Crozat dont il parla avec une reconnaissance affectueuse, et ses heures de promenades, de courses à cheval à travers les campagnes et les bois.

Si réservée qu'elle voulût être, et sa contrainte était visible, il y avait des moments où elle s'oubliait et où elle montrait sa joie par les éclairs de son regard et l'épanouissement de son sourire; mais aussitôt elle se reprenait.

— Ce n'est pas seulement à ma santé que Varages a été bon, continua Roger, c'est aussi à ma fortune : pendant ces deux ans et demi j'ai éteint pour plus d'un million de dettes.

Lorsque Roger se tut, elle parla d'elle, mais simplement, en quelques mots :

— Tu vois, dit-elle, que j'ai réalisé les intentions dont je t'avais entretenu; c'est une grâce suprême que Dieu m'a faite et dont je le remercie chaque jour.

Ce fut tout : mademoiselle Renée intervint, trouvant le sujet pénible et par là dangereux.

Ils s'entretinrent pendant longtemps encore, mais tous deux évitèrent de prononcer le nom de M. de Condrieu : ils parlèrent de leur enfance; Christine parla surtout de l'avenir de Roger.

Enfin, mademoiselle Renée se leva.

— Je te remercie de tout cœur d'être venu, dit Christine, ta visite et ce que tu m'as appris me rendent bien heureuse; maintenant je ne penserai à toi qu'avec une complète tranquillité.

Une parole se pressait sur les lèvres de Roger, mais il n'osait la prononcer :

— Quand pourrai-je te revoir?

Comme si elle lisait dans son cœur elle répondit à cette question :

— J'ai une grâce à te demander, dit-elle en attachant ses yeux sur lui, oublie Christine, elle est morte au monde; mais pense à sœur Angélique quelquefois, et si dans ta vie tu as des heures difficiles, sache bien qu'elle prie Dieu pour toi et qu'elle lui demande ton bonheur.

Il voulut abréger la séparation de peur de se trahir.

— Au revoir, dit-il.

— Non, pas au revoir, adieu; ma tante te parlera de moi; et à moi, elle parlera de toi; je te suivrai; adieu, Roger.

La lourde porte se referma dans son cadre.

La voiture roula assez longtemps sans que mademoiselle Renée et Roger échangeassent une parole.

Tout à coup Roger releva la tête brusquement.

— Christine est novice, dit-il, elle n'est donc liée par aucun lien qui ne se puisse dénouer.

Surprise tout d'abord, mademoiselle Renée le regarda longuement :

— Elle est liée par un lien moral, le plus fort, le plus solide, et jamais elle ne le dénouera elle-même; soyez sûr de cela. Maintenant qu'on lui suggère cette idée qu'elle n'aura jamais, ce ne serait pas l'aimer, car il n'y a plus de bonheur possible pour elle en ce monde, et c'est dans le sein de Dieu seule qu'elle peut trouver la paix et le repos. Elle vous l'a dit : Christine est morte; ne pensez plus désormais qu'à la sœur Angélique.

XII

Si Roger s'était fait une loi, qu'il observait strictement, de refuser toutes les invitations de ses anciens amis, il y en avait d'autres lui venant de personnes placées en dehors du cercle de son intimité qu'il ne pouvait décliner.

Celles de ces invitations qui lui étaient arrivées les premières lui étaient venues du duc et de la duchesse d'Arvernes.

Au grand étonnement de ses nouveaux collègues, il avait pris au sérieux ses fonctions d'attaché et, très régulièrement, il s'était rendu au ministère.

Au bout de quelques jours, le ministre l'avait fait appeler :

— On me dit que vous venez tous les jours à votre bureau.

Roger avait répondu que l'exactitude était la seule manière de reconnaître la bienveillance dont le ministre avait fait montre à son égard.

— J'avoue que vous m'étonnez un peu, dit le duc d'Arvernes en souriant, car je m'étais imaginé que, comme quelques-uns de vos collègues, vous ne mettriez les pieds au ministère qu'une fois dans votre vie, le jour de votre présentation ; mais je suis heureux de vous voir dans ces dispositions de travail et je vous promets de ne rien négliger pour les entretenir.

Et, fidèle à sa promesse, le ministre lui avait très souvent donné des travaux peu importants que Roger pouvait remplir, et plus souvent encore il l'avait fait appeler tout simplement pour causer.

Le premier jeudi qui avait suivi son retour à Paris, il avait été faire sa visite à la duchesse et il avait été reçu par elle avec plus d'affabilité encore peut-être qu'il ne l'avait été par le duc : ç'avait été des compliments sans fin sur sa victoire du dimanche, des regrets de n'avoir pas pu le féliciter tout de suite, non seulement sur cette victoire, mais encore sur sa résurrection. Et alors il avait fallu qu'il expliquât comment il avait pu vivre pendant deux ans et demi dans un cnâteau de Provence. — Seul ? — Seul avec un professeur. — Elle avait souri d'un air de doute : — Vous avez donné tout ce temps au travail ? — Tout ce temps. — Le sourire s'était accentué : — Vous aviez déjà commencé à travailler avant d'aller en Provence, car on m'a raconté que vous aviez habité la vallée de Montmorency avant votre départ. — Peu de temps, c'était trop près de Paris, et c'est pour cela que je me suis sauvé en Provence. — Sauvé ! les hommes se sauvent donc quelquefois ? — Quand il le faut. — Elle l'avait pressé, et il avait eu la plus grande peine à échapper aux interrogations plus ou moins détournées qui, toutes, tendaient à lui faire raconter ses amours avec Raphaëlle.

Ça n'avait pas été seulement d'histoires d'amour qu'elle s'était montrée curieuse, ç'avait été aussi d'histoires de famille. — On disait qu'il était mal avec son grand-père, le comte de Condrieu-Revel ? — Aussi mal que possible. — Vraiment ! Comment donc avait-il pu se brouiller avec un excellent homme comme le comte ? — Sur ce point, Roger avait évité de répondre, ne voulant pas se plaindre et ne voulant pas davantage accuser ; aux yeux de tout le monde, M. de Condrieu était son grand-père, il devait donc ne parler de lui qu'avec réserve ou mieux n'en pas parler du tout ; ce qu'il avait fait. La duchesse avait insisté. Il ne s'était point rendu. Alors, prenant un ton d'autorité affectueuse, elle avait déclaré qu'elle ferait cesser cela. Sans répliquer, il s'était retiré, disant que la duchesse était vraiment trop curieuse et qu'elle se mêlait avec trop de sans-gêne de ce qui ne la regardait pas.

Le lendemain, il avait reçu une invitation à dîner

pour le jeudi suivant, et la première personne qu'il avait aperçue après avoir salué la duchesse, ç'avait été M. de Condrieu, debout dans un coin du salon où il s'entretenait avec un personnage du monde politique.

Son premier moment avait été de gagner la porte et de partir, mais c'eût été une faiblesse doublée d'une sottise, il était resté : Évidemment il devait rencontrer M. de Condrieu dans le monde, le mieux était donc qu'il s'habituât à sa vue; si violents, si tumultueux que fussent les mouvements de son cœur chaque fois qu'il le regardait, ils se calmeraient peut-être un jour.

Ce fut à quoi il s'essaya pendant le dîner; placé assez loin du comte, il pouvait le regarder sans avoir l'air de le provoquer ou de le braver; il le regarda donc franchement en face, la tête haute, s'amusant à faire détourner les yeux du comte quand ceux-ci rencontraient les siens. Ce ne fut pas son seul plaisir, il en éprouva un très doux à remarquer et à noter les laideurs qui se montraient dans cette grosse tête en poire. Il n'avait pas attendu cette heure pour trouver que M. Condrieu était laid, et depuis son enfance il s'était dit bien souvent qu'on était malheureux d'avoir ces yeux fuyants, ces fortes mâchoires qui semblaient toujours prêtes à mordre, ces bajoues pendantes, ce teint jaune et terreux, ces gestes hésitants, cette lourde démarche d'un vieil éléphant, cette parole ânonnante ; mais jamais il ne se l'était dit comme maintenant. Autrefois c'était avec remords et avec honte qu'il voyait ces laideurs, qu'un petit-fils, pensait-il, n'aurait pas dû apercevoir chez son grand-père ; tandis que maintenant c'était avec joie, avec bonheur, avec fierté qu'il les étudiait. Ce vieux gredin ne lui était rien ; il pouvait lui donner tout bas les noms les plus infâmes, le charger de tous les crimes. Quelle différence entre cette vilaine tête et celle du marquis de Varages, si belle et si noble, sur laquelle se lisaient toutes les qualités !

Ce fut à peine s'il parla et répondit à ses voisins de table ; jamais ceux qui le connaissaient ne l'avaient vu aussi silencieux, et cependant il avait l'air tout joyeux, tout heureux : déjà diplomate.

Ce fut ce que la duchesse remarqua et elle lui en fit l'observation dans le cours de la soirée, à un moment où, étant libre, elle l'appela près d'elle :

— A la façon dont vous avez regardé M. de Condrieu en entrant, dit-elle, j'avais craint que cette rencontre avec lui ne vous contrariât ; mais vos regards se sont adoucis pendant le dîner : j'en suis très heureuse.

Et elle le conduisit dans un boudoir qui faisait suite à un petit salon ; là se trouvait le comte de Condrieu, assis dans une attitude de ruminant au repos.

— Voici pourquoi j'ai été heureuse de l'adoucissement de vos regards, dit la duchesse à mi-voix.

Roger eut un mouvement de répulsion qui secoua son bras.

— Cela vous contrarie ? dit la duchesse.

— Au contraire, et je vous remercie de m'avoir ménagé cette entrevue.

— Voici M. le duc de Naurouse, dit la duchesse en s'adressant au comte, qui me remercie de l'amener près de vous. Je vous laisse ensemble.

Il s'établit un silence ; tous deux étaient debout en face l'un de l'autre, mais ils évitaient de se regarder.

Le comte, le premier, prit la parole :

— Je suis heureux, tout à fait heureux, mon cher petit-fils...

Incapable de se contenir, Roger jeta ses deux mains en avant comme s'il voulait lui fermer la bouche :

— Ah ! ne m'appelez pas de ce nom ! s'écria-t-il sourdement :

M. de Condrieu recula, abasourdi :

— Et pourquoi donc, balbutia-t-il, ne suis-je plus votre grand-père ?

La tentation fut forte, si violente que Roger ouvrit les lèvres pour dire : « Non, vous ne l'êtes pas. » Sans qu'il l'eût cherché ni fait naître, l'occasion s'offrait à souhait de proclamer la vérité et se débarrasser enfin de cette odieuse, de cette honteuse parenté : « Je ne suis pas votre petit-fils ; votre sang ne coule pas dans mes veines ; ma mère n'était pas votre fille ! » Quel triomphe ! Quelle vengeance ! Il se lavait ; il se purifiait : « Vous voyez bien qu'il n'y a rien de commun entre nous, puisqu'on n'a jamais eu à me reprocher un acte de bassesse ni de lâcheté ! » Mais n'en serait-ce pas un que de jeter ainsi le nom de sa grand'mère et de se servir dans son intérêt, pour sa satisfaction, d'un secret que le hasard seul lui avait livré ? Était-il maître de ce secret ? Pouvait-il, devait-il exposer au mépris, à l'injure ou à la raillerie la mémoire de sa grand'mère ? Dire : « Je ne suis pas votre petit-fils ; alors même que cela était vrai, n'était-ce pas se rapprocher de M. de Condrieu disant à Christine : « Vous n'êtes pas ma petite-fille » ? Ses lèvres se fermèrent.

Ce fut seulement après quelques instants qu'il se rapprocha de M. de Condrieu, qui, devant l'attitude embarrassée de Roger, s'était redressé :

— Je ne reconnais pas pour mon grand-père, dit-il à mi-voix, mais en articulant ses paroles, en les martelant, je ne reconnais pas l'homme qui a combiné un moyen comme celui que vous avez eu l'infamie d'inventer pour pousser Christine au couvent ; c'est parce que madame la duchesse d'Arvernes m'a fourni l'occasion de vous dire cela en face que je l'ai remerciée tout à l'heure, elle m'a permis de vous jeter au visage ces paroles d'indignation et de mépris que mes regards vous ont lancées l'autre jour à la chapelle.

Un moment écrasé par cette explosion, M. de Condrieu avait peu à peu redressé sa haute taille, en prenant un air de dignité outragée :

— Vous oubliez à qui vous parlez, dit-il.

— Non, au plus fourbe, au plus misérable, au plus lâche des hommes, sans honneur et sans cœur.

— Taisez-vous !

— C'est à vous de vous taire, ou bien, au lieu d'étouffer ma voix, je l'élève, et tous ceux qui sont là dans ces salons accourront pour être juges entre vous et moi. Voulez-vous que je les appelle? Voulez-vous que je leur dise ce que vous avez fait? Vous êtes un vieillard, un personnage dans l'État ; vous portez au cou et sur la poitrine tous les signes de l'honneur. Moi, je ne suis rien qu'un jeune homme. Vous verrez lequel de nous deux ils condamneront. Mais c'est inutile, car voilà que vous baissez la tête, tant vous avez peur, espérant aussi peut-être me toucher par votre humilité, après n'avoir pas pu m'intimider par vos airs de dignité. Allons, rassurez-vous, monsieur le comte, et relevez la tête. J'ai dit ce que j'avais à dire, j'ai vengé celle que j'aime comme une sœur, et c'est assez ; je n'ai voulu vous parler que d'elle. Pour moi, je n'ai rien à vous dire, si ce n'est cependant que je vous défends d'invoquer ce titre de grand-père dont vous vous parez. Vous voyez bien qu'il ne vous protège pas. Contentez-vous de le faire valoir devant les tribunaux, là où il pourra servir vos intérêts. Mais entre nous il n'existe plus. Vous voyez bien que je ne suis pas votre petit-fils, puisque je ne vous continue pas. Je ne vous reconnais pas ; je vous renie.

Quand Roger rentra dans le grand salon, ému, tremblant, la duchesse, d'un signe, l'appela près d'elle ; il eût voulu s'échapper, mais comment ? Il alla près d'elle :

— Eh bien ! demanda-t-elle à voix basse, comment l'entrevue s'est-elle passée ?

— Excusez-moi, dit-il, je suis un peu ému.

Elle le regarda.

— Il est vrai. Eh bien ! à demain. Je serai chez moi à cinq heures. Venez, vous me conterez cela.

XIII

Sans avoir approché la duchesse jusqu'à ce jour, sans avoir vécu de sa vie et dans son monde, Roger la connaissait cependant assez pour ne pas se sentir attiré vers elle.

Ce n'est pas quand on est en tête des dix ou douze femmes à la mode qu'on passe inaperçue, modeste, simple, timide, obscurément dévouée aux soins de sa maison, ne cherchant pas d'autres joies que celles qu'on trouve dans l'amour de ses enfants et le sourire heureux, plein de reconnaissance et de tendresse de son mari bien-aimé.

Modeste, la duchesse d'Arvernes ne l'était point : toujours en représentation, au contraire, bruyante, tapageuse, assidue à toutes les fêtes, fidèle de toutes les premières, celles du théâtre comme celles de l'église, se montrant partout où l'on s'amuse, où l'on se fait voir, et cela si régulièrement que c'était à croire qu'elle avait le don d'ubiquité, s'affichant aux premiers rangs, faisant parler d'elle dans tous les journaux du *high-life*, qui semblaient n'avoir qu'à chanter sa gloire à grand orchestre avec renfort de trompettes et de tambours.

Simple, pas davantage : ses toilettes étaient audacieuses, sans souci du goût et de l'harmonie, ne visant qu'à l'effet, ne cherchant que l'épatement de la galerie, et pour cela ne reculant devant rien, ni les contresens des formes, ni les hérésies des couleurs, mais s'imposant toujours par l'étrangeté quand l'originalité manquait, frappant fort si elles ne frappaient pas juste.

Timide, pas davantage non plus : elle était partout et toujours en scène avec des attitudes étudiées comme en trouvent à force de travail les vieux comédiens ; si, en entrant quelque part, on ne l'apercevait pas tout d'abord, ce qui était bien rare, car il n'était pas dans ses habitudes de s'effacer, on la découvrait bien vite aux éclats de sa voix, à ses exclamations, à ses rires, au cercle dont elle avait l'habileté de s'entourer.

Bien qu'elle eût quatre enfants ; elle ne les connaissait guère ni les uns ni les autres et l'on rapportait d'elle un mot qui avait couru tout Paris : « La vie est si monotone, qu'il y a des jours où j'ai envie d'embrasser mes enfants ; savez-vous que c'est quelquefois drôle, les enfants ! »

Des sourires et de la tendresse de son mari elle n'avait jamais pris souci, bien que celui-ci l'eût aimée passionnément et l'aimât toujours. Où qu'elle allât elle traînait avec elle quatre ou cinq adorateurs souvent renouvelés qui devaient lui témoigner ostensiblement leur admiration, leur soumission et auxquels elle accordait non moins ostensiblement des marques de sa bienveillance en les employant à son service. A l'un elle confiait son *book* de paris, à l'autre elle faisait tenir son ombrelle, le troisième était chargé d'un sac de bonbons et il était bien rare que le quatrième ne portât rien du tout, comme l'heureux officier de *Malborough*. Il fallait que tous les hommes qui l'entouraient subissent son influence; c'était chez elle affaire d'amour-propre et de dignité. S'y soustraire était l'offenser; l'indifférence devenait pour elle une injure et une marque de mépris qu'elle ne pardonnait pas.

Tout cela, Roger le savait pour l'avoir vu lui-même quand il s'était rencontré avec la duchesse, ce qui était arrivé à chaque instant, ou par les propos du monde, mais il en avait appris plus encore par une femme, dont il avait été l'amant peu de temps avant sa majorité et qui était la cousine en même temps que l'amie intime de la duchesse d'Arvernes. Mariée à un riche financier de nationalité anglaise, M. James Morson, cette femme, célèbre par ses galanteries, et qui avait étonné Paris par ses aventures, avait la prétention d'imposer à chacun de ses nouveaux amants la foi absolue en sa virginité. C'était même parce qu'il n'avait pas voulu croire à cette virginité toujours renaissante et qu'il en avait ri, que madame Morson, après quelques semaines de liaison, avait rompu avec lui, outragée et furieuse; mais avant cette rupture elle lui avait bien souvent parlé de sa de même les molles langueurs de ses attitudes de repos en étaient un aussi. Grande et souple, il y avait dans sa démarche quelque chose de la légèreté capricieuse de la chèvre et l'on ne pouvait regarder longtemps sa tête, au front large et au menton aminci, sans penser à l'une de ces Faunes qu'on voit sur les vases ou sur les pierres antiques renversée au bras d'un Satyre amoureux. Un peu petite pour le corps, cette tête était chargée de cheveux châtains superbes, assez touffus et assez longs pour qu'elle ne voulût pas qu'on les coiffât solidement, de manière à profiter de toutes les occasions où elle pouvait les laisser se dérouler « par accident » sur ses épaules. Hardis et profonds étaient les yeux ; rouges et charnues étaient les lèvres qui découvraient continuellement des dents blanches admirables quoique un peu trop serrées et trop pointues. Le cou était long et onduleux ; les épaules étaient tombantes, recouvertes dans le dos d'un épais duvet. Mais ce qu'il y avait de vraiment caractéristique en elle et qui frappait ceux qui savent voir, c'était une sorte de désaccord dans l'ensemble de ces proportions. Généralement les gens sont tout d'une pièce, ou tout gras de la tête aux pieds, ou tout secs. Chez elle il n'en était point ainsi : tandis que la tête, les mains, les bras et le haut des épaules étaient amaigris, les seins et les hanches offraient des formes développées et arrondies, comme si la vie était là plus complète et plus intense.

Au moment où Roger s'occupait ainsi d'elle, elle approchait de la trentaine, et il y avait plus de dix ans qu'elle était mariée.

C'était même à l'occasion de ce mariage, que son mari avait été fait duc d'Arvernes et richement doté d'une somme d'un million et d'un château par l'empereur, payant à l'un de ses compagnons de misère les plus dévoués et les plus actifs, qui l'avait toujours soutenu de son énergie et de sa foi dans le succès final, les services qu'il en avait reçus en exil, dans ses conspirations et lors du coup d'État. Il n'avait pas fallu moins que ce titre, qui avait ébloui la fille, et cette donation, qui avait touché le père, pour décider ce mariage, car celui-ci, qui n'avait pas une origine plus haute que son futur gendre, s'était longtemps refusé à donner sa fille au fils d'un petit notaire de province, même quand ce fils de notaire était un des personnages les plus importants de l'État. Mais, à la fin, le titre, le million, le château et les divers traitements du futur mari s'élevant ensemble à près de trois cent mille francs, avaient brisé ces résistances, et Valère était devenue duchesse d'Arvernes; seulement, son père qui savait compter et qui n'avait d'ailleurs qu'une confiance médiocre dans la solidité de l'Empire, avait su tirer habilement parti de ses longues résistances et surtout de la passion exaspérée du duc, plus âgé de vingt ans que celle qu'il épousait, pour ne point donner de dot à sa fille: un trousseau luxueux, une rente modeste, et ç'avait été tout.

Telle était la femme qui venait se jeter dans la vie de Roger.

XIV

Le lendemain elle le reçut comme l'eût fait une amie, une camarade, en venant vivement au-devant de lui pour lui prendre les deux mains, qu'elle pressa, qu'elle caressa dans les siennes.

— Vrai, vous ne m'en voulez pas ? répéta-t-elle, dites-le-moi une fois encore bien franchement, en mettant votre main dans la mienne, les yeux levés.

Il commença par faire en souriant ce qu'elle demandait, mais au contact de cette main et sous l'éclat du regard qu'elle attacha sur lui, il sentit une impression de trouble sourdre dans son cœur, qui s'était mis à battre plus vite, comme s'il avait été secoué par une commotion magnétique se dégageant de ces deux yeux sombres.

— Je ne serais pas franc, dit-il, si je n'avouais pas que mon premier mouvement...

— A été de vous demander de quoi je me mêlais.

— Justement.

— J'aime cette franchise. Et le second ?

— A été de me dire que je devais vous être reconnaissant de l'occasion que vous m'offriez de m'expliquer une bonne fois pour toutes avec M. de Condrieu.

— Et de cette explication il est résulté ?...

— Que nous n'en aurons pas d'autre, au moins je l'espère.

— Comment! M. de Condrieu n'a pas été touché de ce que vous avez fait depuis deux ans, et les marques de sagesse que vous avez données n'ont point adouci sa sévérité.

— Nous n'avons point traité cette question; c'est affaire aux tribunaux de décider entre nous.

— S'il abandonnait sa demande...

— M. de Condrieu n'abandonne jamais ce qu'il a entrepris.

— N'êtes-vous pas un peu injuste pour lui ?

Roger répondit par un signe de tête et un sourire.

— Oh! je ne vous blâmerai pas, continua la duchesse, car je comprends très bien que vous ayez été blessé par cette demande de conseil judiciaire, surtout si la responsabilité doit lui être imputée. J'admets qu'on nomme un conseil judiciaire à un jeune homme qui se lance dans des spéculations où sa fortune peut s'engloutir; mais à celui qui dépense son argent pour une femme, non. Quoi de plus légitime, de plus grand, de plus beau que de tout sacrifier à sa passion; on lui donne sa vie, son honneur, l'honneur des siens. Qu'est l'argent à côté de cela?

Elle dit ces derniers mots avec véhémence, en plongeant ses yeux ardents dans ceux de Roger. Ce n'était plus la femme nonchalante, alanguie, fatiguée qu'il était habitué à voir; elle venait de se transfigurer. Longuement il la regarda, se demandant s'il ne subissait point une illusion : elle était belle.

Vivement elle se rapprocha de lui et, se penchant un peu de manière à effleurer son oreille, mais sans le regarder et en tenant ses yeux baissés.

— Vous l'aimiez donc passionnément? murmura-t-elle.

Comme il ne répondait pas, elle continua :

Elle a mieux que la beauté banale : la vie, la flamme. Elle doit être bien intéressante, hein! Et drôle?

Ne pouvant pas répondre, il se contenta de sourire, se demandant tout bas si c'était d'elle-même que la duchesse parlait ou bien réellement si c'était de Raphaëlle, et trouvant qu'en tout cas elle avait pleinement raison pour ce qu'elle disait de la beauté. Elle non plus n'était pas régulièrement belle, cela était évident, mais cependant il était impossible de ne pas reconnaître qu'il y avait en elle un charme étrange.

— Vous ne répondez pas, poursuivit-elle, vous trouvez ma curiosité indiscrète!

6

Il voulut se défendre.

— Vous avez parfaitement raison, dit-elle, je conviens qu'elle l'est. Mais il faut nous pardonner à nous autres femmes honnêtes, d'être curieuses, puisque c'est seulement par ce qu'on veut bien nous dire que nous pouvons connaitre la passion, ses joies ou ses souffrances, ses ivresses ou ses désespoirs. Où voulez-vous que nous apprenions ce que sont ces joies et ces ivresses, si on ne nous les raconte pas ? Ce n'est pas dans le mariage, n'est-ce pas ? Est-ce que nos maris trouvent le temps de nous aimer ? Ce n'est pas à nous qu'ils donnent leur vie ; c'est à la fortune ou à l'ambition. Un mari amoureux, tout entier à sa femme, mais cela serait ridicule, il se ferait montrer au doigt; cela ne s'est jamais vu d'ailleurs, au moins je n'en connais pas d'exemple. Voilà pourquoi nous sommes obligées de nous lancer dans notre existence absurde; elle nous étourdit.

Elle se passa la main sur le visage avec un geste de fatigue et de dégoût qui contrastait d'une façon frappante avec l'élan qui l'avait entraînée lorsqu'elle avait parlé de la passion.

— Ah! ne croyez pas, dit-elle, qu'elle ne me pèse pas, cette existence bête qui prend nos jours sans les remplir, et que bien souvent je n'ai pas voulu l'abandonner. Mais comment? Pourquoi ? Ou plutôt pour qui ? Plus d'une fois j'ai cherché autour de moi une main que je pourrais prendre pour me sauver ; je ne l'ai pas trouvée. Ah! comme je l'aurais béni celui qui m'aurait tendu cette main, comme je l'aurais aimé, comme je me serais faite son esclave, ne vivant que pour lui, pour son bonheur, n'attendant de joies que de lui seul. Mais les hommes ont peur de l'amour : une femme qui les aime passionnément les épouvante;

elle est encombrante, elle est gênante. Occupés de leurs affaires, ils n'acceptent que la femme qui leur permet de concilier ces affaires avec leurs plaisirs. Au moins tels étaient ceux que j'ai rencontrés et il eût fallu que je fusse folle pour espérer trouver en eux la réalisation de mes rêves. Comprenez-vous maintenant pourquoi je vous ai montré tout à l'heure cette curiosité qui, exprimée naïvement et sans réflexion, vous a suffoqué? c'est que, dans notre monde banal si bien réglé, vous avez aimé et vous avez fait des folies; faire des folies! vous avez eu ce courage, vous avez eu cette vertu. Les juges nomment des conseils judiciaires à ceux qui font des folies, mais les femmes les admirent.

Parlait-elle sérieusement? Roger ne se sentait pas si admirable qu'elle voulait bien le dire, et pensait qu'il aurait fallu d'autres folies que celles qu'il avait faites pour mériter cette admiration.

— Pourquoi lisons-nous des romans, nous autres femmes? continua-t-elle. Pour y trouver des histoires d'amour qui nous occupent le cœur, qui nous sortent de nous-mêmes et de notre vie monotone, qui nous apprennent ce que nous ne connaissons pas ou qui ravivent le souvenir des émotions que nous avons éprouvées. Mais combien plus intéressant pour nous est le héros qui a vécu ces histoires et qui, tout palpitant encore, les raconte lui-même, que le romancier qui les invente ou qui les arrange, souvent fort mal, avec toutes sortes de sauces prétendues savantes, mais trop souvent parfaitement insipides. Vous êtes un de ces héros et voilà pourquoi je vous ai montré cette curiosité, dans laquelle, vous le voyez, il y a tant de sympathie et d'intérêt. Quand on a eu le bonheur d'aimer, est-ce que la plus grande joie qu'on cousine, la duchesse d'Arvernes, la prenant pour point de comparaison et s'en servant comme d'un repoussoir. Ce n'était pas la duchesse, la pauvre Valère, comme elle l'appelait, d'un air de pitié, qui savait se réserver : au contraire, tout au caprice qui s'emparait d'elle, prête à toutes les folies, à toutes les extravagances, jusqu'à tout sacrifier : elle, les siens, son honneur, le monde entier. Que d'expériences n'avait-elle point ainsi faites, la pauvre Valère, cherchant toujours et ne trouvant jamais l'homme rare qui devait enfin éveiller en elle les sensations inconnues après lesquelles elle courait désespérément sans les atteindre, accusant ceux qui la trompaient et n'ayant pas la pensée de se demander si elle n'était pas la seule coupable.

Tout cela rendait la duchesse peu sympathique à Roger, et cependant il reconnaissait que, sous bien des rapports, c'était une femme désirable : combien d'hommes avaient fait des folies pour elle; combien d'autres seraient heureux de les faire toutes.

Belle, on ne pouvait pas dire qu'elle le fût, ni même jolie, mais étrange et s'imposant à l'attention, surtout au souvenir qu'elle tourmentait, facile à attaquer pour les femmes, plus facile à défendre pour les hommes. Après dix années de vie parisienne à outrance et sans qu'on l'eût jamais vue prendre un jour de repos, elle était fatiguée; mais, par une bizarrerie de sa nature, la fatigue lui allait : ses yeux eussent perdu de leur puissance si leurs paupières inférieures n'avaient point été bordées d'une ligne bleuâtre qui donnait plus d'éclat à la blancheur nacrée de la sclérotique ; son nez n'aurait rien dit si ses narines n'avaient point été dilatées et le plus souvent palpitantes; le pâleur du visage était chez elle un attrait;

puisse éprouver n'est pas de parler de son amour ?

Heureusement pour Roger, le duc d'Arvernes, en entrant, le dispensa de répondre.

XV

Bien que les nobles ne soient pas rares au ministère des affaires étrangères, où il y en a de toute sorte, des vrais et des faux, la particule étant le meilleur titre à l'avancement, Roger était le seul duc de noblesse bien authentique qui fût attaché au cabinet du ministre ; M. d'Arvernes avait des marquis, des comtes, des vicomtes, des barons près de lui ; il avait même des nobles du pape, mais il n'avait qu'un seul duc de *noblesse de nom et d'armes*, comme on disait autrefois pour désigner celle qui était immémoriale : François-Roger de Charlus, duc de Naurouse.

Aussi M. le duc d'Arvernes, sénateur, grand'croix de la Légion d'honneur, membre du conseil privé, ministre secrétaire d'État au département des affaires étrangères, qui, pour son tourment et sa honte, ne pouvait pas, même chargé de tous ses ordres, oublier qu'il avait été Janelle, faisait-il à chaque instant, quand il avait un moment de loisir, appeler près de lui le duc de Naurouse.

Il fallait l'entendre dire : « M. le duc de Naurouse est-il arrivé ? » Mais ce qu'il aurait fallu surtout, ç'aurait été l'entendre donner ses instructions à ce jeune duc de Naurouse : sa noblesse toute neuve recevait une sorte de consécration à cette familiarité. Lui, Janelle, il parlait de haut, il commandait au descendant de

Charlus Tête-d'Étoupe, le hardi compagnon de Guillaume d'Aquitaine.

Mais les ordres tenaient peu de place dans leurs entretiens; bien vite le ministre s'effaçait et il était remplacé par le duc d'Arvernes, qui causait amicalement avec le duc de Naurouse.

La duchesse ne faisait pas moins souvent que le duc appeler Roger, et de puis elle ne le laissait presque jamais partir sans lui fixer une heure pour le lendemain.

Elle aurait besoin de lui pour ceci, et puis pour cela, et puis encore pour telle chose : elle avait détaché du bureau du protocole tout ce qui avait rapport au cérémonial, — le sien, bien entendu, — et elle en avait formé une sorte de division dont Roger était le chef.

De là était résultée une intimité forcée, à laquelle Roger n'aurait pas pu se soustraire facilement, alors même qu'il l'aurait voulu; mais il ne le voulait pas, ou plus justement il n'y pensait pas, prenant les choses comme elles se présentaient et les laissant aller : on verrait bien; le temps était passé où la duchesse lui déplaisait, et si ce n'était point avec un tendre intérêt qu'il s'occupait d'elle, au moins était-ce avec une curiosité sympathique : décidément elle n'était point ce qu'il avait cru; il y avait en elle des côtés mystérieux qui s'imposaient à l'attention, des énigmes à deviner qui faisaient travailler l'imagination et la réflexion.

Ce n'était pas seulement chez elle que madame d'Arvernes avait besoin de Roger, c'était partout qu'elle voulait l'avoir près d'elle : au théâtre, aux courses, surtout aux courses, où elle se promenait, devant tout Paris, à son bras, sans prendre souci des lorgnettes braquées sur eux, sans s'inquiéter des sourires qui accompagnaient leur passage ou ne s'en inquiétant que pour les braver; il y avait longtemps que c'était un plaisir, une gloire pour elle de se mettre au-dessus des propos du monde et des préjugés bourgeois. N'était-elle pas duchesse? C'était une manière de faire ses preuves de noblesse.

Bien qu'elle ne lui eût jamais reparlé de Raphaëlle et qu'elle n'eût même jamais fait allusion au récit qu'elle lui avait demandé, il n'était guère question dans leurs entretiens que du monde de la galanterie et de la cocotterie. Aussi, chaque fois que ce sujet était abordé, et il l'était à chaque instant, Roger s'attendait-il à entendre le nom de Raphaëlle prononcé.

Il ne l'était point, mais celui de toutes les autres femmes en vue l'était à satiété, avec tout un accompagnement de questions plus précises les unes que les autres.

— Combien celle-ci avait-elle d'amants à la fois? — En avait-elle un qu'elle aimait réellement? — Combien celle-ci se faisait-elle payer? — Comment procédait-on avec elle? — Arrivait-on son billet de banque à la main, ou bien y avait-il, comme chez certains médecins, une coupe dans laquelle on devait déposer les honoraires dus? — Payait-on avant ou après? — Était-il vrai que, chez Agnès Manec, c'était avec le mari qu'on discutait le prix, et aux mains de celui-ci qu'on devait, en entrant, verser la somme convenue?
— Était-il vrai qu'avec celle-là on devait procéder régulièrement et commencer par lui faire la cour?

Sur tous ces points elle était insatiable, et Roger n'en disait jamais assez.

— Précisez donc! s'écriait-elle impatientée, puisque vous avez vécu dans ce monde-là, vous devez en connaître les usages et le tarif.

Et il fallait qu'il précisât; il fallait qu'il citât des faits, des noms.

Ordinairement, lorsqu'elle allait aux courses de Longchamp, elle se promenait dans l'enceinte du pesage ou bien elle s'asseyait devant les tribunes sur une chaise autour de laquelle se pressait sa cour ordinaire; mais les femmes dont elle se préoccupait tant ne sont point admises dans le pesage, elles assistent aux courses dans leurs voitures. Un dimanche qu'elle était accompagnée du duc d'Arvernes et de Roger, elle voulut que sa calèche entrât sur la pelouse et prît place au milieu des voitures.

— Pour voir, dit-elle au duc surpris de cette fantaisie.

Mais cette place elle la choisit de manière à poursuivre ses études; comme son cocher longeait la file des équipages rangés contre la lice, ne sachant trop où se mettre, suffoqué d'ailleurs de se trouver dans cette cohue, elle le fit arrêter au second rang, entre le landau de Cara et la daumont de Balbine, à peu de distance du clarence de Raphaëlle.

M. d'Arvernes descendit bientôt, mais elle ne voulut pas l'accompagner au pesage.

— Je suis ici pour voir, dit-elle, M. le duc de Naurouse voudra bien, je l'espère, me tenir compagnie.

Non seulement elle voulait voir, mais encore elle voulait entendre : que disaient les hommes qui venaient serrer la main de Cara, de Balbine et des autres femmes qui les entouraient? Mais, au milieu du brouhaha, entendre était difficile : quelques éclats de voix çà et là, un rire affecté, un mot saisi au hasard; « à demain, à ce soir, » et c'était tout.

Dans l'intervalle des courses elle voulut circuler entre les voitures et approcher de plus près celle qui provoquait si vivement sa curiosité. Au bras de Roger elle fit lentement cette promenade, s'arrêtant pour mieux regarder et pour entendre, tout yeux, tout oreilles.

Ce n'était point des toilettes, si brillantes qu'elles fussent, qu'elle prenait souci ; c'était des femmes elles-mêmes, de leur beauté quand elles en avaient, de ce qui pouvait plaire en elles, provoquer le désir ou l'entretenir ; d'un mot toujours juste elle les jugeait très bien, les déshabillant de la tête aux pieds.

A un certain moment elle vit une femme installée dans une mauvaise voiture de remise glisser un petit carton roulé dans la main d'un jeune homme, et vivement elle pressa le bras Roger pour faire appel à son attention ; mais il avait vu lui-même ce manège.

— Son adresse, dit-il, tout simplement, à moins que ce soit un prospectus avec prix-courant.

Lorsqu'ils revinrent à Paris, elle déclara qu'elle s'était beaucoup amusée et qu'elle préférait la pelouse au pesage.

Ce n'était point une exagération, car, mise en goût par cette journée, elle en voulut une plus complète. Le dimanche suivant était le jour du Grand-Prix ; elle décida qu'elle irait le soir à Mabille.

— Toutes les filles de Paris s'y trouvent ce soir-là, n'est-ce pas ? demanda-t-elle à Roger. Eh bien, nous irons ; seulement nous prendrons M. d'Arvernes avec nous.

Comme Roger laissait échapper un geste de surprise :

— Oh ! soyez tranquille, dit-elle, il viendra.

En effet, ce dimanche-là, vers dix heures et demie du soir, M. le duc et madame la duchesse d'Arvernes, accompagnés de M. le duc de Naurouse, descendaient de voiture à la porte de Mabille, et la duchesse prenait vivement le bras de Roger : elle n'avait jamais été si jeune, si alerte, si rayonnante; et c'était les narines palpitantes qu'elle respirait l'odeur âcre du tabac, mêlée à tous les parfums violents dont les femmes emplissaient l'air en sautant de leurs voitures sur le trottoir et en secouant la traîne de leurs robes.

Le gaz flambait dans une atmosphère poussiéreuse et la musique faisait rage. Une cohue se pressait dans l'étroite entrée; des hommes au visage allumé, des femmes en toilette extravagante, plaquées de blanc et de rouge, qui jetaient en avant leur ventre et leurs seins; madame d'Arvernes laissa glisser son bras sur le poignet de Roger et, lui prenant la main, elle la lui serra dans une étreinte nerveuse en s'appuyant contre lui toute frissonnante.

— Marchez en avant, dit-elle à M. d'Arvernes, nous vous suivrons.

XVI

En revenant de Mabille, elle lui avait dit qu'elle aurait besoin de lui le lendemain. Lorsqu'il arriva, elle accourut à lui légèrement.

— Il m'est venu hier à Mabille une idée qu'il faut que vous m'aidiez à réaliser. Je compte sur vous.

Roger s'inclina.

— Je veux voir un intérieur d'une de ces femmes, Cara, Balbine, Agnès Manec, celle que vous voudrez, peu m'importe, pourvu que vous ayez confiance en elle.

Il se récria devant la hardiesse de ce caprice; mais elle ne voulut rien entendre.

— Adressez-vous à celle dont vous êtes sûr; dites-lui qu'une provinciale, une étrangère, veut visiter son appartement; demandez-lui à quelle heure elle ne sera pas chez elle; enfin, arrangez les choses pour le mieux. Il y a longtemps que cette envie me tourmente; mais personne ne m'a inspiré assez confiance pour que je risque l'aventure.

Il dut céder. La seule femme à laquelle il pouvait se fier était Balbine, bonne fille, incapable de faire le mal et avec qui il avait conservé des relations amicales. Le soir même il alla la trouver à son théâtre et lui expliqua le service qu'il réclamait d'elle. Elle commença par se fâcher : elle n'était ni d'âge ni de caractère à faire ce métier; mais elle finit par céder, et il fut convenu que, le lendemain soir, elle ferait éclairer son appartement comme si elle était chez elle et donnerait l'ordre à ses domestiques de sortir de neuf heures à onze heures; la clef serait déposée chez le concierge, où Roger la prendrait en arrivant et la remettrait en partant.

— C'est égal, dit Balbine en quittant Roger pour entrer en scène, elle me paraît avoir des idées avancées, l'étrangère; est-elle jolie au moins? a-t-elle du chien? Vrai, ce sera drôle; je voudrais voir ça.

Quand madame d'Arvernes connut ces dispositions, elle se montra ravie :

— Où demeure-t-elle, mademoiselle Balbine?
— Rue Basse-du-Rempart, n° 80.

C'est bien; trouvez-vous ce soir, un peu avant neuf heures, à sa porte, j'arriverai en voiture de place; nous entrerons ensemble; vous êtes un homme charmant.

A neuf heures moins dix minutes, Roger commença sa faction devant le n° 80, assez vivement intrigué et se demandant ce qui allait se passer.

A neuf heures précises un fiacre s'arrêta devant lui ; la portière ouverte, une femme voilée descendit vivement.

— Entrons, dit-elle.

Mais avant de monter l'escalier, Roger dut entrer chez le concierge pour prendre la clef de l'appartement ; on la lui remit sans faire de question et même sans le regarder, surtout sans regarder sa compagne.

L'appartement de Balbine était au premier étage, qu'il occupait entièrement, vaste, luxueux, ainsi qu'il convenait à une femme qui avait eu successivement pour amants le prince Savine et le riche Poupardin.

Une fois entrés dans le vestibule Roger referma la porte avec soin.

— Mettez le verrou, dit madame d'Arvernes.

— Volontiers, mais rassurez-vous, Poupardin seul pourrait survenir, et cela n'est pas à craindre, d'abord, parce qu'il sait que Balbine est au théâtre et puis, parce qu'il n'a pas de clef de l'appartement de sa maîtresse : quand il veut entrer il sonne.

— Ça c'est bien.

Elle défit son voile, qui était épais. Roger put voir alors qu'elle était plus pâle que de coutume ; elle paraissait un peu oppressée ; ses yeux jetaient des éclairs ; ses lèvres, d'un rouge intense à demi ouvertes, laissaient voir ses dents.

Comme Roger la regardait elle l'entraîna doucement.

Après le vestibule se trouvait un petit salon communiquant avec la salle à manger et avec un plus grand, le salon de réception : les portes étant ouvertes à deux battants on voyait l'enfilade des pièces toutes éclairées.

Bien que ces pièces fussent richement et brillamment meublées, madame d'Arvernes ne donna qu'un regard rapide aux dressoirs de la salle à manger, garnis cependant de belles pièces d'argenterie vieille et neuve, aux tentures, aux tapis, aux bronzes, aux marbres, aux tableaux des deux salons.

— C'est comme chez tout le monde, dit-elle en entraînant Roger, c'est trop correct, ça sent trop l'arrangement du tapissier.

A la suite du grand salon venait un petit boudoir tendu en soie bouton d'or, puis tout de suite la chambre à coucher, et enfin un très vaste cabinet de toilette.

Arrivée dans la chambre, madame d'Arvernes regarda longuement autour d'elle, et elle respira à plusieurs reprises comme pour analyser le parfum de cette pièce.

Ce qui frappait tout d'abord en entrant dans cette chambre, c'était un très grand lit, bas, capitonné en soie mauve, ayant son chevet appuyé au mur tendu d'une étoffe pareille; un large divan placé à l'autre bout de la chambre faisait face à ce lit ; puis çà et là se trouvaient des fauteuils bas, un petit bureau, une psyché.

Madame d'Arvernes s'assit sur le divan, et après avoir secoué la tête, elle dit :

— Je m'attendais à autre chose.

— A quoi ?

— Je ne sais pas ; que trouvez-vous donc de provocant ici ? la femme elle-même, sans doute ?

Roger était debout devant elle. Sans répondre il la regarda durant quelques secondes, troublé, attiré par les yeux ardents qu'elle tenait attachés sur lui.

Elle eut un sourire vague :

— Comment donc leur parlez-vous à ces femmes ? demanda-t-elle.

— Mais...

— Voyons, supposez que je suis Balbine; vous, vous êtes le duc de Naurouse; nous nous sommes rencontrés hier à Mabille et vous m'avez trouvée à votre gré. Vous venez pour me le dire.

Parlant ainsi, elle se débarrassa de son chapeau, de son manteau et se montra dans une toilette tout à son avantage.

— Allons, dit-elle à Roger, resté devant elle, ne voulez-vous pas me montrer comment les choses se passent.

Il alla à la porte et entra comme s'il venait du dehors.

— Vous fermez la porte, n'est-ce pas ? dit madame d'Arvernes.

D'un geste brusque il la ferma et même il poussa le verrou.

— Même au verrou, dit-elle, ah! vraiment! ah! vraiment!

Sans répondre, il vint à elle et, s'asseyant sur le divan :

— L'impression que vous avez produite sur moi, dit-il, m'amène près de vous tout plein d'amour; et puisque nous sommes portes closes, en tête à tête, sans que personne puisse nous entendre et nous troubler, je veux enfin vous dire que je vous aime.

Elle recula un peu la tête, et de haut elle le regarda toute palpitante, puis, se détournant à demi :

— Mais c'est un jeu, murmura-t-elle.

— Si ce n'était pas un jeu, si c'était la réalité la plus douce et la plus charmante, je vous tiens dans

7

mes bras, mes yeux plongent dans vos yeux, votre souffle se mêle au mien, chère Valère.

— Ah! Roger! cher Roger!

Onze heures allaient sonner lorsqu'il la mit en voiture.

XVII

Le lendemain matin, Roger était encore au lit et endormi lorsqu'il fut réveillé par un bruit de voix qui se faisait entendre à la porte de sa chambre.

Cette porte s'ouvrit et aussitôt se referma : une femme en toilette de voyage, coiffée d'une toque recouverte d'un voile gris qui lui cachait le visage, était entrée ; elle vint au lit vivement.

— Éveille-toi, habille-toi, nous partons.

Elle s'assit sur le lit, et passant ses bras autour du cou de Roger, elle l'embrassa longuement.

— Nous partons, dit-il lorsqu'il put ouvrir les lèvres pour parler, où allons-nous ?

— Je ne sais pas, où tu voudras, quelque part où nous serons ensemble, seuls. Ne prends souci de rien ; je suis partie ce matin pour Vauxperreux, où je n'irai point, bien entendu ; mais avant j'ai eu la précaution de faire à M. d'Arvernes une querelle d'Allemand bonne pour expliquer mon absence si longue qu'il nous plaise de la prolonger. Je voyage pour cause de mauvaise humeur ; au reste, je ne suis pas la femme des craintes vulgaires et bourgeoises : je fais ce qui me plaît, et il me plaît de voyager avec toi, d'être à toi entièrement du matin au soir, de t'avoir à moi du soir au matin, de t'aimer, de t'adorer, de ne vivre que pour toi, que par toi ; le veux-tu ?

Disant cela, elle alla à la porte, dont elle poussa le verrou.

Mais avant de revenir au lit, elle s'arrêta un moment et défit son manteau, qu'elle jeta sur un meuble.

Alors elle fit deux pas en avant pour s'approcher de Roger ; d'un geste de la main, et plus encore d'un regard, celui-ci l'arrêta.

— Encore, dit-il d'une voix douce.

D'un tour de main elle se débarrassa de son voile et de sa toque.

De nouveau elle fit un pas en avant avec un sourire.

— Encore, murmura-t-il.

D'un seul mouvement de main la robe fut déboutonnée et elle glissa sur le tapis.

Quand ils revinrent à leur voyage, il était trop tard pour partir par les trains du matin.

— Nous partirons ce soir, dit-elle. Qu'importe, puisque la journée est à nous, et puis, avant de partir, ne faut-il pas savoir où nous allons ?

— Alors où allons-nous ? En France ou à l'étranger ?

— Oh ! en France, puisqu'il faut un passeport pour passer la frontière. D'ailleurs, je ne tiens pas du tout à sortir de France.

— Eh bien, déjeunons-nous ; nous piocherons l'*Indicateur des chemins de fer* ensuite.

Au bout d'une demi-heure, Bernard apporta une petite table sur laquelle était servi un déjeuner froid, et s'il vit madame d'Arvernes, rien en lui ne put donner à penser qu'il l'avait aperçue ; il fit vivement ce qu'il avait à faire et aussitôt il se retira discrètement.

Ce fut une fête de jouer à la dînette, et elle se prolongea longtemps, beaucoup plus que s'ils avaient été gravement assis en face l'un de l'autre, devant une table correctement servie : ce qui manquait était une occasion de rire ; ce qu'ils trouvaient une occasion de s'émerveiller.

Madame d'Arvernes déclara qu'elle n'avait jamais mangé de si bon appétit ni avec tant de plaisir.

Enfin la table fut poussée au loin, mais ils ne reprirent point la discussion de leur plan de voyage ; ouvrir l'*Indicateur*, le feuilleter, chercher des noms de pays les eût distraits d'eux-mêmes.

Ils avaient mieux à faire.

— C'est donc vrai, tu m'aimes ! disait-elle. J'ai eu tant de peine à admettre que tu pourrais m'aimer jamais, m'aimer comme j'ai toujours souhaité être aimée. Devines-tu maintenant pourquoi je t'ai fait tant de questions sur ces femmes près desquelles tu avais vécu ? Devines-tu pourquoi j'ai voulu les voir de près ? Devines-tu pourquoi j'ai voulu aller chez l'une d'elles ? Ce n'était point curiosité, ce n'était point davantage dévergondage d'imagination. C'était... mais tu l'as deviné, n'est-ce pas ? c'était inquiétude, et jalousie ; je voulais savoir si tu avais pu aimer ces femmes, car je voulais ton premier amour, je voulais que tu vinsses à moi le cœur libre comme je venais à toi sans que jamais la passion ait fait battre mon cœur.

Les heures passèrent vite, il fallut revenir au plan de voyage sous peine de ne pas plus partir le soir qu'ils n'étaient partis le matin.

La journée avait été brûlante, une de ces journées de chaleur précoce comme il en fait souvent à Paris

au mois de juin, et ce fut cette chaleur qui les fixa.
— Si nous allions au bord de la mer, dit-elle.

Il fut arrêté qu'ils iraient au bord de la mer, en Normandie ou en Bretagne, et plutôt en Bretagne qu'en Normandie. Bien que ce ne fût pas encore la saison des bains de mer, la Normandie est toujours pleine de Parisiens ; et puis c'était à la gare Saint-Lazare qu'elle prenait le train pour aller à son château de Vauxperreux, qui est situé à une courte distance de Mantes, et tous les employés qui la connaissaient étaient casquette basse devant elle ; sans vouloir se cacher, elle ne voulait pas non plus rendre les recherches si faciles qu'on pût à coup sûr dire où elle était et avec qui elle était partie. En Bretagne, il n'y avait pas autant de Parisiens à craindre ; à la gare Montparnasse, elle n'était pas connue des employés. Ils iraient donc en Bretagne et ils prendraient, le soir même, à la gare Montparnasse, le train que l'*Indicateur* fixait à huit heures. Leur première halte serait Saint-Brieuc ; là ils commenceraient leur promenade le long de la côte pour ne s'arrêter, s'ils s'arrêtaient, que dans un village qui leur plairait ; ce serait charmant.

Madame d'Arvernes avait fait déposer le matin une malle à la consigne de la rue Saint-Lazare : ils allèrent la prendre et se firent conduire ensuite à la gare Montparnasse.

Ils dînèrent dans un restaurant des environs et Roger ne put s'empêcher d'admirer son aisance et sa liberté qui n'eussent pas été plus grandes assurément si elle eût eu un frère pour compagnon de voyage et non un amant.

XVIII

Ils avaient pris à Saint-Brieuc une voiture qui devait les conduire à Paimpol par la route du bord de la mer : c'était une vieille calèche qui avait dû être en ses beaux jours un carrosse de gala, et après de longs et glorieux services, était venue s'échouer chez un loueur, où elle avait été dix fois remise à neuf ; présentement elle était peinte en bleu roi et sa garniture était en perse rose.

Ils étaient sortis de la ville et, après avoir longé une petite rivière courant au fond d'un étroit vallon, ils s'étaient, par un chemin en lacets, élevés sur une falaise de moyenne hauteur où le vent de la mer leur souffla au visage sa fraîcheur salée. Mais bien que d'un même mouvement ils se fussent mis debout tous deux pour regarder au loin, ils ne virent point la mer : ils étaient au milieu des champs verts entrecoupés de levées de terre et de haies ; le long de ces haies, des moutons noirs entravés aux quatre pattes broutaient les pousses des branches nouvelles, et dans les enclos des bœufs et des vaches paissaient à demi cachés dans les genêts en fleur.

— Comme c'est joli, s'écria-t-elle, comme ces odeurs de plantes et de fleurs mêlées à la salure de la mer fouettent le sang.

Cependant elle ne tarda pas à trouver que cette mer qu'on respirait sans l'apercevoir ne se montrait pas assez vite ; et puis la route n'était pas assez déserte ; à chaque instant ils croisaient des groupes de paysans qui revenaient sans doute d'un marché voisin et qui, curieusement regardaient dans la calèche ; il y avait des ivrognes qui interpellaient le cocher et lui proposaient à boire.

— Tiens-tu à aller loin ? demanda-t-elle.
— Pas du tout.
— Eh bien ! si tu veux, nous nous arrêterons dans le premier village qui nous conviendra ; cette route est un champ de foire, je ne t'ai pas.

Le premier village qu'ils rencontrèrent était adossé à une falaise et bâti le long d'une rivière qui se jetait là dans la mer ; il ne leur plut point, étant trop abrité et par conséquent privé de vue.

Après avoir fait cinq ou six kilomètres sur un plateau, ils se trouvèrent en face de la mer, qui s'étalait devant eux à perte de vue jusqu'à l'horizon voûté où les eaux et les nuages se brouillaient confusément ; à une grande distance de la terre surgissait une petite île surmontée d'un phare, et çà et là, au milieu des vagues blanchissantes, une ligne de rochers aux pointes noires ; entre ces rochers et la terre couraient inclinés par le vent, deux navires gréés en côtres qui semblaient vouloir entrer dans un petit port qu'on apercevait au bas de la côte et qui, de loin, paraissait ne se composer que de quelques maisons groupées le long d'un quai.

— Quel est ce pays ?
— Portrieux, dit le cocher.

Ils se regardèrent ; ni l'un ni l'autre n'avaient entendu parler de Portrieux.

— Un joli endroit, continua le cocher, heureux de parler, bien commerçant au moment du départ des navires pour la pêche de Terre-Neuve ; mais, présentement, c'est mort : il n'y a plus que ces deux côtres, — du manche de son fouet il montra les navires aux voiles blanches, — l'*Éclipse* et le *Télégraphe*, qui, toutes les semaines, prennent un chargement de bestiaux pour Jersey.

— Il y a un hôtel? demanda madame d'Arvernes.

— Pour sûr, et un bon, l'*hôtel du Talus*.

Elle serra la main de Roger.

— Descendez dans ce village, dit-elle, et conduisez-nous à l'*hôtel du Talus*.

Installé dans une vieille et belle maison bourgeoise qui conservait des restes de splendeur, cet hôtel avait bon air ; sa façade était sur une petite cour longeant le port et, par ses derrières, il communiquait avec la campagne.

— Si nous restions ici? dit-elle.

Ils se firent montrer des chambres : on leur en proposa une qui, par deux larges fenêtres, faisait face à la pleine mer : elle était garnie de belles boiseries en châtaignier noircies par le temps ; l'ameublement en était suffisant.

— Cette chambre me plaît, dit madame d'Arvernes, mais à condition que vous nous donnerez celle d'à côté.

Comme Roger la regardait tout surpris, elle l'attira dans l'embrasure d'une fenêtre :

— Ne vas-tu pas croire, dit-elle à mi-voix, que je veux faire chambre à part ; je veux au contraire que nous n'en ayons qu'une, mais où nous serons bien chez nous, sans voisins qui nous écoutent.

Comme on leur demandait s'ils se feraient servir dans leur chambre où s'ils descendraient à la table d'hôte, elle voulut savoir qui composait cette table.

— Un lieutenant de vaisseau commandant le garde-côtes et les vérificateurs de la douane.

Alors, à la grande surprise de Roger, elle répondit

qu'ils déjeuneraient dans leur chambre, mais qu'ils dîneraient à table d'hôte.

Les choses ainsi arrangées, ils sortirent pour aller se promener sur la jetée que battait la pleine mer.

— Tu n'as pas compris que j'accepte de manger à table d'hôte, dit-elle aussitôt qu'ils furent sur le quai. D'abord cela nous amusera et puis j'ai une autre raison : ceux qui s'y trouvent ne doivent pas être des goujats, un lieutenant de vaisseau est généralement un gentleman, des vérificateurs des douanes sont des gens qui ont été élevés ; c'est là ce qui m'a décidée en pensant à toi. Une femme ne vaut que par l'effet qu'elle produit et les hommages qu'on lui rend ; cela te chatouillera de voir nos voisins de table se mettre en frais de coquetterie.

Les jours s'écoulèrent sans qu'elle donnât un signe d'ennui et sans qu'elle parlât de Paris sérieusement ou avec inquiétude.

Quand elle le faisait, c'était au contraire en riant ou bien en revenant à une plaisanterie qui, pour elle, présentait un agrément toujours nouveau.

— Quand je pense, disait-elle, que M. d'Arvernes, qui doit commencer à perdre la tête en ne sachant pas ce que je suis devenue, me fait chercher partout en France et à la frontière et qu'on ne me trouve pas, et qu'on ne me trouvera pas ; comme ça donne une fière idée de la police du gouvernement.

— Tu te moques de ton gouvernement ?

— Ce n'est pas mon gouvernement, celui de M. d'Arvernes ; moi je suis légitimiste.

Poussant sa plaisanterie jusqu'à la charge, elle s'amusait à arrêter les gendarmes qu'ils rencontraient dans leurs courses et à leur demander toutes sortes de renseignements.

7.

Roger lui ayant fait observer que les gendarmes ne pouvaient avoir à s'occuper d'elle :

— Tu te trompes : mon absence, coïncidant avec la tienne et se produisant après notre intimité, a dû provoquer les soupçons de M. d'Arvernes ; et, dans ce cas, il est bien certain qu'il n'a point chargé la police de nous rechercher ; mais ces soupçons, si forts qu'ils soient, ne doivent pas s'être emparés complètement de son esprit : il reste place pour le doute qui lui souffle que je suis peut-être devenue folle, que j'ai pu me sauver dans un accès de fièvre, que tu n'es pour rien dans mon absence, et alors, dans son inquiétude, il a prié son collègue de l'Intérieur d'envoyer confidentiellement des instructions pour me faire rechercher, — ce qui est bien drôle.

Un jour, le commissaire de police du canton dîna à table d'hôte, elle s'amusa à l'accabler de questions aussitôt qu'elle connut sa qualité, et sous la table, elle pressait le genou de Roger.

Les jours, les semaines s'écoulèrent sans que le temps parût lui durer : ils descendaient tard, après déjeuner, et alors c'étaient de longues promenades sur les grèves de Saint-Quay ; ils se couchaient sur le sable, en face de la mer ; ou bien, avant que la marée fût haute, ils allaient s'asseoir dans un petit îlot qu'on appelait « l'île de la Comtesse » et qui communiquait avec la terre ferme par une chaussée en granit que le flot recouvrait deux fois par jour, et là, sûrs de n'être dérangés par personne dans cette île qui leur appartenait quand la mer avait monté, ils restaient de longues heures, trop courtes pour eux, étendus sur l'herbe fine et parfumée, abrités du soleil par un bloc de rochers, rafraîchis par la brise du large, bercés par la vague qui frappait tout autour d'eux, aussi tranquilles, aussi libres qu'ils l'eussent été dans la chambre la mieux close.

Elle voulut aller à Jersey et faire la traversée sur l'*Éclipse*, sans dégoût de sa cargaison beuglante de bœufs et de veaux.

Cependant il fallut parler sérieusement du retour : la saison s'avançait, à table il était question de baigneurs, de Parisiens qui allaient arriver; il ne fallait pas se laisser surprendre par eux. Qu'eussent dit le lieutenant de vaisseau et les vérificateurs de la douane s'ils avaient appris que M. et madame Roger, comme on les appelait, étaient, l'un, le duc de Naurouse, l'autre, la duchesse d'Arvernes ? que d'histoires ! quels cris !

Après avoir parlé plusieurs fois de ce retour sans en fixer le jour, il fallut enfin le décider.

— Maintenant, dit-elle, je me risque sans trop de peine à rentrer à Paris, car je sens que tu es bien à moi ; je t'ai, tu ne m'échapperas pas. On n'oublie pas des journées comme celles que nous avons passées ici ; le nom seul de Portrieux te fera battre le cœur ; et puis, pour être à Paris, nous ne serons pas séparés. Je m'installerai bientôt à Vauxperreux et tu auras ton appartement près du mien ; tu verras l'installation que je rêve pour toi. Mon seul ennui, pour le moment, est que tu ne vas pas pouvoir revenir tout de suite au ministère : partir ensemble, revenir ensemble, ce serait trop ; il faudra que tu attendes quelques jours avant de te montrer. Si M. d'Arvernes laisse paraître quelque émotion, sois calme : tu as été en voyage, rien de plus ; ni lieu, ni détail. Je ne veux pas que pour moi tu t'abaisses au mensonge ; d'ailleurs, si ému qu'il puisse être, il n'osera jamais t'interroger ; et ce qu'il pensera, ce qu'il croira, tu n'as pas à en prendre souci.

XIX

Madame d'Arvernes ne s'était pas trompée dans ce qu'elle avait dit de son mari.

Quand il avait su qu'elle n'avait point paru à Vauxperreux où elle avait dit aller, il n'avait point douté qu'elle ne fût en promenade avec le duc de Naurouse; cela était trop clairement indiqué pour qu'il pût avoir de l'incertitude à cet égard : il connaissait sa femme.

Mais cette promenade se prolongeant et ses angoisses de mari trompé et amoureux devenant chaque jour de plus en plus cruelles, il s'était demandé, comme elle l'avait très bien prévu, s'il n'était point arrivé quelque terrible catastrophe; les suppositions les plus sinistres, les hypothèses les plus insensées avaient traversé et hanté son esprit enfiévré : folle ? morte ? Sous le coup de ces craintes, il n'avait pas pu rester à attendre un retour qui peut-être n'aurait jamais lieu. Si ridicule que soit la situation d'un mari qui cherche sa femme, disparue en même temps qu'un jeune homme de son intimité, il fallait qu'il bravât ce ridicule; il fallait qu'il la cherchât, qu'il la fît rechercher. Il ne fut pas difficile de découvrir qu'en sortant de l'hôtel, madame d'Arvernes s'était fait conduire à la gare Saint-Lazare et qu'une malle lui appartenant avait été déposée à la consigne. De cela résultait la preuve qu'elle n'était point partie le matin de Paris. Où avait-elle été ? Il avait été impossible de le savoir, car elle avait quitté, au chemin de fer, la voiture qui l'avait amenée. On ne la retrouvait ou plutôt on ne retrouvait sa trace qu'à six heures du soir, au moment où la malle avait été reprise à la consigne par un facteur ; ce facteur, interrogé, se rappelait avoir chargé cette malle sur un fiacre, où se trouvait une dame qui lui avait donné deux francs, mais c'était tout ; il n'avait point fait attention au numéro de la voiture ni à son cocher ? Jusque-là, M. d'Arvernes avait dirigé lui-même les recherches ; arrivé à ce point, il avait été obligé de s'adresser au préfet de police, mais sans tout dire et en cachant une partie de la vérité, en l'arrangeant. Le cocher avait été découvert ou plutôt on avait découvert un cocher qui avait chargé une malle à la consigne de la gare Saint-Lazare, à six heures, ce jour même. La dame à laquelle elle appartenait était grande, élégante, âgée de vingt-huit à trente ans ; il l'avait menée à la gare du Nord, où elle avait pris le train de Calais de sept heures quarante-cinq minutes. Elle était seule. On s'était égaré sur cette fausse piste et on avait suivi la dame grande et élégante jusqu'à Calais, où elle s'était embarquée seule sur le vapeur de Douvres en destination de Londres. Comment poursuivre les recherches en Angleterre ? M. d'Arvernes avait dû les abandonner. Alors il avait fait faire une enquête minutieuse pour savoir si le duc de Naurouse s'était embarqué pour l'Angleterre au Havre, à Dieppe, à Boulogne, à Calais, même à Granville et à Saint-Malo, pour le cas où il serait passé par les îles anglaises. Cette enquête avait démontré qu'on ne l'avait pas vu ; à la frontière belge et allemande, pas davantage. Le duc n'avait donc pas quitté la France en même temps que madame d'Arvernes et avec elle.

Si cette conclusion rassurait sa jalousie et sa dignité de mari, elle n'avait par contre aucune influence sur ses craintes. Que le duc de Naurouse fût resté en France, cela ne faisait pas que madame d'Arvernes ne fût pas en Angleterre. Où ? A Londres, ou ailleurs ? Vivante ou morte ? Et il restait livré à toutes ses angoisses, impuissant pour rien entreprendre, ne pouvant qu'attendre en cachant son désespoir pour répondre avec des sourires et par des mensonges laborieusement inventés à ceux qui lui demandaient des nouvelles de la duchesse.

Au reste, ceux qui lui adressaient ces questions étaient assez rares, car pour le monde, qui ignorait le récit du cocher et l'histoire de la dame grande et élégante s'embarquant seule pour l'Angleterre, madame d'Arvernes était tout simplement enfermée quelque part aux environs de Paris, dans quelque petite maison bien cachée, où elle passait une lune de miel avec son amant, le duc de Naurouse, qu'elle avait enlevé.

Le retour de madame d'Arvernes à Paris avait fait taire ces propos pendant trois jours et dérangé toutes les suppositions, car elle revenait seule, affirmant qu'elle avait été passer quelques semaines en Écosse auprès d'une de ses parentes ; mais le duc de Naurouse était revenu à son tour, et comme ils avaient repris leurs anciennes habitudes, se montrant partout ensemble, les propos avaient recommencé et ce qui n'avait été que supposition était devenu certitude : pour tout Paris le duc de Naurouse était l'amant déclaré de la duchesse d'Arvernes ; cela était notoire ; on en parlait ouvertement.

M. de Condrieu-Reval s'intéressait trop à son petit-fils, « à son cher petit-fils », pour n'avoir pas été un des premiers à connaître cette liaison.

Mais lorsqu'on lui en avait parlé il avait refusé d'admettre que cela fût possible.

— Je ne peux pas le croire, avait-il répondu d'un

air désolé, je ne peux pas le croire; ce serait un trop grand malheur. On dit que madame d'Arvernes est une femme passionnée; on raconte d'elle des choses... des choses effrayantes pour un père; si ce malheureux enfant, mon petit-fils, mon cher petit-fils, était son amant, sûrement, elle le tuerait... Oui, elle le tuerait. Il a besoin de tant de ménagements avec sa santé déplorable et portant en lui tous les germes de faiblesse qui lui ont été transmis par son père infortuné.

Le jeudi qui suivit le retour de madame d'Arvernes à Paris, il s'empressa d'aller lui faire sa visite, et elle eut pour lui des prévenances, des câlineries qu'elle ne montrait pour personne. Malgré la guerre qui régnait entre le petit-fils et le grand-père, elle se trouvait instinctivement portée à une sorte de respect envers celui-ci.

Mettant à profit les attentions qu'elle lui témoignait, il l'amena tout doucement dans le boudoir où avait eu lieu son entretien avec Roger et où il avait la presque certitude de pouvoir lui parler librement en tête à tête sans craindre d'être entendu ni dérangé.

— J'ai éprouvé une grande angoisse en votre absence, lui dit-il, une très grande angoisse, et vous savez combien, à mon âge, dans ces années de grâce que Dieu m'accorde, les émotions ont de prise sur notre pauvre vieux cœur. Il faut que vous sachiez que mon petit-fils, le duc de Naurouse a fait aussi une absence...

Madame d'Arvernes le regarda en face; mais le visage impassible de M. de Condrieu ne se laissait pas facilement pénétrer.

— ... Enlevé par une femme charmante qu'il aimait éperdument.

— En quoi cela a-t-il pu vous causer des angoisses si elle est charmante?

— On m'assure qu'elle l'est, car je ne la connais pas, son nom ne m'ayant pas été révélé : tout ce qu'on m'a dit, c'est que mon petit-fils aimait cette femme éperdument. De là mon angoisse que vous comprendriez si vous connaissiez mon petit-fils... comme moi. C'est une nature passionnée, violente, désordonnée et tellement ardente que s'il aimait une femme éperdument, comme on me le disait, il se tuerait pour elle; la passion dévorerait sa vie... la dévorerait.

— Vraiment?

— Cela n'est que trop certain. Heureusement je me suis tourmenté à tort : mon petit-fils n'aime pas cette femme.

— Qui vous l'a dit?

— Personne, personne; mais je viens de le voir, car il arrive aussi de voyage... il arrive.

— En effet, c'est sa première visite qu'il nous fait ce soir.

— En le voyant, j'ai compris que cette grande passion dont on m'avait parlé n'existe pas, car je ne l'ai jamais vu si frais, si dispos, en si bon état, et bien certainement ce n'est point là un jeune homme dont la passion dévore la vie. Je ne dis pas qu'il ne soit point attaché à cette femme, mais pour l'aimer éperdument, non; passionnément, non; pour se tuer, non, mille fois non, et vous m'en voyez bien heureux. Tant qu'il conservera cette belle mine, cet air de santé, je serai tranquille.

XX

Pour M. de Condrieu-Revel, il était temps que son petit-fils, « que son cher petit-fils » se tuât ou en tout cas qu'il mourût naturellement.

En effet, le procès qui lui était intenté par le duc de Condrieu prenait une mauvaise tournure, et si prochainement Ludovic de Condrieu-Revel n'héritait pas du titre et du nom des Naurouse par suite de la mort de Loger, il était possible que le pauvre enfant, « ce cher petit-fils vraiment cher, celui-là », perdît et son nom de Condrieu et celui de Revel.

Par toutes sortes d'influences mises en jeu avec une habileté et une persévérance extraordinaires, M. de Condrieu-Revel avait pu empêcher cette cause d'être plaidée, et chaque fois que le duc de Condrieu avait cru que son procès allait être enfin jugé, il l'avait vu renvoyé à un autre jour : cela était devenu une sorte de curiosité au Palais.

Ce que M. de Condrieu-Revel avait voulu au moyen de ces remises successives, ç'avait été gagner du temps : son cher petit-fils le duc de Naurouse, né d'un père débile et d'une mère poitrinaire, avait reçu de ses parents les germes héréditaires de plusieurs maladies qui devaient fatalement le tuer; cela se produisant, son titre et son nom pouvaient passer sur la tête de son parent mâle le plus proche, c'est-à-dire sur celle de son cousin Ludovic de Condrieu-Revel.

Il importait donc beaucoup pour le succès des visées de M. le comte de Condrieu-Revel que ce procès fût jugé le plus tard possible, comme il importait que le duc de Naurouse mourût aussitôt que possible.

Pour le duc de Naurouse, à moins de le tuer de sa propre main, il ne pouvait pas faire plus qu'il n'avait fait, et sa conscience de ce côté était pleinement satisfaite : il avait rempli son devoir.

Pour le procès, au contraire, il était fort tourmenté, plein d'inquiétude, se demandant sans cesse s'il avait pris la bonne voie pour se défendre.

C'est que ce procès n'avait pas toujours roulé sur le même point litigieux, c'est que le duc de Condrieu avait varié dans sa demande, qu'il avait étendue à mesure qu'en poursuivant l'étude de cette affaire il avait appris à mieux connaître le comte de Condrieu-Revel.

Tout d'abord la demande du duc de Condrieu n'était pas bien terrible : elle ne tendait qu'à faire cesser une confusion qui s'établissait trop souvent entre la famille des Condrieu tout court et la famille des Condrieu-Revel. Le duc se plaignait de recevoir quelquefois des lettres qui ne lui étaient pas adressées et de ne pas en recevoir bien souvent d'autres qui passaient par les mains du comte de Condrieu avant d'arriver aux siennes ; il se plaignait aussi d'être complimenté pour des ouvrages qui n'étaient pas de lui et qui blessaient ses idées ; enfin il se plaignait surtout, il se montrait irrité qu'on pût les confondre, eux Condrieu, qui, depuis 1830, s'étaient tenus scrupuleusement à l'écart des affaires publiques par respect et fidélité pour le Roy, avec un sénateur de l'Empire, ancien pair de France de Louis-Philippe.

La défense du comte de Condrieu-Revel avait été facile : sa réponse avait été celle que son père, le général comte de Condrieu, avait faite au commence-

ment de la Restauration au duc Albert de Condrieu :
« Je n'ai pas la prétention d'appartenir à la glorieuse famille des Condrieu ; peut-être dans la nuit des âges avons-nous eu une même origine ; mais cette parenté, si elle a existé, n'a point laissé de traces authentiques que je puisse indiquer d'une façon certaine. Je n'ai qu'une prétention : celle de m'appeler Condrieu, et elle est justifiée par une longue possession. Déjà, pour éviter une confusion que nous ne désirons pas plus que la famille ducale de Condrieu, et par un sentiment de délicatesse qui aurait dû être apprécié, nous avons ajouté à notre nom patronymique celui de Revel que quelques-uns de nos ancêtres avaient autrefois porté, c'est tout ce que nous pouvons ; nous demander davantage n'est pas sérieux. Comment veut-on que nous nous appelions si on nous interdit le nom de Condrieu ?

A cela le duc de Condrieu avait répliqué que si M. le comte de Condrieu-Revel n'avait point la prétention d'être un des membres de la famille ducale des Condrieu, il était étrange que dans plusieurs ouvrages consacrés à la noblesse française et publiés depuis cinquante ans : le *Livre d'or de la France*, la *Bibliothèque de la noblesse*, l'*Armorial français*, l'*Annuaire des grandes familles*, le *Dictionnaire héraldique* et dix autres, les Condrieu-Revel fussent une branche de la famille ducale des Condrieu ; qu'on savait comment ces ouvrages se font ; qu'on ne figure dedans le plus souvent qu'en payant la place qu'on y occupe, comme à la quatrième page des journaux on paye une annonce, et que toutes ces boutiques n'étaient que des fabriques de faux nobles où l'on travaille tant bien que mal à satisfaire la vanité des parvenus atteints de cette folie incurable qu'on appelle la manie aristocratique. Mais ce qui était plus étrange encore, avait fait remarquer le duc de Condrieu, c'était que les armes des deux familles, celles des Condrieu et celles des Condrieu-Revel fussent à peu près les mêmes : celles des Condrieu étaient d'or au coudrier de sinople avec la couronne ducale, celles des Condrieu-Revel étaient aussi d'or au coudrier de sinople avec le franc quartier à dextre d'azur à l'épée haute d'argent posée en pal et montée d'or. Comment cela pouvait-il s'expliquer ?

Et le duc de Condrieu en avait fait faire une vérification très longue, très minutieuse, dans le pays d'Aunis, d'où la famille de Condrieu-Revel était originaire, et les découvertes qu'elle avait amenées avaient changé la face des choses ainsi que les termes mêmes de la demande.

On avait compulsé tous les registres des paroisses dans lesquels se trouvaient les actes de baptême, de mariage, de décès de la famille Condrieu-Revel, et l'on avait acquis la preuve que tous ces actes, depuis la fin du dix-huitième siècle jusqu'au commencement du dix-neuvième, avaient été falsifiés ; il y avait des grattages, des surcharges, des additions non seulement dans le corps de l'acte lui-même, mais encore dans les signatures ; toutes ces falsifications portaient sur le nom de Condrieu dans lequel, après avoir ajouté la particule *de* on avait dû changer une ou deux lettres, l'*n* qui se trouve dans le milieu du nom et l'*u* qui le termine. Quel était le vrai nom qu'une main de faussaire avait ainsi modifié ? On avait recouru aux tables, mais on avait constaté que les feuillets de ces tables où ce nom devait se trouver avaient tous été arrachés entièrement ou en partie, tantôt en haut, tantôt en bas, selon que le nom qu'on avait voulu faire disparaître était au commencement ou à la fin de la page.

Qui avait pu se livrer à ces falsifications et à ces mutilations ? Évidemment ceux-là seuls qui avaient un intérêt à ce que ce nom de Condrieu fût écrit par un *n* et par *u*. Et ce qu'il y avait d'extraordinaire et de tout à fait caractéristique, c'était que le comte de Condrieu-Revel, descendant de ces Condrieu dont le nom avait été ainsi falsifié, avait été préfet de la Charente-Inférieure, département qui a été formé avec l'Aunis.

Les vérifications avaient continué, car il était intéressant de savoir quel était le nom vrai qui se trouvait sous celui de Condrieu et qui avait servi à former celui-ci sur les registres des paroisses ; il semblait que ce fût Coudrier, mais on n'avait point de certitude à cet égard. Pendant plus d'un an le duc de Condrieu avait entretenu un agent pour poursuivre ces recherches. Dans les registres des paroisses elles n'avaient rien révélé, tant les falsifications avaient été habilement faites. Mais les minutes des notaires avaient parlé. Dans aucune de ces minutes on n'avait trouvé de Condrieu, ce qui était bien étonnant, car une famille ayant un état civil qui se suivait si régulièrement avait dû passer des actes chez les notaires, faire des contrats de mariage, des testaments, acheter, vendre, payer, recevoir, donner des procurations, des consentements. Ne trouvant rien au nom de Condrieu chez aucun des notaires d. contrée, on avait eu l'idée de chercher dans les noms qui se rapprochaient de celui-là, et celui de Coudrier qu'on avait cru lire sous celui de Condrieu dans les registres des paroisses avait fourni tous les renseignements qu'on pouvait désirer: ces Coudrier tout court, sans particule, avaient passé de nombreux actes notariés, et, par une rencontre vraiment prodigieuse dans sa continuité, les dates des contrats de mariage faits pardevant notaire concordaient avec les actes de célébration de mariage inscrits sur les registres des paroisses.

La lumière était faite, le doute n'était plus possible : il n'y avait jamais eu de Condrieu dans le pays d'Aunis, il n'y avait eu que des Coudrier.

Donc M. le comte de Condrieu-Revel s'appelait tout simplement comme ses pères s'étaient appelés : Coudrier.

Le duc de Condrieu, qui n'aimait pas les procès, même quand il devait les gagner, et qui n'avait entrepris celui-là que malgré lui, par devoir, pour faire respecter l'honneur de son nom qu'il trouvait compromis, s'était ému à la pensée de l'humiliation qui allait frapper un homme occupant une des plus hautes places de l'État, et bien qu'il n'éprouvât pas plus de sympathie pour cet homme que pour le gouvernement que celui-ci servait, par pitié, par charité, il avait cru devoir faire avertir le comte de Condrieu-Revel des découvertes que ses hommes d'affaires avaient faites et des moyens qu'ils allaient présenter au tribunal. Nougaret avait voulu s'opposer à cette communication, en disant avec son expérience pratique et sa brutalité de paysan que le chevaleresque n'était point à sa place devant les tribunaux, pas plus qu'il n'était à propos avec un homme comme M. de Condrieu-Revel ; mais le duc avait insisté et il avait fallu se rendre à ce qu'il exigeait.

Le comte de Condrieu-Revel avait donc été averti par Nougaret lui-même, qui, longuement, avec une satisfaction qu'il ne prenait pas la peine de dissimuler, avait insisté sur la falsification des actes et sur les faux commis pour remplacer le nom vulgaire, — il avait souligné vulgaire, — de *Coudrier* par celui de *de Condrieu*.

Il était perspicace, l'avoué, et prompt à saisir sur le visage de ses interlocuteurs ce qui se passait en eux ; cependant il n'avait pu rien lire sur le visage placide du comte de Condrieu-Revel.

— Je ferai part de votre communication à mes conseils, avait dit celui-ci ; ils verront ce qu'ils doivent répondre à M. le duc de Condrieu que je vous prie de remercier en mon nom, en lui marquant combien je suis touché de son procédé ; on peut se faire la guerre entre gentilshommes, mais on se la fait loyalement... loyalement.

C'était quelques jours avant sa visite à madame d'Arvernes que M. de Condrieu-Revel avait reçu cette communication ; le lendemain de cette visite, il montait en wagon pour aller voir à Bois-Colombes un généalogiste.

Dans sa longue existence, M. de Condrieu-Revel avait été en relations avec le plus grand nombre des généalogistes français et étrangers qui, justement parce que sa généalogie n'était pas solide, étaient venus lui proposer de l'étayer de leur savoir : l'un lui avait dit qu'il avait la preuve que les Condrieu-Revel descendaient de Charlemagne ; l'autre avait trouvé que leur origine remontait à Suénon, *à la barbe fourchue*, roi de Danemark ; un troisième lui avait lu une généalogie qui donnait aux Condrieu la plus ancienne noblesse du monde, puisque leur auteur était Noé, comte de l'Arche, qui eut trois fils, Sem, Cham et Japhet. Tous étaient directeurs d'un *Armorial*, d'un *Annuaire héraldique*, d'un *Livre d'or*, dans lequel n'étaient admis que des nobles bien authentiques, dont les titres avaient été sévèrement vérifiés. C'était cette sévérité qui faisait précisément qu'ils étaient dans la dure nécessité d'exiger une subvention de ceux à qui ils consacraient une notice. Ah ! si, comme tels de leurs confrères, ils admettaient tout le monde, ils ne demanderaient rien à un vrai noble qui honore leur recueil en figurant dedans ; les mauvais payeraient alors et largement pour les bons, mais quand on s'adresse à l'élite le succès est forcément limité, et puis la gravure, quand elle est soignée, coûte cher.

Parmi ceux qui l'avaient ainsi exploité avec le plus d'habileté, doucement, sans trop l'écorcher et de façon à ménager un avenir qui pouvait devenir productif le jour où les vrais Condrieu se fâcheraient tout à fait, se trouvait un certain baron Postole de la Pacaudière, qui dirigeait une agence de titres de noblesse dans la rue de la Victoire.

Quand on tournait le bouton de cette agence, on se trouvait dans une pièce contre les murs de laquelle étaient disposés des rayons garnis de vastes cartons : c'était le *Chartrier,* lisait-on sur un cartouche. Dans la pièce qui suivait on trouvait les murs couverts de vieux tableaux qui tous étaient des portraits ; tous les personnages que représentaient ces portraits avaient leurs armes peintes à l'un des coins du tableau ; d'autres toiles roulées étaient entassées çà et là.

C'est que le baron Postole de la Pacaudière ne se chargeait pas seulement de rédiger des généalogies pour les personnes qui s'adressaient à lui, il leur fournissait aussi des portraits d'ancêtres. Sans doute, c'est quelque chose qu'une belle généalogie et qu'un arbre généalogique; mais pour frapper les yeux combien vaut mieux une galerie d'aïeux. Celui-ci

C'est l'aîné, c'est l'aïeul, l'ancêtre, le grand homme.

Voulait-on une galerie complète, il la fournissait en l'appareillant. Ne voulait-on qu'un seul portrait, il en vendait un seul. Tenait-on à un maréchal de France en uniforme, à un amiral, à un ambassadeur, il avait cela. Se contentait-on d'un évêque ou d'un président, il trouvait le président et l'évêque, tout ce qu'on voulait. Il ne fallait pas, il est vrai, être trop difficile pour le mérite de la peinture, mais qu'importe le tableau lui-même quand il s'agit d'un aïeul?

Au temps où il était clerc de commissaire-priseur et employé dans la curiosité, il avait été en relations avec tous les marchands de bric-à-brac de Paris; plus tard il avait voyagé en province et il s'était ainsi formé une nombreuse collection de portraits qui n'avaient de valeur que par le nom qu'il leur attribuait et qu'il pouvait facilement renouveler à mesure qu'elle s'écoulait, n'ayant pour cela qu'à transmettre à ses correspondants la demande qu'on lui adressait : « Envoyez-moi un lieutenant du roi, un chevalier des ordres. »

Le chartrier et la galerie n'étaient point les seules pièces qui, avec le cabinet du baron Postole de la Pacaudière, composaient les bureaux de la *Bibliothèque nationale de la noblesse*. Comme dans toute maison de commerce, il y avait un sous-sol ou plus justement des caves, et, bien que ces caves fussent terriblement humides, se trouvant dans le voisinage du cours d'eau qui passe sous cette partie de Paris, elles étaient pour l'industrie du baron ce qu'est une chute pour une usine hydraulique. C'était même cette humidité des caves qui lui avait fait choisir cette triste et maussade maison : là, en quelques mois, on pouvait faire vieillir un parchemin qui acquérait bien vite un aspect de vétusté à tromper les experts les plus malins. Quelles belles généalogies bien authentiques ne pouvait-on pas écrire, — avec une encre spéciale, — sur ces vieux parchemins!

Et c'était lui-même qui les écrivait, ces généalogies; car, bien qu'il n'eût reçu qu'une médiocre éducation première, il était parvenu à parler la langue du père Anselme de Sainte-Marie et des d'Hozier, comme s'il eût été leur élève.

Mais ce qui était le plus remarquable en lui et ce qui faisait sa force, c'était une mémoire prompte, étendue, sûre, qui s'appliquait aussi bien aux noms qu'aux faits et aux dates : c'était un véritable dictionnaire vivant, et, quand on venait le consulter, on était émerveillé, s'il s'agissait d'un vrai nom, de l'entendre citer, comme s'il lisait, tout ce qui touchait à ce nom.

A ce métier, et bien qu'il y eût joint le commerce des décorations étrangères, il n'avait point fait fortune, car les bourgeois enrichis qui veulent s'anoblir, restés vilains malgré leurs prétentions, ne payent généralement qu'en marchandant; cependant il avait, après de longues années de travail, gagné une certaine aisance qui lui avait permis de se faire construire une petite maisonnette à Bois-Colombes, au milieu d'une plaine sablonneuse et aride, où il allait passer trois jours par semaine à se reposer du commerce des hommes dans la compagnie des poules, des canards, des oiseaux, des lapins et de tous les animaux de basse-cour qu'il adorait et pour lesquels il se ruinait.

Ce fut dans cette petite maison de Bois-Colombes, que M. de Condrieu-Revel, se voyant menacé, l'alla consulter.

Au lieu d'entreprendre ce petit voyage à Bois-Colombes, il aurait très bien pu attendre au lendemain, où il aurait été sûr de trouver le baron Postole de la Pacaudière dans ses bureaux de la *Bibliothèque nationale de la noblesse;* mais à Bois-Colombes, le danger d'être vu était singulièrement diminué, et c'était cette consideration qui avait fait monter en wagon M. de Condrieu-Revel : personne ne le connaissait à Bois-Colombes; comment deviner qui il était; son nom et son titre n'étaient point écrits sur son chapeau, et la boutonnière de sa longue redingote de bon bourgeois ne laissait voir aucun ruban, car c'était une habitude prise par lui depuis longtemps de cacher ou montrer selon les besoins du moment la rosette de ses décorations. Entrait-il dans un hôtel où il avait peur qu'on le prît pour un personnage et qu'on le fît payer en conséquence, il la retirait; pensait-il être exposé à réclamer le concours d'un sergent de ville ou d'un gendarme, à user de la complaisance d'un chef de gare ou d'un employé, il la montrait. Ce n'était pas sur le baron Postole de la Pacaudière que les décorations pouvaient exercer un prestige quelconque, lui qui avait dans ses bureaux des brevets de chevalier, d'officier de plusieurs ordres, achetés en bloc et en blanc, qu'il vendait en détail après les avoir remplis.

A la station on indiqua à M. de Condrieu-Revel la maison du baron de la Pacaudière, et au bout de dix minutes de marche il arriva devant une petite chaumière landaise bâtie en plein champ et dont le jardin était entouré d'une simple palissade en treillage : la porte hospitalière n'était point fermée, il n'y avait qu'à la pousser; un ouvrier travaillait à laver des graviers qui avaient servi dans une basse-cour. Il répondit à M. de Condrieu-Revel que M. le baron était dans son cabinet de travail et du manche de son balai il montra ce cabinet qu'on apercevait à demi caché dans un massif de lilas à une courte distance de la maison. M. de Condrieu-Revel prit l'allée qui semblait y conduire; mais, ayant ouvert une porte, il s'arrêta surpris, car si c'était un cabinet ce n'était point un cabinet de travail. Alors, revenant sur ses pas, il fit le tour de ce bâtiment et vit qu'il s'était trompé tout d'abord; mais aussi l'erreur était vraiment facile, car, par une idée bizarre qui prouvait au moins un véritable dédain de certains préjugés, les deux cabinets étaient réunis sous le même toit et adossés l'un à l'autre.

— Ah! monsieur le comte de Condrieu! s'écria le baron en apercevant le visiteur qui poussait la porte.

Vivement il se leva, saluant respectueusement, mais sans obséquiosité, en homme qui sait ce qu'il vaut, surtout ce que valent les autres, ce qu'il doit et ce qu'on lui doit.

— Passant par Bois-Colombes, dit M. de Condrieu, et me rappelant que c'était là que vous habitiez l'été, j'ai voulu... oui, j'ai eu l'idée de vous faire une petite visite.

Longuement ils causèrent de choses insignifiantes et M. de Condrieu voulut voir les poules et les oiseaux du baron qu'il admira; mais il n'était pas homme à donner son admiration gratis. Les compliments qu'il prodigua à ces poules lui fournirent la transition qu'il cherchait pour arriver à son affaire.

— Je vois, dit-il, avec un fin sourire, que vous êtes un homme tout d'une pièce; en tout et partout c'est la même idée qui dirige votre vie : la sélection des races. Mais à ce propos et puisque ce sujet se présente d'une façon tout à fait incidente... et par hasard... tout à fait par hasard, j'aurais peut-être bientôt besoin de vos conseils.

— Je suis tout à votre disposition, monsieur le comte.

— Oh! rien ne presse, rien ne presse; plus tard, plus tard.

— Pourquoi plus tard?

— Au fait, si vous avez du temps à vous.

— Tout le temps que vous voudrez me donner.

— Eh bien, voici de quoi il s'agit : vous savez que M. le duc de Condrieu m'intente un procès ?

— En usurpation de nom, j'ai entendu parler de cela ; je trouve la demande de M. le duc de Condrieu bien audacieuse et sa susceptibilité bien chatouilleuse, car enfin vous avez tout fait pour éviter une confusion entre votre famille et la sienne, jusqu'à ajouter ce nom de Revel à votre nom ; d'ailleurs il me semble que lorsqu'une famille a gagné son duché dans le lit d'un roi et par adultère, elle devrait...

— Prenez garde, interrompit doucement M. de Condrieu, car cette famille dont vous parlez c'est la mienne.

— Comment cela, monsieur le comte, n'avez-vous pas toujours dit hautement, — il souligna ce mot, — que vous n'apparteniez point à la famille ducale des Condrieu ?

— Sans doute, sans doute, mais alors M. de Condrieu ne m'intentait point un procès ; maintenant les circonstances ne sont plus les mêmes, et puisqu'on m'attaque je suis disposé à me défendre et à faire valoir des prétentions qui reposent sur la justice et sur l'histoire. Vous m'écoutez, n'est-ce pas?

— Avec le plus vif intérêt.

— Eh bien, vous allez voir comment nous nous rattachons aux Condrieu et pourquoi jusqu'à ce jour je n'ai pas affirmé cette parenté. En 1630, la famille des Condrieu était représentée par Guy de Feuquère, marquis de Condrieu...

— Né en 1592, mort en 1651, interrompit le généalogiste.

— Parfaitement, et par Gaston-Jean-Baptiste de Condrieu, né en 1600.

— Qui fut chevalier de Malte, continua le baron.

— J'admire votre science, dit M. de Condrieu, mais je l'admirerais plus encore si vous pouviez me donner la date de la mort de Gaston-Jean-Baptiste.

— Ah! cela je l'ignore; je ne sais même pas ce que ce chevalier de Malte est devenu; mais à Paris...

— Eh bien, je vais vous le dire, moi, car le renseignement que vous pourriez trouver à Paris serait faux : vous verriez que Gaston de Condrieu disparut dans une expédition contre les Turcs et qu'on n'eut plus de ses nouvelles. Il n'était cependant pas mort, comme on pouvait le croire, et sa disparition était volontaire. Il était venu à la Rochelle où il avait été attiré par les charmes d'une jeune fille, Jeanne de Revel, et il l'avait épousée.

— Un chevalier de Malte!

— Vous voulez dire que ce mariage était impossible puisqu'un chevalier ne pouvait être relevé de ses vœux que par le pape, ce qui n'avait lieu que bien rarement, quand l'aîné étant mort sans descendants, le cadet devait continuer la famille. Aussi, pour ce mariage, Gaston de Condrieu, entraîné par sa passion, changea-t-il de nom et prit-il celui de Coudrier tout simplement, qui lui était fourni par ses armes.

— D'or au coudrier de sinople.

— Justement. Rompre ses vœux, abandonner le nom de ses pères, c'est chose grave; mais, je vous l'ai dit, il aimait. Devenu Gaston Coudrier, il ne s'établit point dans l'Aunis, il navigua. Lorsqu'il s'était marié, Jeanne de Revel était riche... très riche ; mais des pertes de mer ruinèrent cette fortune. Quand Gaston mourut, en 1670, il ne possédait plus rien. Ses enfants, deux fils, gardèrent le nom de Coudrier, bien qu'ils sussent qu'ils étaient Condrieu. Pendant cent vingt ans ce nom de Coudrier fut celui que porta ma famille ; ce fut seulement lorsque la Convention eut rendu le décret par lequel tous les citoyens ont le droit de se nommer comme il leur plaît que mon père reprit publiquement le nom, son nom, de Condrieu, sous lequel, comme vous le savez, il fut fait comte par l'empereur.

Depuis quelques instants, le baron semblait ne plus écouter avec la même attention ; tout à coup il s'écria :

— Monsieur le comte, permettez-moi de vous interrompre : chose curieuse, je connais à la Rochelle un portrait de Gaston-Jean-Baptiste de Condrieu.

— Vraiment, dit M. de Condrieu sans manifester la moindre incrédulité.

— Parfaitement, et s'il vous convient de le placer dans votre collection, je me fais fort de l'obtenir : les armes de Condrieu sont peintes à l'un des coins, je me le rappelle, et même en faisant un effort de mémoire, il me semble qu'entre ce portrait et vous, il y a comme un air de famille... ce qui est bien naturel.

— Assurément, il me sera doux d'avoir ce portrait... tout à fait doux, et vous me rendrez service en me le faisant acheter... si toutefois le prix n'en est point excessif. Au reste, vous pourriez en même temps me rendre un autre service, plus important encore : ce serait d'examiner tous les actes... relatifs à ces Condrieu, depuis Gaston de Condrieu jusqu'à mon père, de vous en faire délivrer des expéditions, — pas en votre nom, bien entendu, — et quand vous auriez toutes les pièces nécessaires, de me préparer un mémoire et un dossier avec lesquels mon avocat plaiderait, car maintenant je suis décidé à réclamer cette parenté, oui, décidé, ce que je n'ai pas fait jusqu'à ce jour par amour de la paix, par respect pour la mémoire de notre aïeul et aussi par respect pour nous-mêmes, pour ne pas avouer notre bâtardise, qui n'est que trop évidente, hélas ! puisque le mariage de Gaston-Jean-Baptiste était nul. Je dois vous faire remarquer que plusieurs des actes que vous aurez à examiner portent Condrieu au lieu de Coudrier, et là-dessus je ne peux vous donner aucune explication ; cela est, voilà tout. M. le duc de Condrieu prétend que ces actes ont été falsifiés, que les noms ont été surchargés, brouillés ; mais cela ne me paraît pas sérieux... pas sérieux. Quels seraient les auteurs de ces falsifications ? Je ne les vois pas. Une seule chose me paraît certaine, c'est qu'on ne peut pas les imputer à des membres de notre famille. Puisqu'ils cachaient leur nom de Condrieu, comment admettre qu'ils auraient été l'écrire ou le faire écrire sur des registres publics ?

Avec le baron il n'était pas nécessaire de mettre les points sur les *i* ; il comprenait à demi mot, et quand il avait compris il agissait discrètement.

On pourrait plaider ; le duc de Condrieu n'avait point encore gagné son procès... et il ne le gagnerait pas de si tôt.

Pendant que l'affaire traînerait Roger pouvait mourir.

XXI

Son séjour au bord de la mer avait été trop agréable à madame d'Arvernes pour qu'elle ne voulût pas, sinon le renouveler (ce qui était impossible en ce moment), au moins lui donner un équivalent.

« Je m'installerai bientôt à Vauxperreux, avait-elle dit à Roger, et tu auras ton appartement près du mien. »

Deux jours après son retour à Paris elle s'occupait de cette installation.

C'était ordinairement au mois d'août qu'elle quittait Paris pour Vauxperreux ; aussi, en la voyant disposée à partir dès le commencement de juillet, le duc d'Arvernes l'avait-il félicitée et remerciée de cette détermination.

Car, ce qu'il aimait par-dessus tout, le duc, c'était sa terre de Vauxperreux : les loisirs qu'il pouvait arracher aux affaires, il les lui donnait ; tout l'argent qu'il pouvait distraire de ses dépenses ordinaires et obligées, il le consacrait à l'agrandir et à la réparer.

Lorsque l'empereur la lui avait donnée, elle était dans un état pitoyable de délabrement : les murs et les toits du château faisaient à peu près bonne figure, grâce à la solidité avec laquelle ils avaient été construits, mais c'était tout ; depuis cinquante ans on n'y avait pas fait pour un sou de réparations, lui demandant toujours, ne lui donnant jamais. C'était ainsi que le parc, dessiné et planté par Le Nôtre, avait été rasé d'année en année et que ses arbres admirables, qui auraient pu vivre encore cent ou cent cinquante ans, avaient été transformés en bois de corde. C'était ainsi que le mobilier qui la garnissait avait été vendu pièce à pièce, en commençant par les tableaux, en finissant par les tuyaux de plomb qui amenaient les eaux dans les bassins du parc.

Et cependant cette terre de Vauxperreux eût bien mérité d'être conservée intacte, telle qu'elle était sortie des mains de Hardoin Mansard et de Le Nôtre, ses architectes. Construit à une époque où l'on ne prenait pas souci de la vue, et où l'on plaçait le château de Dampierre dans une mare et celui de Marly au fond d'un marécage enfermé de collines de toutes parts, Vauxperreux avait été planté en conformité de cette règle qui paraît avoir présidé à l'emplacement de presque tous les châteaux construits sous Louis XIV : au lieu de l'édifier sur une des collines qui l'entouraient on l'avait mis au milieu d'une prairie, de manière à pouvoir l'entourer de fossés aux eaux courantes comme il était de mode alors. Mais justement, parce qu'on avait la nature contre soi, on avait beaucoup demandé à l'art, et les bâtiments qu'avait élevés Mansart étaient vraiment empreints d'un cachet de noblesse et de grandeur. Après avoir franchi un pont-levis jeté sur un large fossé revêtu en maçonnerie et couronné par des balustres en pierre, on se trouve dans une cour d'honneur, le long de laquelle règnent de chaque côté les communs, et l'on a devant soi le château qui, de loin, à cause de son emplacement bas, paraît écrasé, mais qui de près développe sa belle et majestueuse ordonnance, avec son corps central et ses ailes en retour, sa façade en pierre de taille et en brique, son toit à fenêtres mansardées dans le style de l'époque et son large perron qui précède une terrasse dallée en pierre allant d'une aile à l'autre. Avant la dévastation du parc, de belles avenues d'ormes partaient de ce perron et, après avoir traversé la prairie, elles gravissaient les pentes de la colline en ouvrant çà et là de vertes perspectives ; mais les ormes arrachés, il n'est plus resté que des grands sillons et des pelouses bordées de chaque côté par des taillis et des bois.

En recevant cette terre de la libéralité reconnaissante de son souverain, M. d'Arvernes s'était pris pour elle d'un véritable amour, auquel s'était mêlé un sentiment de respect comme si elle avait été le berceau de ses aïeux, et il avait voulu lui restituer son ancienne splendeur en lui conservant pieusement son style et son caractère.

Mais s'il est une chose qui coûte cher, et qui soit ruineuse, c'est justement le style; aussi en dix ans M. d'Arvernes avait-il englouti là plusieurs millions sans parvenir à achever son œuvre. Aussitôt qu'il avait quelques heures de liberté il montait en wagon, descendait à Mantes, et par la route qui suit la riante et fraîche vallée où coule la Vaucouleur, il arrivait à Vauxperreux. Alors il n'y avait plus ni sénateur, ni ministre, ni duc : c'était un jardinier qui alignait des arbres, un architecte qui dirigeait des maçons. Menuisier, peintre, tapissier, il était tout, ne se donnant pas le temps de manger et ne remontant jamais en voiture pour rentrer à Paris que fâché et exaspéré de partir. Cela était si bien connu que ceux qui avaient quelque chose à lui demander s'adressaient toujours à lui au moment de son arrivée, l'heure qui précédait son départ étant celle des rebuffades et des algarades.

Comme tous les passionnés, il aurait voulu que ceux qui l'entouraient partageassent son enthousiasme pour l'objet de son amour ; mais il n'avait point été heureux de ce côté, particulièrement avec madame d'Arvernes qui, trouvant que cette terre était ruineuse et engloutissait des sommes considérables qu'elle eût préféré dépenser autrement, n'était jamais venue à Vauxperreux avec plaisir, mettant sans cesse en avant des raisons plus ou moins bonnes pour ne quitter Paris que le plus tard possible.

Lorsqu'elle avait parlé de s'établir à Vauxperreux il avait donc éprouvé une bien douce satisfaction : pour la première fois depuis dix ans il allait avoir une saison complète à lui ; il pourrait ne venir à Paris que lorsqu'il y serait appelé par les affaires de son ministère ; il allait vivre de la vie de campagne, et il avait fait ses plans pour des travaux ajournés jusque là parce qu'ils devaient être menés avec suite et surveillés par l'œil du maître.

Cette satisfaction n'avait pas été de longue durée. Le jour même, elle avait été à Vauxperreux pour y donner certains ordres, et le soir même elle était rentrée à Paris. Trois jours après, M. d'Arvernes à son tour avait été à son château et grande avait été sa surprise de trouver au premier étage de l'aile gauche, — celle occupée par madame d'Arvernes ; lui il occupait l'aile droite, — des tapissiers qui travaillaient à meubler trois pièces jusque-là inhabitées : un petit salon, une chambre et un cabinet de toilette. Les étoffes étaient riches, les meubles coquets.

— Qui vous a donné des ordres ?

— Madame la duchesse.

Sans continuer ses questions il était revenu à Paris, fort intrigué.

— J'ai trouvé, dit-il en entrant, des tapissiers travaillant par votre ordre.

— Ah ! ils sont déjà à l'ouvrage. Tant mieux ! Où en sont-ils ?

— Ils posaient des tentures.

— Dans la chambre ou dans le salon ?

— Ils travaillaient dans les trois pièces en même temps.

— N'est-ce pas que la tenture du salon est jolie ? C'est une étoffe nouvelle qui m'a beaucoup plu.

— Vous ne m'aviez pas parlé de votre intention de faire meubler ces pièces.

Elle prit un air de dignité blessée :

— Devais-je vous consulter ?

La question qu'il avait sur les lèvres était : « A qui destinez-vous cet appartement ? » Mais, précisément parce qu'il prévoyait la réponse, il n'osa pas la poser franchement. Il se connaissait ; il savait combien il était incapable de se contenir, et à tout prix il voulait éviter une scène de violence, une querelle qui pourrait aller beaucoup plus loin qu'il ne voudrait une fois qu'elle serait engagée. Au point où les choses en étaient arrivées, elles ne pouvaient avoir qu'une solution si on les poussait à l'extrême : une séparation amiable ou judiciaire. Et il ne voulait ni l'une ni l'autre de ces séparations ; il ne les voulait pas pour ses enfants, pour sa position, pour son nom, enfin pour son amour, car malgré tout il aimait sa femme et, avec cette fidélité de foi que donne seule la passion, il se disait qu'elle lui reviendrait un jour.

Il n'eut pas longtemps à attendre pour voir que ses prévisions n'étaient que trop fondées : aussitôt que les tapissiers eurent achevé leur travail, madame d'Arvernes alla s'installer à Vauxperreux, et sur la première liste de ses invités figura le duc de Naurouse ; ce fut lui qui occupa le nouvel appartement.

9

Lorsque Roger arriva à Vauxperreux, madame d'Arvernes accourut sur le perron pour le recevoir au moment même où il descendait de voiture, puis tout de suite elle le conduisit elle-même à l'appartement qu'elle lui avait préparé.

Comme des domestiques allaient et venaient, elle ne put pas aussitôt qu'elle l'avait espéré se jeter dans ses bras; obligée à se contraindre, elle le mena successivement dans chacune des trois pièces, le regardant pour saisir dans ses yeux une marque de satisfaction.

A la fin, les domestiques les ayant laissés seuls elle put l'étreindre d'un mouvement passionné :

— Voilà ton nid, dit-elle, notre nid ; je t'avais parlé d'une installation que je rêvais pour toi : es-tu content ? cela te plaît-il ? Il n'y a que toi et moi dans cette aile du château : nous sommes porte à porte, comme mari et femme. Quand tu voudras que je vienne te rejoindre, tu n'auras qu'un signe à faire. Le feras-tu ? Ah ! je ne dis pas quelquefois, mais souvent, mais toujours. Ah ! Roger, tu ne m'aimes pas comme je t'aime, passionnément, follement. J'en meurs de mon amour, de cette passion qui dévore ma vie ; et toi tu vas, tu viens librement, frais, dispos, heureux quand nous sommes ensemble, cela est vrai, mais ne te donnant pas à moi tout entier, ne te disant pas que le bonheur c'est d'être ensemble, toujours, toujours aux bras l'un de l'autre.

Elle disait vrai en affirmant qu'elle l'aimait follement, le lendemain, au déjeuner, elle montra jusqu'où allait cette folie.

Lorsque les invités arrivèrent dans la salle à manger, au lieu de trouver une grande table servie pour tout le monde comme elle l'était la veille pour le dîner, ils trouvèrent plusieurs petites tables de deux, quatre six couverts dressés çà et là dans toute la longueur de la salle.

— J'ai pensé, dit madame d'Arvernes, qu'il pouvait être agréable de se grouper selon ses sympathies, d'être entre soi, plus à son aise, plus libres, et voilà pourquoi j'ai fait disposer ces tables pour le déjeuner; au dîner nous reprendrons la solennelle tradition.

Comme parmi les invités il y en avait plus d'un qui trouvait agréable d'être entre soi et plus libres, cette idée fut applaudie et chacun se groupa selon ses sympathies.

Pour madame d'Arvernes, elle s'assit seule à une petite table avec Roger devant elle, sous ses yeux.

Elle l'avait bien à elle, sans craindre qu'on pût le lui prendre : les paroles de M. de Condrieu-Revel n'avaient pas été perdues.

XXII

C'était parce que M. d'Arvernes se savait violent qu'il se modérait, et c'était parce que madame d'Arvernes se savait calme qu'elle poussait toujours ses fantaisies jusqu'au bout.

Qu'une lutte s'engageât, le mari était certain à l'avance qu'il s'emporterait et se laisserait entraîner loin, tandis qu'à l'avance aussi la femme savait très bien que par la modération elle conduirait les choses où elle voudrait et qu'elle aurait le dernier mot.

D'ailleurs, elle connaissait son pouvoir et elle n'était pas femme à n'en pas abuser : M. d'Arvernes avait besoin d'elle et il l'aimait; là était sa force qui, en fin de compte, la faisait maîtresse de la situation puisque de son côté elle n'avait pas besoin de son mari et ne l'aimait point.

Les violents sont faibles, leur sang les pousse aux extrêmes et leurs nerfs les abandonnent aussitôt la lutte finie ; plein d'élan, de volonté, de résolution, d'initiative, de courage et de persévérance dans l'action, M. d'Arvernes devenait une femme quand le danger était passé. Alors il se croyait abandonné par ses amis, menacé par ses adversaires, et il fallait le soutenir et le relever. Lors du coup d'État, il était un de ceux qui, par son ardeur, ses reproches, ses colères, ses prières, avaient entraîné et poussé Louis-Napoléon hésitant. Que dans le conseil, au sénat ou à la chambre, il rencontrât la contradiction ou l'opposition, et il se jetait dans la mêlée avec l'impétuosité de son caractère, ne ménageant rien ni personne, ni lui ni les autres ; mais, rentré chez lui et la sueur du combat séchée, alors même qu'il était victorieux, il se croyait perdu, trahi, et il se laissait aller défaillant, en proie à tous les doutes, à toutes les inquiétudes. C'était en ces heures qu'il venait à sa femme et qu'il fallait que celle-ci le consolât, le rassurât, lui fît toucher du doigt les chimères de son imagination affolée ; c'était l'heure aussi où il fallait qu'elle pansât son orgueil en lui disant, en lui répétant qu'il était le plus grand, le seul ministre de l'empire, dévoué, il tenait par-dessus toutes les autres à cette qualité, qu'il avait bien méritée, d'ailleurs ; mais, de plus, le seul homme de tête et de résolution du conseil.

Le connaissant ainsi et se connaissant bien elle-même, elle jugea que dans cette affaire de l'appartement du duc de Naurousse à Vauperreux il était de sa dignité et surtout de son intérêt de traiter la question de haut, en l'abordant franchement comme la chose la plus simple et la plus naturelle. M. d'Arvernes n'eût rien dit de cet ameublement, elle l'eût peut-être payé elle-même en demandant la somme nécessaire à son père, sa suprême ressource quand elle était aux abois ; mais il avait parlé, et cela l'obligeait à ne pas reculer : il devait payer lui-même.

Lorsqu'elle reçut la note du tapissier, M. d'Arvernes n'était point à Vauxperreux Il était à Paris, d'où il n'avait pas pu venir depuis plusieurs jours. Elle partit aussitôt pour Paris. En la voyant entrer toute fraîche en sa toilette de campagne et exhalant un parfum de fleurs, il eut un sourire : il n'était point habitué à ce qu'elle vînt ainsi le surprendre, c'était presque pour lui une bonne fortune.

Vivement il se leva pour aller au-devant d'elle et lui ayant pris la main, il lui embrassa le bras au-dessus du gant.

Mais dans cette main il y avait un rouleau de papiers :

— Bon Dieu ! qu'est-cela ? dit-il.

— Un mémoire que je vous apporte, celui du tapissier.

Il le prit et le jeta sur son bureau avec un geste saccadé.

— C'est que je voudrais bien qu'il vous fût possible de l'examiner, dit-elle d'une voix nette.

— Plus tard.

— Je n'ai pas l'habitude de commander souvent moi-même, mais ce que je commande j'ai l'habitude de le payer ; j'ai promis un fort acompte au tapissier.

Brusquement il se tourna vers elle et pendant plusieurs secondes il la regarda : sous ses sourcils touffus qui commençaient à grisonner ses yeux noirs lançaient des lueurs sombres.

Tout à coup il ouvrit violemment un tiroir de son bureau d'où il tira une grosse liasse de billets de banque.

— Voici ce que l'empereur vient de me donner, dit-il d'une voix rauque, à l'instant même, après le conseil ; c'est le dernier terme du subside mensuel qu'il m'a accordé depuis le mois de juillet de l'année dernière. Maintenant il n'y a plus rien à attendre, rien à demander, ou je sacrifie ma position menacée. Vous savez comment et par qui : Morny, Persigny, qui ne peuvent pas me pardonner ma fidélité et mon dévouement, me font une guerre acharnée et me battent en brèche de toutes les manières, auprès de l'empereur, à Paris, à l'étranger, dans les journaux dont ils inspirent, dont ils écrivent peut-être même les correspondances : et voilà le moment que vous choisissez pour venir me dire : « Je dois payer ce que j'ai commandé. »

— Je n'ai pas choisi ce moment.

Il avait parlé jusque-là en se contenant difficilement :

— C'était celui de la commande qu'il fallait choisir, s'écria-t-il. Pourquoi l'avez-vous faite, cette commande ?

Violemment il lui saisit le bras et se penchant sur elle :

— Pour qui ?

Elle ne broncha pas et de haut elle le regarda, immobile et froide comme la pierre.

Il s'enfonça la tête entre ses deux mains et resta ainsi assez longtemps ; puis allant à son bureau, il prit le mémoire et l'ouvrit, allant tout de suite au total.

— Vingt-deux mille francs ! Et vous connaissiez ma position ! Vous saviez que, si l'empereur ne me vient pas encore en aide, dans six mois, dans un an, il me faudra vendre Vauxperreux qui me dévore.

— A qui la faute ?

— A qui ?... à moi, vous avez raison. A mon orgueil de père qui a voulu que notre aîné, à qui j'ai gagné un titre, trouvât une terre seigneuriale dans mon héritage. Vous sied-il, à vous sa mère, de me le reprocher ? Il est vrai, et je vous évite la peine de me le faire observer, il est vrai que toutes les dépenses que j'ai faites ne l'ont point été dans un intérêt d'avenir, et qu'il est des travaux qui ont été entrepris dans un intérêt immédiat, celui de vous plaire, de vous faire aimer cette terre où j'avais l'espérance de passer quelques jours de bonheur avec vous. Ah ! Valère, Valère !

Sa voix eut un sanglot, étouffée dans sa gorge par l'évocation des espérances passées se heurtant si cruellement à la réalité présente.

— Ah ! Valère, murmura-t-il encore, Valère !

Bien que l'accent de ce cri fût déchirant, elle garda son calme, elle attendait.

Avec l'expérience qu'elle avait du caractère de son mari, elle était toute surprise qu'il ne se fût point encore laissé emporter par ces accès de violence qui étaient si fréquents chez lui et qui, par un retour tout naturel, aboutissaient finalement à un accès de tendresse. C'était la tendresse qui précédait la colère ; cela n'était pas ordinaire et la déroutait ; il est vrai que les efforts qu'il faisait étaient manifestes et qu'à chaque instant il s'arrêtait dans ce qu'il disait pour retenir certaines paroles qu'il ne voulait pas laisser échapper.

— Si j'avais su que cette somme dût tant vous coûter, je l'aurais demandée à mon père, dit-elle.

— Vous ai-je donc jamais dit qu'une somme me coûtait? vous ai-je jamais refusé l'argent qui vous était nécessaire, reproché celui que vous aviez dépensé?

— En tout cas, ce reproche serait bien ridicule à propos de cette dépense qui, en réalité, comme toutes les vôtres, profite à cette terre.

Ce mot fut l'étincelle qui provoqua l'explosion que madame d'Arvernes avait été surprise de ne pas voir se produire encore. Violemment, furieusement, il se frappa la poitrine.

— Vous osez dire, s'écria-t-il, que c'est pour votre fils que vous avez ordonné cette dépense, pensant à lui comme j'y pense moi-même! Vous osez mêler son nom à cette infamie, vous, vous! Ah! c'est là le dernier outrage et le plus misérable!

Il vint à elle, frémissant de la tête aux pieds, écumant, les deux poings levés et serrés comme s'il voulait l'écraser.

— Dieu m'est témoin que je voulais vous ménager; depuis que vous m'avez donné ce mémoire, je ne sais comment j'ai pu me contenir; je me suis contenu, cependant, mais je suis à bout.

Il s'éloigna d'elle en reculant et arrivé à son bureau il prit une liasse de billets de banque sans compter, au hasard, les froissant dans ses mains crispées; puis, revenant, il lui posa ces billets sur le visage, rudement :

— Je vous ferme la bouche avec cet argent; ne parlez plus; ne me demandez plus rien ; payez vous-même cette dette qui est la vôtre, et maintenant laissez-moi. Vous voyez bien que je vous tuerais si vous restiez.

— Vous êtes fou, dit-elle en passant devant lui, la réflexion vous rendra la raison.

Il tomba anéanti sur un siège et il resta là, écrasé, la tête inclinée sur ses genoux.

Quand il se releva, il alla à une glace et se regarda; puis, lentement, à plusieurs reprises, il se passa la main sur le visage pour en effacer, en le pétrissant, les contractions qui le crispaient; à plusieurs reprises aussi il essaya, mais vainement, de respirer à fond : sa poitrine étranglée ne se soulevait pas

Enfin il vint se rasseoir devant son bureau et sonna.

— Faites entrer M. le ministre de Hesse, dit-il.

XXIII

Le séjour de Vauxperreux avait été mauvais pour la santé de Roger.

Bien qu'on fût en été, il s'était enrhumé plusieurs fois sans que jamais la toux qui avait accompagné ces rhumes disparût complètement; tout au contraire, elle avait paru vouloir s'établir d'une façon persistante et elle était devenue sèche, fatigante, s'accompagnant de douleurs entre les épaules et sur les côtés de la poitrine. A cela était venue se joindre la fièvre avec des sueurs la nuit, de la transpiration le jour lorsqu'il faisait quelque effort, et une sensation de chaleur pénible aux pieds et aux mains; il avait maigri, ses yeux s'étaient excavés en prenant un éclat métallique, les

9.

pommettes osseuses de ses joues s'étaient colorées de plaques rouges.

Il ne s'était pas soigné, n'ayant pas le temps de faire des remèdes et ne voulant pas d'ailleurs s'avouer à lui-même qu'il pouvait être malade. Fatigué, indisposé, oui, sans doute ; malade, non. Ce qu'il avait n'était rien et s'en irait tout seul. Ce n'est pas à vingt-trois ans qu'on s'écoute et qu'on se dorlote.

Il avait donc laissé aller les choses sans rien faire pour les modifier et même sans voir Harly.

Mais s'il pouvait ne pas aller chez Harly pour le consulter, il ne pouvait pas le fuir et l'éviter. Un jour le hasard les mit en présence et dans des circonstances où Harly eut tout le temps de l'observer.

Ce fut à la messe de mariage d'un de leurs amis communs ; ils ne se trouvèrent point à côté l'un de l'autre, mais cependant ils étaient assez rapprochés pour s'apercevoir.

Harly fut frappé par son amaigrissement et par l'éclat de ses yeux ; il remarqua aussi qu'à plusieurs reprises Roger avait toussé, et cela malgré des efforts évidents pour se retenir.

Il l'attendit à la sortie de l'église et le saisit au passage.

— Comment allez-vous ?
— Bien.

Ils avaient fait quelques pas tout en marchant et Harly avait placé le bras de Roger sous le sien. Alors, sans affectation, il avait ramené sa main droite sur son bras gauche et pris le poignet de Roger en lui appliquant l'indicateur et les deux doigts suivants sur l'artère radiale : cela avait été fait si simplement, si naturellement, que Roger n'avait pas pu retirer son bras.

— Vous avez la fièvre, dit Harly, et assez fort même ; j'irai vous voir demain matin et je vous examinerai.

— Demain matin, je ne serai pas chez moi.

— Eh bien ! après-demain.

Il ne fallut pas un long examen à Harly pour voir que Roger lui avait caché la vérité en disant qu'il allait bien : il souffrait, au contraire, et sans que son état fût grave dans le présent, il était inquiétant.

Justement parce qu'on semblait vouloir se cacher de lui, Harly fut très réservé dans ses questions. Comme tout le monde, il connaissait la liaison du duc de Naurouse avec madame d'Arvernes et cela lui expliquait cette réserve ; mais, d'un autre côté, il fut très ferme dans ses prescriptions.

— Vous avez été imprudent, dit-il, en ne me consultant pas plus tôt, car votre mauvais état de santé remonte à deux ou trois mois au moins. Si vous étiez venu me voir dès le début, je vous aurais débarrassé de cette toux, ce qui eût été facile dans la belle saison ; maintenant que nous voilà dans l'automne, cela sera plus dur et plus long, mais nous en viendrons à bout si vous m'aidez.

— Ah ! docteur, ne me droguez pas ; vous savez combien j'ai horreur des remèdes.

— C'est de soins plus que de drogues que vous avez besoin, et, ces soins, vous seul pouvez vous les donner. Avant tout, il vous faut du repos. Si vous vouliez aller à la campagne...

— J'ai passé presque tout l'été à la campagne.

— Dans de mauvaises conditions, sans doute ?

Comme Roger avait détourné les yeux, Harly ne voulut pas pousser plus loin dans cette voie.

— Je veux dire que le pays où vous avez passé ce temps était mauvais sans doute pour votre constitution : trop humide, peut-être? Si vous alliez passer quelques mois à Varages, l'automne est la belle saison de la Provence.

— Cela est impossible.

— Eh bien, alors, restez à Paris, mais vivez-y d'une vie calme et tranquille au moins pendant quelques mois.

— Mais elle est tranquille, ma vie

— Votre état dit le contraire, et moi, médecin, je suis bien forcé de m'en rapporter à ce que je constate. Ce que j'appelle une vie tranquille, c'est se coucher de bonne heure, se lever tard, bien dormir, ne pas se fatiguer, éviter les émotions, ne pas s'exposer aux intempéries; voilà la vie que je veux pour vous en ce moment. Pouvez-vous me promettre qu'elle sera la vôtre?

Roger hésita un moment avant de répondre.

— Ce que je vous demande, dit Harly, c'est un engagement formel.

L'hésitation continua; puis tout à coup il parut se décider.

— Pour le moment, dit-il, je ne peux pas prendre cet engagement; mais plus tard...

— Oui, demain, n'est-ce pas, et puis après ce demain un autre; c'est ainsi qu'une indisposition légère devient une maladie sérieuse.

— Eh bien! donnez-moi quelques jours au moins... quelques semaines.

— Mais...

— Vous allez voir pourquoi je vous les demande : ma situation financière ne s'est pas améliorée, et comme M. de Condrieu-Revel trouve moyen de retarder indéfiniment le jugement qui doit me débarrasser de mon conseil judiciaire, j'en suis réduit à vivre avec ma modeste pension ; l'argent me coule entre les doigts avec une facilité déplorable et, quoique j'apporte une extrême réserve à mes dépenses, je me trouve gêné. Emprunter, faire des dettes, je ne le veux pas, cela m'a coûté trop cher, et cependant il faut que je me procure de l'argent, il le faut. Eh bien ! cet argent, je vais tâcher de le gagner. Soyez tranquille, je ne veux pas jouer : je veux tout simplement que mon cheval *Balaclava*, dont je vous ai conté l'histoire, me le gagne. Je l'ai fait venir : il est à l'entraînement à Chantilly et voici qu'arrivent les courses dans lesquelles il est engagé ; laissez-moi les courir ?

— Vous-même ?

— Sans doute, je suis sûr de moi et je ne suis pas sûr d'un autre ; et puis ce cheval a une légende qui prête à la plaisanterie : « cheval de fiacre ». Il faut que je le monte moi-même au moins la première fois ; ainsi, dimanche à Vincennes...

— Mais monter en course est l'exercice le plus fatigant du monde ; cela exige une dépense de forces considérable ; ce serait une imprudence que je ne peux pas vous permettre.

— Vous ne savez pas comment je serai dimanche ; je vous promets de faire d'ici là tout ce que vous exigerez.

La discussion continua, et tout ce que Roger put gagner, ce fut que Harly ne se prononçât pas avant le dimanche. Cinq jours les séparaient de ce dimanche ; Harly vint tous les matins voir son malade, et, bien que celui-ci fît, disait-il, tout ce qui lui était prescrit, il constata plutôt une aggravation qu'une amélioration dans son état. Cependant Roger continuait à parler de son intention de monter *Balaclava* le dimanche, de telle sorte qu'il semblait bien difficile d'espérer qu'on pût l'en empêcher. Le dimanche matin, Harly vint, comme de coutume, faire sa visite.

— Eh bien, demanda Roger après avoir été examiné, me permettez-vous d'aller aux courses ?

— Non seulement je ne peux pas vous permettre d'aller aux courses, mais encore je suis obligé de vous poser sur la poitrine un vésicatoire que Bernard va aller me chercher tout de suite : il est onze heures, je vous le lèverai moi-même ce soir à dix heures.

En entendant parler de vésicatoire, Roger se révolta et poussa les hauts cris; mais Harly tint bon.

— Il le faut, et à moins que vous me disiez que vous n'avez pas confiance en moi et que vous ne voulez plus de mes soins, je ne partirai pas d'ici sans vous l'avoir appliqué.

— Alors et puisqu'il en est ainsi, faites ce que vous voulez.

XXIV

Au moment où Harly posait les dernières bandes de diachylon qui devaient maintenir le vésicatoire bien en place et l'empêcher de descendre ou de remonter, Mautravers entra dans la chambre.

En apercevant Roger le torse nu, il s'arrêta sur le seuil de la porte, tout surpris.

— Êtes-vous malade ? dit-il.

— Une précaution, répondit Harly, posant des bandes de toile par-dessus l'emplâtre.

— Mais alors, s'écria Mautravers, vous ne montez pas *Balaclava* ?

— A moins que je ne monte avec ça, dit Roger en souriant.

— Je vous en défierais bien, dit Harly.

— Vous auriez dû me prévenir, dit Mautravers d'un ton de mauvaise humeur, j'avais pris *Balaclava* ; c'est un mauvais tour que vous me jouez là.

— Dites cela au docteur.

Mautravers ne dit rien au docteur, mais en sortant il lui lança un mauvais regard.

— Je crois que M. de Mautravers est un peu fâché contre moi, dit Harly.

A ce soir.

Quand Harly fut parti, Bernard, qui, tout allant et venant, avait entendu ce qui s'était dit, demanda à son maître la permission de sortir pendant une heure.

— Et pourquoi donc ?

— Mais... pour me couvrir ; moi aussi j'avais pris *Balaclava*.

— J'ai besoin de vous, ne sortez pas, c'est impossible.

Bernard ne répliqua pas, mais une colère indignée se manifesta sur son visage. Comment, il daignait avoir confiance en son maître, ce qui ne se voit pas souvent chez les valets de chambre, il pariait pour lui, il mettait son argent sur son cheval, et voilà maintenant que ce maître impotent, invalide d'une façon ridicule, car enfin on est ridicule, quand on a un vésicatoire, voilà que ce maître ne lui permettait pas de rattraper son pauvre argent ! C'était indigne.

Ç'avait été une grande affaire dans un certain monde que la nouvelle de l'engagement de *Balaclava* dans le steeple-chase le plus important de l'année. — Un cheval de fiacre, est-ce drôle, hein ? — Il fallait être un original comme le duc de Naurouse pour l'engager avec les meilleurs steeple-chasers dans un prix dont les conditions de distance et de poids étaient aussi dures. Probablement il ne partirait pas ; s'il

partait, la course serait certainement des plus drôles ;
il faudrait voir ça.

Ce mot, répété et colporté, avait amené dans l'enceinte du pesage de Vincennes plus de monde qu'on n'en voyait là ordinairement ; en tous cas un autre monde, particulièrement les amis de Roger, ceux avec qui il avait des relations ou qui le connaissaient : le prince Savine, Poupardin, le prince de Kappel, Sermizelles, Montrevault, enfin madame d'Arvernes et, ce qui provoquait toutes sortes d'observations, M. de Condrieu-Revel lui-même.

— Le comte de Condrieu qui vient voir si son « cher petit-fils » va se casser les reins, dit le prince de Kappel, en imitant le parler hésitant de M. de Condrieu, il faut que j'aille le faire causer, ça peut être drôle.

Et il aborda M. de Condrieu qui, un peu désorienté, fut heureux d'avoir quelqu'un à qui il pût s'accrocher.

— Vous n'avez pas vu mon cher petit-fils ? dit-il, c'est pour lui que je suis venu, oui, pour lui ; je voudrais qu'on le dissuadât de prendre part à ces amusements barbares ; je ne peux pas m'adresser à lui directement à cause de ces malheureux dissentiments qui règnent entre nous, mais il me semble... j'espère qu'un de ses amis pourrait... devrait le prévenir... vous, prince, par exemple.

C'était en se promenant devant les tribunes que M. de Condrieu parlait ainsi ; ils étaient arrivés en face la rivière, il s'arrêta :

— Qu'est-ce donc cela ? dit-il.
— La rivière.
— Est-ce que les chevaux sautent cette rivière ?
— Certainement.

— Mais c'est très large.

— Assez, quatre mètres cinquante centimètres.

— C'est effrayant; c'est dangereux, n'est-ce pas?... dangereux?

— Quelquefois; mais la banquette, cette butte en terre que vous voyez là-bas, est aussi dangereuse : on peut s'y casser les reins comme à la rivière; d'ailleurs, tout obstacle est dangereux avec un cheval épuisé.

— Se casser les reins... se casser les reins; mais c'est abominable cela. Pourquoi ne dites-vous pas à mon petit-fils ce que vous me dites là : moi je lui ferais peur, faites-lui peur, voulez-vous, hein?

Ce ne serait peut-être pas un bon moyen pour l'arrêter.

— Se casser les reins, c'est affreux, cela. Ah! mon Dieu! qui donc pourrait bien l'arrêter? Il faut l'arrêter.

A ce moment ils furent rejoints par Mautravers.

— Ah! monsieur le comte, dit celui-ci, vous étiez venu pour voir Roger : il ne montera pas son cheval.

— Comment cela?

— On lui a mis un vésicatoire sur la poitrine ce matin.

— Ah! mon Dieu! s'écria M. de Condrieu.

Ce cri fut si désolé que M. de Condrieu se crut obligé de l'expliquer.

— Malade, dit-il, malade! Quelle nouvelle... pour moi!

Et il s'écarta un moment.

— De quoi M. de Condrieu est-il désolé, demanda le prince de Kappel, de ce que Roger n'a pas l'occasion de se casser les reins aujourd'hui ou bien de ce qu'il est malade?

Mais Mautravers ne répondit pas, il s'était tourné du côté des tribunes et il avait aperçu madame d'Arvernes qui, entourée de trois ou quatre jeunes gens, semblait ne pas les écouter et promenait ses yeux droit devant elle, comme si elle regardait le panorama du cours de la Marne se déroulant capricieusement depuis les coteaux de Chelles et de Noisy. Pour qui savait voir il était évident qu'elle ne regardait rien : elle réfléchissait, elle attendait. Il alla à elle pour s'amuser de la figure qu'elle ferait en apprenant la nouvelle. Elle n'en fit aucune et resta impassible ; seulement elle se mit à parler avec volubilité.

— Que dites-vous donc ? s'écria-t-elle tout à coup, voici M. de Naurouse que vous prétendez malade.

En effet c'était bien Roger qui s'avançait, marchant un peu raide, mais souriant cependant en saluant à droite et à gauche.

Mautravers avait couru au-devant de lui.

— Comment, vous ici ?

— Je viens monter *Balaclava*.

— Mais c'est impossible, vous ne ferez pas cela !

— Pourquoi donc ? Vous me reprochiez ce matin de ne pas le monter, et voilà maintenant que vous ne voulez pas que je le monte ! Il faut être logique, mon cher.

— Mais ce matin...

— Ce matin, dit Roger en riant, vous aviez mis votre argent sur *Balaclava*, et ce soir, vous étant retourné, vous l'avez mis contre.

Et quittant Mautravers, il monta deux gradins pour rejoindre madame d'Arvernes qui, fâchée de la longueur de cet entretien, lui faisait signe de venir près d'elle. A le voir marcher, il était impossible de deviner sur son visage ou dans son attitude que l'enjambement des gradins lui causait une souffrance.

— Est-ce que M. de Mautravers s'est moqué de nous ? demanda vivement madame d'Arvernes en tendant la main à Roger.

— En quoi donc ?

— Il prétend qu'on vous a posé ce matin un vésicatoire sur la poitrine.

— Mautravers exagère tout ; une mouche tout au plus.

Elle le regarda en l'examinant dans les yeux ; il souriait.

Brusquement elle se pencha pour lui parler à l'oreille :

— Me conseillez-vous de parier pour votre cheval ? demanda-t-elle à voix basse, de façon à n'être pas entendue de ceux qui les entouraient.

A son tour, il la regarda pour voir ce qu'il y avait sous cette question : évidemment c'était le doute et l'inquiétude ; répondre oui c'était calmer cette inquiétude, mais aussi c'était compromettre l'argent qu'elle voulait risquer.

— Non, dit-il.

— Vous voyez bien, murmura-t-elle.

— C'est de mon cheval que je ne suis pas sûr ; il n'a jamais couru sur cet hippodrome.

Il se mit à bavarder en riant pour bien prouver qu'il n'y avait rien de fondé dans les paroles de Mautravers : n'était-il pas évident qu'on ne l'avait jamais vu en meilleure santé ?

Quant à *Balaclava*, qu'un *lad* promenait sur la pelouse du pesage, il semblait être en excellent état, au moins autant qu'on en pouvait juger sous les couvertures qui l'enveloppaient. Si on n'avait pas su qu'il avait fait le misérable métier de cheval de fiacre on ne s'en serait jamais douté à le regarder : son allure était fière dans sa promenade circulaire; ce qu'on voyait de son poil était luisant et velouté; l'œil avait du feu, mais avec une certaine dureté dans le regard, comme cela se rencontre assez souvent chez les bêtes intelligentes que l'homme a fait souffrir. Avait-il les jambes bonnes, c'était ce que demandaient les parieurs pour ou contre, mais sans pouvoir se fixer à ce sujet, car elles étaient enveloppées de bandes de flanelle, — inquiétantes pour ses partisans, rassurantes pour ses adversaires.

C'était dans la troisième course que *Balaclava* était engagé et l'on venait de sonner le pesage pour la deuxième.

A son grand désappointement, M. de Condrieu n'avait presque rien vu de la première, qui se passait au loin, sur cet immense hippodrome, avec l'arrivée seulement devant les tribunes; aussi s'était-il mis en belle place pour voir la deuxième, dans laquelle, lui avait-on dit, les chevaux devaient sauter la rivière et la banquette irlandaise, c'est-à-dire quelques-uns des obstacles qui devaient être franchis dans la troisième, la plus importante, la plus difficile et par conséquent la plus dangereuse de la journée.

Manœuvrant habilement, il avait fini pas accaparer le prince de Kappel et se cramponner à lui de façon à se faire faire expliquer par quelqu'un de compétent et doué d'une excellente vue ce qu'il ne connaissait pas ou ne voyait pas.

Par cela seul que cette course n'était pas très sérieuse, elle avait réuni un grand nombre de concurrents; le départ donné, ils arrivèrent tous en peloton à la rivière, espacés seulement pour ne pas sauter les uns sur les autres. Six passèrent, deux s'abattirent, lançant au loin leurs jockeys ; un troisième désarçonna son jockey qui, restant engagé par le pied pris dans l'étrier, fut traîné au galop.

— C'est horrible, s'écria M. de Condrieu ; il va être tué, n'est-ce pas ?

Mais ils n'eurent pas le temps d'en dire davantage. Les chevaux lancés à fond de train allaient aborder la banquette irlandaise. Il s'était fait un grand silence dans le public, qui, quelques secondes auparavant, avait poussé une puissante exclamation d'effroi. Toutes les têtes maintenant étaient tournées vers la banquette ; seuls, les sergents de ville et les hommes de service s'occupaient des jockeys qui n'avaient pas pu se relever. Un cheval encore culbuta, et au bout de quelques minutes on vit deux hommes apporter sur leurs bras un jockey inanimé.

— On se tue beaucoup, dit M. de Condrieu d'une voix lamentable.

— Toutes les chutes ne sont pas mortelles, heureusement ; la terre est molle aujourd'hui.

— Enfin on peut se tuer. Je vous en prie, prince, je vous en supplie, empêchez mon petit-fils, mon cher petit-fils de monter son cheval dans l'autre course, car elle est plus dangereuse, n'est-ce pas, plus dangereuse ?

Il se tourna vers Roger ; mais le pauvre petit-fils n'était plus auprès de madame d'Arvernes. Il venait de la quitter pour aller s'habiller, après qu'elle lui avait longuement serré la main. Dans cette étreinte il avait senti qu'elle lui glissait quelque chose dans la main en le regardant avec des yeux passionnés. S'étant éloigné de quelques pas, il avait ouvert la main : ce qu'elle lui avait glissé était une petite médaille de sainteté.

Si Roger avait eu des curieux pour le regarder de loin, il en eut bien plus encore pour le regarder de près, lorsqu'il vint se faire peser : on s'était entassé autour de la balance et, en se dressant sur la pointe des pieds, on tendait le cou pour l'apercevoir et l'examiner : il était calme, froid en apparence, indifférent, mais avec un air de dédain qu'il avait souvent en public, On remarqua, lorsqu'il s'assit sur la balance, qu'une légère grimace avait contracté ses lèvres, mais ce ne fut qu'un éclair.

Les curieux le suivirent pour le voir monter à cheval, ce qu'il fit légèrement sitôt que *Balaclava* fut bridé et sellé; puis tout de suite il sortit de l'enceinte du pesage, et l'on ne tarda pas à ne plus voir sur la pelouse sa casaque et sa toque or.

Le champ ne se composait que de trois chevaux : *Balaclava*, le vieux *Satan*, au baron Friardel, monté par Cassidy, et *Bock*, monté par Lamplugh; mais la course pour cela n'en promettait pas moins d'être pleine d'intérêt. *Bock* et *Satan* étaient deux gloires des *steeple-chases* aussi bien que leurs jockeys. Qu'allait faire le cheval de fiacre contre ces deux adversaires redoutables qui, tant de fois, avaient couru sur cet hippodrome qu'ils connaissaient comme leur piste d'entraînement? Et le duc de Naurouse, qu'on disait malade, qu'allait-il faire contre deux jockeys qui n'avaient pas de rivaux? Son cheval était dans un état de préparation parfaite, il est vrai, sans une livre de chair en trop ni en moins, il bénéficiait aussi d'une forte décharge de poids; mais serait-ce assez pour gagner?

Tout le monde avait pris place pour bien voir cette

course, M. de Condrieu au premier rang, toujours accroché au prince de Kappel, qui avait tout fait, mais inutilement, pour s'en débarrasser. Quant à madame d'Arvernes, au lieu de rester assise nonchalamment et de promener çà et là son regard éteint, elle s'était levée et elle tenait sa lorgnette attachée sur les trois chevaux réunis. Un des jeunes gens qui l'entouraient ayant voulu continuer à l'entretenir, elle lui dit un :
— « Ah! mon cher, laissez-moi tranquille », — si raide et si sec, qu'il s'établit un complet silence autour d'elle.

Le départ avait été donné et les chevaux arrivaient, non plus follement en casse-cou comme dans la course précédente, mais dans un bon train, tenus ferme par des mains habiles; ils touchaient la rivière; elle fut franchie avec tant de légèreté, tant de sûreté, tant de justesse, que les applaudissements éclatèrent de toutes parts.

— Pas de chute, murmura M. de Condrieu.
— Vous voyez : *Balaclava* va très bien; c'est merveilleux.

Il en fut de la banquette comme il en avait été de la rivière : c'était à croire que, pour ces chevaux, ces obstacles étaient un jeu.

Ils s'éloignèrent et disparurent dans les arbres. Quand on les revit au loin ils étaient tous les trois à la queue leu leu, mais se tenant presque : au centre on apercevait la casaque du duc de Naurouse qui faisait une tache éclatante sur la sombre verdure du bois.

Ils devaient passer deux fois devant les tribunes. On les vit grandir, se rapprocher, arriver toujours dans le même ordre. Mais en franchissant la rivière, *Bock*, qui tenait la tête, fit une faute, ce qui obligea *Bala-*

clava, qui le suivait, à sauter un peu en biais. Jeté en avant le duc de Naurouse parut devoir passer pardessus la tête de son cheval.

— Tombé! il est tombé! s'écria M. de Condrieu.

M. de Condrieu se trompait, Roger s'était redressé et remis en selle; quand il aborda la banquette il avait repris son aplomb et il était maître de son cheval.

La course se continua sans incident; on revit les trois chevaux arriver en face des tribunes et gravir la côte de Gravelle, *Bock* en tête, *Balaclava* en queue. Était-il battu ? C'était là que devait se décider la course. Il s'étendit, tandis que *Satan* fouettait l'air de sa queue.

La dernière haie fut franchie par les trois chevaux en même temps ; c'était *Balaclava* qui tenait la corde.

Une clameur s'éleva :

— *Balaclava* gagne! Hurrah!

Mais la lutte n'était pas finie, bien que les chevaux, blancs d'écume, fussent épuisés; on voyait se lever et s'abaisser le bras des jockeys et les cravaches tournoyer furieusement.

Balaclava! Balaclava! hurlait la foule.

C'était lui, en effet, qui se détachait du groupe à cent mètres du poteau et arrivait premier, acclamé par le public, qui battait des mains et trépignait.

— *Winner!* le cheval de fiacre!

Quand Roger descendit de cheval, on se pressa autour de lui pour lui serrer la main; mais il ne répondit à personne, et aussitôt qu'il eut fait constater son poids, sans même se déshabiller, s'enveloppant seulement dans un pardessus et une couverture, il se jeta en voiture pour rentrer à Paris grand train.

Le soir, en arrivant, Harly le trouva au lit avec un pouls à 140.

— Que s'est-il donc passé?

— J'ai fait 6,000 mètres en steeeple-chase.

— C'est impossible !

— Non, puisque j'ai gagné ; maintenant, faites de moi ce que vous voudrez. Avec les vingt mille francs que me valent le prix et les paris, me voilà quelques mois de tranquillité; je pourrai peut-être attendre la fin de mon procès. Mais n'est-il pas honteux qu'un Naurouse en soit réduit à courir comme un jockey pour gagner sa vie ?

XXV

Une des prescriptions de Harly avait été que son malade ne reçût personne ; à ce sujet les ordres les plus précis avaient été donnés à Bernard qui, quel que fût celui qui se présentât, devait refuser la porte.

Cependant, lorsque le lendemain matin après une nuit agitée par la fièvre, Roger ouvrit les yeux, une femme était penchée sur son lit.

— Valère ! J'allais t'écrire.

— Pourquoi n'es-tu pas revenu hier après la course, je t'attendais.

— Parce que j'avais peur de me trouver mal, ce qui, en public, eût été par trop bête.

— Alors cette mouche ?

— Elle avait 15 centimètres.

— Et tu as monté ton cheval ?

— Tu as vu.

— Et moi qui t'admirais bêtement, sans savoir ; mais c'est héroïque, cela !

Et, reculant un peu pour mieux voir, elle attacha sur lui des yeux enthousiastes en joignant les mains.

— Mais pourquoi as-tu commis cette imprudence ?

— Parce que j'avais besoin d'une vingtaine de mille francs.

— Il fallait me le dire.

Il secoua la tête.

— Rassure-toi ; je les aurais demandés à mon père.

— Ne valait-il pas mieux les gagner ?

— Non, puisque te voilà malade ; et cependant j'avoue que tu m'as donné hier la plus violente des émotions que j'aie éprouvées, avec cela un mélange d'angoisse et de fierté tout à fait étrange ; quand, au second saut de la rivière, on a crié : « Il est tombé, » j'aurais étranglé ceux qui avaient dit cela ; je ne voulais pas qu'on admît que tu pouvais tomber, et cependant cette peur me serrait la gorge et faisait danser ma lorgnette dans mes mains tremblantes. Mais quelle joie triomphante quand tu es arrivé ! les jambes m'ont manqué.

Elle eût longtemps continué si Bernard n'était pas venu annoncer que le docteur Harly demandait à voir son malade.

— Par où puis-je sortir ? demanda-t-elle à Bernard.

— M. le docteur est dans le salon, madame la... peut passer par la salle à manger.

— C'est bien, tout à l'heure.

— Dites à M. Harly que je le prie d'attendre un moment, commanda Roger.

Bernard parti, elle prit la main de Roger et la lui baisa passionnément :

— J'ai eu bien peu le temps de te voir, dit-elle, et cependant je ne peux pas revenir ce soir ni demain :

tes amis vont vouloir te visiter, et quand même tu ne les recevrais pas, il est bien certain qu'ils vont assiéger ta porte, encombrer ton escalier, envahir la loge de ton concierge. Je ne peux donc pas m'exposer à braver leurs regards curieux quand nous nous rencontrerions, ce qui arriverait infailliblement. Que faire? T'écrire. Oui, je t'écrirai, et toi aussi, de ton côté, tu m'écriras tous les jours pendant tout le temps que tu seras malade; mais ce n'est pas assez : on parle mal de soi quand on est malade; et d'ailleurs est-ce qu'on sait. Il me faut donc plus que tes lettres: je vais écrire ce soir au docteur Harly de venir me voir; il est ton médecin, il sera le mien; nous parlerons de toi.

— Mais...

— S'il devine la vérité, qu'importe, tu ne rougis pas de moi, n'est-ce pas? Moi, je suis fière de toi.

L'essentiel était dit; mais, entre amants, ce n'est pas l'essentiel qui compte, c'est le superflu, la fantaisie; il fallut que Bernard revînt à nouveau les avertir que le docteur Harly trouvait le temps long. Eux, ils n'avaient point suivi l'aiguille de la pendule.

Elle partit, alla jusqu'à la porte, revint au lit, fit deux pas en avant, un en arrière, et il fallut que Bernard se plaçât entre elle et le lit pour qu'elle se décidât.

Mais dans la salle à manger elle s'arrêta.

— Surtout, soignez-le bien, dit-elle à Bernard.

— Que madame la duchesse soit tranquille.

— Ah! dit-elle un peu suffoquée.

— Mon Dieu, dit-il avec confusion, je ne suis qu'un maladroit, cela est vrai; mais c'est l'admiration qui me fait perdre la tête.

Enfin Harly put entrer.

Malgré ce réveil et cette visite, le pouls n'était pas mauvais; il y avait une amélioration très sensible, mais Harly n'en dit rien de peur que ce fût un encouragement à des imprudences nouvelles; au contraire, il formula toute une série de prescriptions sévères.

Ce ne fut pas le lendemain que madame d'Arvernes tint sa promesse d'écrire, ce fut le jour même : trois heures après son départ, Roger reçut une lettre d'elle, puis le lendemain soir, et ainsi régulièrement deux fois par jour.

Au temps où il n'était pas son amant et où il entendait parler d'elle, on disait qu'elle avait la manie d'écrire à ses amants et que, pour ne pas se mettre en peine d'imagination, elle copiait tout simplement un recueil de lettres qu'elle avait reçues autrefois d'un de ses amants, tué par elle, un poète qu'elle avait aimé pour sa réputation et ses longs cheveux; mais si Roger avait pu ajouter foi à ces calomnies qui lui avaient paru drôles, il n'avait plus pour elles maintenant qu'un parfait mépris : ces lettres étaient bien de sa chère Valère elle-même.

Dans le grand nombre de celles qu'elle écrivit ainsi, une seule prise au hasard suffira pour donner le ton de toutes :

« La passion te va bien, mon cher Roger, et cer-
» tainement tu es né pour l'amour; personne, j'en suis
» certaine, ne dirait aussi joliment que toi « je t'aime »,
» on te voit, on te sent tout frémissant.

» Est-ce que vraiment je te plais autant que cela,
» cher adoré ?

» Mais comment t'ai-je inspiré ce tendre sentiment?
» En t'aimant ? Voilà qui n'est pas une raison. En sa-
» chant t'aimer ? C'est cela, n'est-ce pas ? Alors tu

» me reconnais donc quelque talent, quelque mérite,
» toi qui es un connaisseur ? Sais-tu que cela me rend
» fière. Sais-tu que pour cela je vais t'idolâtrer.

» Mais alors prends garde à toi, car si décidément
» tu es bien l'âme de mon âme, le choisi de mon cœur,
» si tu es celui vers qui allait mon rêve, celui que j'ap-
» pelais, celui que j'attendais, celui que je voulais,
» alors je t'entraîne, je te plie à mon gré, je te domine
» et tu ne m'échappes plus.

» Tu vois que je suis franche. Toi, es-tu heureux ?

» Tu sais que je suis nerveuse, exigeante, impé-
» rieuse, entière dans mes volontés, absolue dans mes
» désirs et que la déception me rend méchante. Com-
» ment en serait-il autrement? N'ai-je pas vainement
» attendu la passion depuis ma jeunesse ? Cela m'a
» pris vers mes dix-huit ans : un désir sans frein, une
» vraie maladie. Combien inutilement ai-je interrogé
» de visages, scruté de cœurs, palpé de mains qui se
» tendaient vers moi pour voir si un sang chaud bat-
» tait dans leurs veines. Que m'importait qu'ils fussent
» beaux ou laids, ces visages; qu'elles fussent fines
» ou grosses, ces mains! Ce n'était pas du brun ou
» du blond que je prenais souci, du maigre ou du
» dodu : ce qu'il me fallait, c'était une nature violente,
» enfiévrée, curieuse, insatiable, une nature pire que
» la mienne; splendide ou mauvaise, mais provocante
» et heurtée, extravagante et raffinée, afin de trouver
» près d'elle une lutte de folie et d'amour, un bonheur
» ou des désespoirs à me tuer, des jalousies fé-
» roces, des actions de grâces des fâcheries bru-
» tales, des retours subits avec de lâches réparations,
» des regrets désespérés, d'humbles prières, des ser-
» ments invoquant les choses les plus sacrées; ce que
» je voulais, c'était ne plus me reconnaître, sortir de

» moi, être enlevée dans un autre monde, être boule-
» versée, ravie, écrasée, pleurer de joie, rire de dou-
» leur, souffrir, jouir, m'étourdir, vivre enfin ; ce que
» je voulais, — cela ne s'écrit pas, — c'était ce que tu
» me donnes.

» Tu vois quelles qualités je te reconnais, celles jus-
» tement qui doivent m'entraîner, car, je te le dis, tu
» es né pour l'amour.

» Mais peux-tu te perfectionner ? Peux-tu te conti-
» nuer ?

» Oui, n'est-ce pas ! car la jeunesse a ce privilège,
» et comme il me semble que je te vaux bien, nous
» avons devant nous de beaux jours. Nous verrons qui
» de nous deux sera le plus souple et le plus inventif ;
» qui de nous deux aura le plus d'audace et d'imagi-
» nation. Je te préviens qu'il y a longtemps que la
» passion me dévore. Peut-être es-tu quelquefois
» troublé de ses éclats et de sa fantaisie ; mais non
» effrayé, n'est-ce pas ?

» Qui de toi ou de moi sera le maître de l'autre !

» En attendant que cette question se décide, et rien
» ne presse qu'elle soit décidée si même elle l'est ja-
» mais, je passe des nuits brûlantes à me rappeler nos
» entrevues, ton charme irritant et mystérieux, l'ar-
» deur de tes étreintes, la douceur de tes caresses ;
» je gémis, je soupire, je pleure, je te veux.

» Voilà comme je t'aime maintenant.

» Devine comme je t'aimerai.

» Autrement que cela, mieux que cela, plus que
» cela. Sera-ce bien ? Sera-ce assez ? Ce sera peut-être
» trop ? Mais alors ne me le dis pas, afin que je res-
» pecte ta vie. »

XXVI

Ce qui empêchait madame d'Arvernes de venir voir son amant chez lui tous les jours, ce n'était point la peur de compromettre sa réputation, mais c'était qu'elle ne voulait point s'exposer à se trouver face à face dans l'escalier ou dans le vestibule de Roger avec Mautravers, Savine, le prince de Kappel ou autres gens de son monde, arrivant en visite chez leur ami.

Qu'on dît qu'elle était la maîtresse du duc de Naurouse, que tout le monde le répétât, cela ne la gênait en rien; elle était au-dessus de ces propos.

Mais qu'elle se rencontrât nez à nez à la porte de Roger avec Mautravers, lui entrant, elle sortant, de cela elle prenait souci et s'inquiétait; il y avait là un fait matériel, immédiat, qui la blesserait s'il se produisait; et il pourrait très bien se produire. Elle n'aimait point les surprises: se trouver dans l'embarras l'humiliait; elle avait horreur des situations fausses; elle devait donc éviter ce danger.

Au contraire, l'équivoque l'amusait et la provoquait d'autant plus, que, pour une femme intelligente, il est toujours facile de se maintenir dans l'équivoque, à moins d'être prise en flagrant délit. Combien de bonnes raisons n'avait-elle pas pour expliquer avec un ton convaincu, mais aussi avec un sourire railleur, l'intimité qu'on remarquait entre elle et M. le duc de Naurouse. Pour elle, c'était une joie de se lancer dans ces explications; cela chatouillait son esprit; et si, en l'écoutant, on laissait paraître une certaine incrédulité, elle était tout à fait heureuse, car tout en affirmant hautement la parfaite innocence de cette intimité, elle tenait essentiellement à ce qu'on n'acceptât point sa parole; il l'aimait, le jeune duc, il l'aimait passionnément, et elle eût été désolée qu'on ne le sût pas, humiliée qu'on en doutât.

Lorsque au bout d'une quinzaine de jours Roger put sortir et reprendre ses habitudes, elle chercha toutes les occasions pour faire éclater cette passion de telle sorte que tout le monde la vît bien clairement.

Déjà l'intimité à Vauxperreux, la petite table du tête-à-tête au déjeuner, le voisinage de leurs deux appartements, le besoin d'être toujours ensemble et de se chercher l'un l'autre, leurs regards, leur manière de se donner la main et dix et vingt autres signes certains avaient été plus que suffisants pour faire la lumière sur leur liaison; mais tout naturellement cette lumière n'avait pu frapper que ceux qui avaient été à Vauxperreux, des amis, en tous cas un petit groupe assez restreint, et cela n'était point assez pour elle.

Il lui fallait plus.

Pour sa vanité, pour sa gloire, il fallait que cette passion fût connue de tout Paris.

Elle avait trente ans, le duc en avait vingt-trois et il l'aimait. — Pour une femme qui savait que sa beauté était contestée, n'était-ce pas une affirmation de cette beauté et de sa puissance?

Et puis, d'autre part, n'était-ce pas une sorte de réhabilitation pour elle, en tous cas un démenti donné à certains propos? Bien qu'elle n'eût pas connu tous les bruits qu'on faisait courir sur elle, cependant elle n'ignorait pas qu'on avait interprété à son désavantage la brièveté de ses liaisons ; ceux avec qui elle avait rompu avaient parlé, rejetant sur elle, bien entendu, les causes de ces ruptures ; ces indiscrétions avaient été colportées, grossies, envenimées et elles étaient devenues de véritables accusations contre lesquelles la constance de Roger la défendait ; il l'aimait, non depuis quelques jours, mais depuis plusieurs mois, et ce n'était pas un enfant, un ignorant, un déshérité, un timide : il avait eu pour maîtresses les femmes les plus en vue de Paris, celles qui avaient conquis la célébrité par la beauté, l'élégance, l'esprit, le savoir, celles qui possédaient l'art de se faire aimer ; pour elle il les avait quittées, ces maîtresses.

Il fallait que cela fût notoire.

Et elle se chargea de le publier bruyamment.

Autant les femmes mettent ordinairement de prudence, d'habileté, de ruse à cacher leurs amours, autant elle mit de franchise et d'audace à afficher les siennes. Elle ne fit plus un pas sans avoir Roger à ses côtés ; au théâtre, dans le monde elle voulut qu'il l'accompagnât, le faisant inviter partout où elle était invitée elle-même, et cela non pas en prenant d'adroits détours, mais ouvertement, en le demandant franchement.

— Vous aurez le duc de Naurouse ?
— Nous le connaissons peu.
— Cela ne fait rien ; invitez-le, il est charmant.
— Viendrait-il ?
— Je me charge de l'amener.

Et en réalité elle l'amenait, le mot était d'une exactitude parfaite, aussi vrai qu'il l'eût été pour une mère amenant sa fille.

Ne voulant pas lui donner tout haut dans le monde le nom de Roger, elle imagina, en lui parlant ou en l'appelant, de se servir d'un mot italien beaucoup plus tendre que ne l'eût été ce petit nom de Roger : *Carino*.

Elle n'eut plus que *Carino* sur les lèvres.

— Où est *Carino* ?

— C'est *Carino* qui m'a dit cela.

— *Carino* va arriver.

— *Carino* ne veut pas.

Cela devint une sorte de nom, si bien que ceux qui ne savaient pas l'italien pouvaient croire que le duc de Naurouse s'appelait ainsi ; quant à ceux qui savaient que *Carino* signifie *mon chéri, mon mignon,* ils trouvaient que madame d'Arvernes en prenait vraiment bien à son aise avec les convenances.

Mais c'est qu'en réalité elle n'avait jamais, depuis qu'elle était mariée, pris souci des convenances, cet Évangile du monde qu'elle s'était toujours amusée à braver : les convenances pour elle c'était ce qui lui convenait, ce qui lui plaisait, et ce qui lui convenait, c'était qu'on sût qu'elle aimait et qu'elle était aimée.

Pourquoi se fût-elle contrainte ?

Pour qui ?

Par respect humain ? Mais le respect humain n'existe que pour les petites bourgeoises à l'esprit timide, à la conscience timorée qui veulent bien se soumettre à ses lois, si vagues d'ailleurs. Est-ce que, dans son monde à elle, ces lois étaient prises au sérieux ? Combien de femmes, parmi les plus brillantes, devaient leur célébrité et leur gloire à leurs amours ; elles n'eussent été rien si elles n'avaient pas été aimées, aimées au grand jour, publiquement. Les exemples et les noms ne manquaient pas ; il lui plaisait d'être rangée parmi ces amoureuses.

Pour son mari, pour ses enfants ? Son mari ? ah ! vraiment, la naïveté eût été trop forte de se sacrifier à lui. Ses enfants? mais est-ce que pour donner la vie à des enfants on leur doit sa vie?

Sa vie c'était d'aimer, c'était d'être aimée.

D'ailleurs il n'y avait pas que son amour-propre qui fût engagé dans cette question, son amour lui-même était en jeu.

Quand il serait bien reconnu que le duc de Naurouse était son amant, quand tout le monde saurait, verrait qu'il l'aimait passionnément, on ne chercherait point à le lui enlever, puisque celles qui pourraient avoir cette fantaisie seraient averties à l'avance de l'inutilité de leurs tentatives.

Bien qu'elle affichât la prétention de n'être point jalouse et qu'à chaque instant elle affirmât à Roger qu'elle ne savait point ce que c'était que ce sentiment de la jalousie, qui était une injure à l'amour, en réalité, elle vivait dans une inquiétude continuelle depuis qu'il était son amant.

Elle le trouvait beau, charmant, spirituel, élégant, plein de distinction et de noblesse, en un mot le plus parfait des amants, et elle était convaincue que bien des femmes, sinon toutes les femmes, devaient le regarder des mêmes yeux qu'elle le voyait elle-même ; il était en vue, il portait un grand nom, il avait eu des aventures et des amours qui avaient fait tapage dans le monde, combien de raisons pour qu'on le voulût, pour qu'on cherchât à appeler son attention, pour qu'on courût après lui.

A cette pensée, c'était plus que de la jalousie qui s'emparait d'elle, c'était de la fureur : ne plus l'avoir tout entier, quand déjà elle ne l'avait pas assez ! le partager !

Elle voulait pouvoir le défendre, se défendre elle-même.

Et cela ne serait réellement possible que si elle était en état d'intervenir franchement, et si une lutte se présentait se jeter bravement dans la mêlée.

Ce n'était pas en cachant ses amours, ce n'était pas en gardant le respect des convenances qu'elle pouvait prendre ce rôle. Sans doute il y a des femmes qui savent manœuvrer au milieu des dangers en rasant les murs et agir utilement sans jamais se découvrir; lorsqu'il s'agissait de choses qui ne la touchaient point au cœur elle pouvait se ranger parmi ces femmes, mais aussitôt que sa passion était en jeu elle devenait une passionnée, et si le danger ne l'effrayait pas, au moins la troublait-il au point de lui faire perdre toute prudence et toute mesure : plus de détours, plus de ménagements; c'était en face qu'elle abordait ce danger, à découvert, sans précaution, sans autre souci que celui de la victoire.

Elle se connaissait à cet égard et un fait qui s'était passé peu de temps après que Roger, rétabli, avait commencé à reprendre ses habitudes mondaines, lui avait montré jusqu'où elle pouvait se laisser entraîner quand, sous le coup de la passion, elle était l'esclave de son sang et de ses nerfs.

Au nombre de ses invitées à Vauxperreux elle avait eu la marquise de Lucillière, et alors il avait été convenu qu'à l'automne elle irait passer quelques jours dans la terre de la marquise à Chalençon : bien entendu, le duc de Naurouse devait être de la fête.

Le premier jour, madame d'Arvernes avait été enchantée de cette réunion ; mais bien vite elle s'était inquiétée, trouvant que madame de Lucillière déployait trop de coquetterie pour plaire à Roger, qui, lui, de son côté, ne repoussait point, comme elle l'aurait voulu, les attentions dont il était l'objet.

Selon la règle qu'elle s'était imposée, elle n'avait pas montré son inquiétude, ni dit un mot de jalousie à Roger ; mais avec son amie madame de Lucillière, qui menaçait de devenir sa rivale, elle n'avait pas pu se contenir.

Après le dîner on avait été à pied à une fête de village, à une petite distance du château, et madame de Lucillière, qui avait pris le bras de Roger, avait redoublé de coquetterie, tandis que madame d'Arvernes ne pouvait se débarrasser de M. de Lucillière. On devait revenir à pied aussi par un chemin à travers bois; la nuit était sombre, sans lune, éclairée seulement par quelques étoiles; cela inquiétait madame d'Arvernes. Vingt fois! exaspérée, elle avait voulu rompre le tête-à-tête de Roger et de madame de Lucillière, mais sans y parvenir : peu à peu une colère furieuse l'avait envahie, et eux ils continuaient à rire. Enfin, au moment où l'on allait se mettre en route pour le retour, elle parvint à se débarrasser de M. de Lucillière et aussitôt, allant à la marquise et à Roger :

— Chère amie, dit-elle, j'ai un mot à vous dire.

Roger s'éloigna de quelques pas tandis que madame d'Arvernes et madame de Lucillière restaient en tête à tête.

— Je croyais, dit madame d'Arvernes, parlant les dents serrées, que vous saviez voir; mais puisqu'il n'en est rien, je vous préviens que M. le duc de Naurouse m'aime, qu'il est mon amant, et que je saurai le garder pour moi.

Puis tout de suite, revenant vivement à Roger, elle lui prit le bras, et ne le quitta plus : il ne traverserait pas le bois avec madame de Lucillière.

XXVII

Le système adopté par madame d'Arvernes pouvait être bon pour elle ; mais, par contre, il était déplorable pour son mari.

Qu'un commerçant, qu'un bourgeois soit trompé par sa femme ou l'on se moque de lui ou bien on le plaint ; mais ses affaires n'en vont pas plus mal, quelquefois même elles n'en vont que mieux.

Mais quand ce mari trompé, au lieu d'être un simple bourgeois, un inconnu, est un homme en vue, placé dans une haute position, un personnage dans l'État, un des conseillers du souverain, un ministre qui reçoit à sa table les représentants de toutes les puissances du monde, on ne s'arrête plus à la moquerie ou à la pitié, et c'est lui en fin de compte qui porte la responsabilité de la conduite de sa femme.

Tant qu'on avait seulement parlé plus ou moins librement des fantaisies de madame d'Arvernes, cela n'avait pas pris un caractère bien grave ; ce qu'on disait d'elle, on le disait de bien d'autres, et puis le doute était possible : on racontait, on croyait, mais enfin on ne voyait pas, les preuves manquaient ; il n'y avait pas scandale ; les propos du monde ne reposaient pas sur des faits certains.

Mais du jour où elle avait affiché son amour pour le duc de Naurouse la situation avait changé. Alors on avait vu ; les preuves s'étaient ajoutées aux preuves ; ce qu'on avait raconté avait reposé sur des faits certains. Elle avait voulu que tout Paris fût témoin de ses amours et tout Paris s'était amusé de ce scandale ou, tout au moins, s'en était occupé, ceux-ci pour le déplorer, ceux-là pour l'applaudir. — C'est une honte! — Mais non, c'est audacieux. — Et la morale ? — C'est drôle. — Et le mari ?

Si le duc d'Arvernes n'avait point en réalité autant d'ennemis qu'il se l'imaginait dans ses jours de faiblesse et de découragement, il en avait cependant un certain nombre, et de puissants, acharnés à sa perte.

Il y a d'honnêtes gens qui se figurent qu'un ministère forme, — selon une phrase consacrée, — un tout homogène, et que c'est un corps de collaborateurs, une réunion d'amis qui n'ont qu'une même pensée et qu'un même but, qui vivent pleinement d'accord, sans se jalouser, sans se contrarier, prêts à défendre tous ensemble le premier d'entre eux qui est attaqué. Si cela se voit quelquefois, ce n'était point le cas pour le ministère dont M. d'Arvernes faisait partie ; les différents membres qui le composaient ne formaient point une réunion d'amis et, loin que l'accord régnât entre eux, c'était, au contraire, la jalousie, l'envie, et si l'un d'entre eux était attaqué, au lieu d'être prêts à le défendre, ils étaient prêts à l'accabler et à l'achever. Pour échapper aux coups de ces bons confrères, il fallait être bien nul, bien incapable et dans une position tout à fait secondaire, sans chance d'en sortir jamais. Ami du maître, son compagnon dans les mauvais jours, ayant vingt fois risqué sa vie, sa liberté, son honneur pour lui, M. d'Arvernes se trouvait plus que tout autre en butte à cette jalousie et à cette envie. On ne pouvait pas lui pardonner sa fidélité et son dévouement qui lui avaient acquis une influence et une autorité qui le rendaient presque inattaquable. Encore moins pouvait-on lui pardonner les récompenses dont cette fidélité et ce dévouement avaient été payés : la fidélité, le dévouement, belle affaire vraiment, beau mérite ; il avait profité d'une bonne occasion, voilà tout, fallait-il pour cela en faire un sénateur, un ministre, un duc ? A ce prix qui ne serait pas fidèle et dévoué ? Ce titre de duc lui avait fait des ennemis implacables de ceux qui, comme lui, l'avaient obtenu, aussi bien que de ceux qui l'avaient manqué et qui s'imaginaient l'avoir mérité mieux que lui. Pourquoi lui et non pas eux ? Morny, cela s'expliquait : Persigny, il n'y avait trop rien à dire ; mais lui ? Quels services extraordinaires avait-il donc rendus, sinon au prince, au moins à l'État ? On savait que dans toutes les circonstances difficiles ou délicates, il avait l'habitude d'adresser de longs mémoires à son maître pour peser sur les déterminations ou les choix de celui-ci et justement ces notes confidentielles, dans lesquelles il s'exprimait sur les choses et sur les hommes avec la liberté de langage d'un ami de vingt ans et d'un conseiller de la première heure, lui avaient valu la haine de tous ceux qui, à tort ou à raison, s'imaginaient qu'il les avait desservis ou combattus.

Pour toutes ces raisons et pour bien d'autres encore : la violence du caractère, la liberté du langage, la confiance en soi, l'orgueil du parvenu, l'humeur chagrine d'un esprit aigri et inquiet, M. d'Arvernes était donc en état d'hostilité sinon déclarée, au moins latente, avec un grand nombre de ses collègues, et de plus il s'était fait un peu partout de puissants adversaires en situation de lui porter des coups formidables, les uns, pour le seul plaisir de la vengeance ; les autres, dans l'espérance de l'abattre et de se mettre à sa place. Aussi, depuis qu'il était au pouvoir, avait-il passé sa vie à lutter et à défendre sa position menacée de tant de côtés et par tant d'ennemis.

Jusqu'à ce jour, si habiles, si redoutables qu'eussent été les attaques qu'on lui avait livrées, elles n'avaient cependant pas réussi ; elles l'avaient secoué, ébranlé, elles ne l'avaient pas abattu, et même il ne paraissait pas qu'elles l'eussent jamais mis en sérieux danger.

Mais quand la liaison entre madame d'Arvernes et le duc de Naurouse était devenue publique, la situation avait changé et empiré d'une façon grave: par la femme, le mari était devenu vulnérable, et il avait offert un point faible, où l'on pouvait frapper à coup sûr.

Dans le monde officiel, on n'avait plus parlé que de la duchesse d'Arvernes et du duc de Naurouse, et l'on avait fait un tapage autour d'eux comme si leurs amours étaient quelque chose d'extraordinaire pour l'étrangeté et le scandale ; il semblait que ce fût la première fois qu'on voyait une femme tromper son mari.

Mais si l'on parlait de la duchesse, on parlait plus encore peut-être du duc d'Arvernes pour le plaindre et surtout pour discuter la situation que cela lui créait.

— Pourquoi ne se débarrasse-t-il pas du duc de Naurouse ?

— Comment ?

— En le tuant.

— En flagrant délit, d'un coup de pistolet ? Ou bien dans un duel ? Voyez-vous un ministre des affaires étrangères, un des plus hauts personnages de l'État passant aux assises, ou bien allant sur le pré se couper la gorge avec un petit jeune homme.

— Il peut au moins se séparer d'avec sa femme, soit à l'amiable en la renvoyant, soit en justice.

— Il le pourrait s'il n'était rien, mais voyez-vous un ministre des affaires étrangères plaidant en séparation de corps; voyez-vous les réceptions à l'hôtel du ministère sans une femme pour les présider. Il est bien certain que le pauvre homme ne peut rien s'il ne commence pas par donner sa démission, ce qui le rend libre d'agir selon les lois de l'honneur et sans écouter les prudents conseils de l'intérêt.

— Peut-être lui fera-t-on comprendre qu'il devrait la donner.

Comme il n'est pas facile, si habile, si souple qu'on soit, d'aller dire à un homme : « Votre femme vous trompe, et votre honneur exige que vous rompiez avec elle », on se servit, pour faire faire cette commission délicate à M. d'Arvernes, des journaux étrangers. Ce moyen avait un double avantage : d'abord on agissait auprès du duc lui-même et cela sans se mettre en avant, sans danger pour soi, c'était un perfectionnement de la lettre anonyme; puis, d'autre part on agissait en même temps sur ceux qui pouvaient avoir une influence décisive dans la question de la démission, soit pour la proposer, soit même pour l'exiger.

Un jour M. d'Arvernes lut dans la correspondance d'un journal étranger une vague allusion à la liaison de sa femme avec le duc de Naurouse; le lendemain, dans un autre, l'allusion fut rendue plus transparente; le surlendemain, dans un troisième, l'histoire de cette liaison fut racontée avec des faits vrais et connus de tous à l'appui; si les noms n'étaient pas imprimés, les détails étaient précisés de telle sorte qu'il était impossible à ceux qui étaient au courant des choses parisiennes de ne pas trouver ces noms tout de suite.

M. d'Arvernes savait trop bien comment se faisaient ces correspondances pour ne pas voir d'où venait le coup, quels étaient ceux de ses collègues qui l'avaient préparé et quel but on se proposait d'atteindre.

D'ailleurs on avait pris soin de l'avertir en lui demandant amicalement s'il ne désirait pas qu'on empêchât la distribution de ces journaux en France.

Menacé dans sa position et se voyant perdu, Louvois n'avait pas hésité à lancer Louis XIV dans la guerre du Palatinat sans autre but que de montrer qu'on avait besoin de lui et se rendre indispensable.

Que ne pouvait-il, comme Louvois, embrouiller les affaires de l'Europe et jeter la France dans quelque aventure si périlleuse, si difficile, qu'on ne pût point se passer de lui.

Mais, avant que cela fût possible, si toutefois cela l'était jamais, il y avait une urgence extrême à agir de façon à ce que les propos du monde tombassent, faute d'aliment, et à ce que le scandale qu'on exploitait si perfidement contre lui cessât.

Peut-être était-ce un simple caprice qui avait formé cette liaison.

Peut-être n'était-elle pas ce qu'on disait.

Peut-être pourrait-on la rompre.

XXVIII

Un matin que Roger était en train de s'habiller, il vit Mautravers entrer dans son cabinet de toilette.

Comme ils avaient passé ensemble la soirée de la veille, il fut assez surpris de cette visite matinale, et puis Mautravers avait une figure grave et réfléchie qui n'annonçait rien de bon.

— Que se passe-t-il donc? demanda Roger.

— Vous lisez peu les journaux, n'est-ce pas? dit Mautravers, interrogeant au lieu de répondre.

— Très peu.

— Et pas du tout les journaux étrangers, je pense?

— Je n'en ai jamais ouvert un. Mais pourquoi toutes ces questions?

— Parce qu'on m'a parlé hier, après que je vous ai eu quitté, d'un journal allemand, le *Messager du Danube*, qui contient une correspondance parisienne que vous devez lire.

— Que m'importe; les journaux m'ont déjà tué. Que voulez-vous qu'ils me fassent de plus?

— Ils peuvent vous ridiculiser, vous déshonorer.

Mautravers tira de sa poche un journal soigneusement plié; puis, après l'avoir ouvert, du doigt il montra une des colonnes du feuilleton.

Mais Roger n'eût pas plutôt jeté les yeux sur le passage qui lui était désigné qu'il repoussa le journal.

— Je ne sais même pas lire les caractères allemands, dit-il, donnez-moi ce journal, je me le ferai traduire, puisque vous prétendez que je dois le lire.

— Je serais vous, je remercierais celui qui m'aurait signalé cet article; c'est en me mettant à votre place que j'ai eu la pensée de vous l'apporter, me proposant de vous le traduire si vous le désirez.

Et Mautravers commença aussitôt la traduction de cet article qui était une chronique sur le grand monde parisien : « Il faut reconnaître que les Français sont vraiment pleins d'inventions et d'originalité pour tout ce qui touche aux choses de l'amour. Chez nous, comme chez toutes les nations civilisées, c'est le souverain seul qui confère les titres de noblesse; chez les Français il y a deux souverains : S. M. Napoléon III et S. M. l'Amour, qui, tous les deux, peuvent anoblir ceux de leurs sujets qui ont rendu de grands services à l'État ou qui ont accompli des actions d'éclat. C'est ainsi que S. M. l'Amour vient de récompenser les services exceptionnels d'un jeune gentleman en le créant duc : le duc Carino. »

L'article continuait sur ce ton en s'étendant longuement sur les services exceptionnels du duc Carino. Cela n'était ni fin, ni délicat, ni léger, ni spirituel, ni drôle, ni amusant; mais la précision des détails remplaçait l'esprit.

— Voulez-vous me donner ce journal? demanda Roger quand Mautravers se tut.

L'ayant pris, il chercha la signature; mais l'article n'était pas signé.

— Celui qui a écrit cet article est prudent, dit-il en rejetant le journal avec colère, mais on doit connaître les correspondants des journaux étrangers qui habitent Paris et je trouverai bien.

— Que lui voulez-vous donc?

— Le guérir de l'envie de s'occuper de moi, et une

fois pour toutes arrêter par son exemple les autres journalistes qui pourraient vouloir l'imiter.

— Il est bien certain que rien n'est plus sot que de vouloir, quand même, donner des conseils à qui ne vous en demande pas cependant, l'amitié qui nous lie m'oblige à vous dire, mon cher Roger, — moi qui vois les choses à un autre point de vue que vous, — qu'avoir un duel pour cet article, c'est crier sur les toits que vous êtes l'amant de madame d'Arvernes.

— Je ne suis pas de votre avis. Si j'étais, comme vous dites, l'amant de madame d'Arvernes, j'aurais peut-être la prudence d'éviter ce duel afin de ne pas la compromettre ; mais, c'est justement parce que je ne suis pas son amant que je n'ai pas à m'occuper de savoir si je la compromets ou ne la compromets pas ; je me battrai donc, moi, pour moi seul, et je pense que cela sera compris pour ceux qui prendront la peine de réfléchir.

— Elle n'est pas votre maîtresse, vous le dites et je vous crois ; je suis même très heureux de vous croire ; je vous expliquerai tout à l'heure pourquoi ; mais le monde, qui ne croit que ce qu'il voit, est convaincu qu'elle est votre maîtresse ; et il le sera bien plus encore après votre duel.

— Il aura tort.

— Mon cher, quand on a été l'ami des amants d'une femme, je ne dis pas de tous, mais de quelques-uns, on la connaît bien, et c'est là mon cas ; c'est pour cela, je vous l'ai dit tout à l'heure, que j'étais heureux d'apprendre qu'elle n'était pas votre maîtresse. Qu'on ait madame d'Arvernes une fois, comme tout le monde, c'est bon ; mais qu'on soit son amant, qu'on l'aime, c'est là un malheur que je ne souhaiterais pas à mon ennemi.

— Si je ne suis pas l'amant de madame d'Arvernes, dit Roger, les dents serrées, je suis son ami, et cela me blesse de vous entendre parler ainsi. Restons-en là, je vous prie.

Mautravers continua, cependant, montrant une persistance qui pouvait donner à croire qu'il avait un intérêt réel à parler :

— Il y a six ans, dit-il, vous étiez trop jeune pour savoir ce qui se passait dans le monde parisien ; mais madame d'Arvernes était déjà d'âge à jouer un rôle, et elle en jouait un très actif, je vous assure, que j'ai suivi dans certains de ses détails les plus curieux, par cette raison que le hasard m'avait fait l'ami de deux de ses amants : le marquis de Luzenac que vous connaissez, et le poète Dauzat. Luzenac avait alors vingt-trois ans, votre âge justement, et Dauzat était plus âgé : c'était un homme de talent. Tous deux m'avaient pris pour confident, et comme je les écoutais d'une oreille attentive, ainsi qu'il convient à un confident, ils me contaient tous les deux leurs amours avec madame d'Arvernes, sans se douter qu'ils étaient rivaux et du double rôle que je remplissais. Cela était fort drôle, je vous assure, et c'est ce qui m'a rendu un peu sceptique à l'égard des femmes ; mais où cela devint tout à fait drôle, ce fut quand ils me montrèrent leurs lettres : Dauzat, celles qu'il écrivait à sa maîtresse, car lorsqu'on est poète on met sa vanité littéraire jusque dans ses lettres d'amour ; Luzenac, celles qu'il recevait de sa maîtresse. Elles étaient fort belles, ces lettres ardentes, passionnées, un peu extravagantes, en un mot littéraires. Si je les qualifie ainsi sans distinction, c'est qu'en réalité elles n'étaient pas doubles : la lettre que Dauzat écrivait, madame d'Arvernes la copiait et l'envoyait à Luzenac. Si original que cela soit, il y a plus fort encore : un jour Luzenac me montra les lettres qu'il écrivait et Dauzat celles qu'il recevait ; c'étaient les mêmes, Madame d'Arvernes copiait celles de Luzenac comme elle copiait celles de Dauzat ; c'étaient eux qui s'écrivaient ; et ce qu'il y avait de prodigieux c'était qu'ils étaient dans l'admiration l'un de l'autre : Dauzat était enthousiaste de la naïveté et de la jeunesse de Luzenac et celui-ci l'était de la passion de Dauzat. J'aurais dû me taire. Je n'eus pas cette sagesse. Je parlai. Cela fit un tapage de tous les diables que Luzenac, quand vous le verrez, peut vous raconter, car, pour Dauzat il est mort, tué par madame d'Arvernes avec qui il n'eut pas la force de rompre. Voilà quelle maîtresse est madame d'Arvernes. Aussi je soutiens qu'elle a eu un intérêt sérieux à vous faire passer pour son amant car c'est, vous le voyez, une femme qui sait tirer parti de tout et de tous en n'ayant d'autre loi que son profit. Aussi, dans ces conditions, j'y regarderais à deux fois avant de me jeter dans un duel pour elle.

Roger s'était habillé rapidement, allant de çà de là à pas saccadés, comme s'il n'écoutait pas ce récit.

— Merci, dit-il, et au revoir ; je suis obligé de vous quitter.

— Je vous en prie, mon cher Roger, ne faites rien à la légère.

XXIX

Pour le moment, ce qui pressait, c'était l'affaire du *Messager du Danube*, c'était de trouver le correspondant parisien de ce journal et de lui donner une leçon telle qu'aucun de ses collègues n'eût la pensée de continuer la plaisanterie du duc *Carino*.

Mais où trouver ce correspondant qui ne signait pas ?

Sans doute on devait le connaître au ministère des affaires étrangères. Par malheur, c'était justement le seul endroit de Paris où Roger ne pouvait pas aller demander des renseignements.

Alors où le chercher ?

Peut-être était-il connu ailleurs qu'au ministère, et dans les journaux de Paris savait-on qui il était ?

Comme Roger n'avait pas de relations dans les journaux parisiens, l'idée lui vint de s'adresser à Crozat, et tout de suite il prit une voiture pour se faire conduire rue Ganneron.

Crozat était chez lui, et, au coup frappé à sa porte, ce fut sa bonne voix sonore et franche qui répondit d'entrer.

— Ah ! mon cher élève, s'écria-t-il, en reconnaissant Roger, quelle bonne fortune vous amène ?

— Un service à vous demander.

— Que n'en avez-vous un à me demander tous les jours, cela me vaudrait le plaisir de vous voir plus souvent ; mais prenez donc la peine de vous asseoir.

Crozat avança gracieusement la chaise dépaillée que Roger avait déjà vue la première fois qu'il était venu rue Ganneron ; rien n'était changé dans le logement de Crozat, où l'argent gagné n'avait pas apporté le moindre bien-être : la table avait toujours les reins cassés, et le lit était toujours attaché avec des ficelles.

— Vous connaissez des journalistes ? demanda Roger.

— Assurément ; j'en connais même un avec qui j'ai des relations suivies, au moins pour le moment ; c'est à propos du *Comte et la Marquise* que ces relations se sont établies, car j'ai le plaisir de vous annoncer que ma comédie est enfin reçue et qu'elle doit être prochainement représentée ; seulement on m'a adjoint un collaborateur. Bien entendu, ce collaborateur ne collabore pas ; mais il fait les démarches nécessaires : il s'occupera des répétitions et il touchera les deux tiers de nos droits. Je l'ai accepté un peu parce que cette collaboration ne me gêne en rien, car tout le monde reconnaîtra ma griffe, et aussi parce que je ne pouvais pas faire autrement ; c'est justement ce collaborateur qui est journaliste. A quoi peut-il être bon ?

Roger expliqua ce qu'il désirait.

— Rien n'est plus facile, dit Crozat, je vais le voir à deux heures au théâtre, et aussitôt que j'aurai le renseignement que vous désirez je vous le porterai.

— Je vous attendrai à partir de trois heures.

A trois heures et demie Crozat arriva rue Auber.

— J'ai votre renseignement, dit-il, le correspondant du *Messager du Danube* se nomme Frédéric Metzler ; on le trouve tous les soirs dans un café qui fait le coin de la rue Notre-Dame-des-Victoires et de la rue Brongniart, c'est là qu'il écrit sa correspondance à la lueur non du gaz, comme tout le monde, mais de deux chandelles ; il paraît que la chandelle l'inspire. Cela jette un jour sur le personnage, n'est-ce pas ?

— Quel homme est-ce ?

— Il paraît qu'il connaît son affaire et ne manque pas de talent.

— Ce n'est pas cela que je veux dire. Est-il jeune, est-il vieux ?

— Je n'en sais rien ; vous ne m'aviez pas dit de m'en informer.

Le soir, à onze heures, Roger entrait dans le café que Crozat lui avait désigné ; il n'eut pas besoin de demander qui était M. Frédéric Metzler : dans une petite salle latérale un homme penché sur une table de marbre écrivait à la lueur de deux chandelles ; autour de lui, sur sa table, étaient entassés des journaux, une chope à moitié pleine était à portée de sa main. En le voyant, Roger éprouva un mouvement de contrariété : c'était un bonhomme à cheveux blancs, âgé de près de soixante-dix ans, à l'air simple et paterne.

Cependant il alla à lui.

— Monsieur Frédéric Metzler, dit-il en posant ses deux mains sur la table.

Le bonhomme releva son nez chaussé de lunettes.

— C'est moi, monsieur.

Roger se pencha en avant.

— Je suis le duc Carino.

— Eh bien, monsieur le duc, dit Frédéric Metzler avec bonhomie, donnez-vous la peine de vous asseoir et dites-moi ce qui me vaut l'honneur de votre visite. Puis-je vous offrir un verre de bière ?

Roger crispa ses deux mains.

— Vous êtes le correspondant parisien du *Messager du Danube* ?

— J'ai cet honneur depuis de longues années.

Roger tira de sa poche le numéro que Mautravers lui avait apporté :

— Alors cet article est de vous ? dit-il en montrant le feuilleton.

Frédéric Metzler regarda le journal avec soin :

— Non, monsieur le duc.

— Alors de qui est-il !

— Je n'en sais rien.

— Eh, monsieur ! s'écria Roger en élevant la voix si haut que tout le monde tourna les yeux de son côté, car son attitude était bien évidemment celle de la provocation et l'on était curieux de suivre la scène que ce jeune homme semblait vouloir faire à ce vieillard et jusqu'où elle allait être poussée.

— Monsieur le duc, dit le vieux journaliste sans se troubler, j'ai répondu à votre question que cet article n'était pas de moi ; maintenant je vous en donne ma parole d'honneur, et j'ajoute sur l'honneur aussi que je ne sais pas de qui il est. Je suis correspondant du *Messager du Danube*, je n'en suis pas le rédacteur en chef.

— Eh bien, monsieur, ce sera à votre rédacteur en chef de me dire ce que vous ne savez pas.

— Parfaitement : M. Karl Heinz, Schulerstrasse, tous les matins vers onze heures, c'est le meilleur moment pour le voir.

Et le bonhomme salua avec un sourire narquois.

Roger ne s'était pas attendu à ce que sa démarche auprès du correspondant du *Messager du Danube* se terminerait ainsi : cependant il ne sortit pas trop désappointé : qu'eût-il pu faire avec ce vieux bonhomme, si celui-ci avait été l'auteur de l'article ? Il en serait quitte pour un voyage à Vienne, voilà tout ; là il saurait bien trouver quelqu'un pour lui répondre autrement que par l'offre d'un verre de bière.

Ne voulant pas voir madame d'Arvernes, il lui écrivit pour dire qu'il était obligé de partir à l'improviste pour Varages, d'où il reviendrait aussitôt que possible, et le soir à huit heures, il monta en wagon à la gare de l'Est.

C'était le jeudi. Le samedi matin, à six heures et demie, il était à Vienne. A onze heures, il trouvait M. Karl Heinz dans les bureaux de la Schulerstrasse, qui est à Vienne, pour les journaux, ce qu'est la rue Coq-Héron et la rue du Croissant à Paris. A trois heures de l'après-midi, il logeait une balle dans l'épaule d'un des rédacteurs du *Messager du Danube* qui avait accepté la responsabilité de l'article sur le duc Carino. A sept heures du soir, il remontait en wagon et le lundi, à six heures du matin, il se couchait dans son lit, où il restait vingt-quatre heures, ne s'éveillant que pour déjeuner et dîner.

XXX

Le mardi, en arrivant au ministère, on lui dit que Son Excellence l'avait fait demander deux fois déjà et qu'elle avait donné l'ordre qu'on la prévînt s'il venait.

M. d'Arvernes connaissait-il déjà son duel à Vienne ? Aurait-il lu l'article du *Messager du Danube* ? Comment avait-il pris cet article ? Comment avait-il pris le duel ?

Si peu mari qu'il se montrât, si peu surtout que le représentât madame d'Arvernes, il n'en était pas moins évident que la situation était délicate.

Avant que Roger eût pu examiner les difficultés qui résultaient de cette situation, un huissier vint le prévenir que Son Excellence le faisait appeler.

Lorsqu'il entra dans le cabinet du ministre, celui-ci était penché sur son bureau, écrivant ou, plus justement, ayant l'air d'écrire, car s'il tenait une plume entre ses doigts, cette plume ne traçait aucun caractère sur le papier : elle restait suspendue, attendant une inspiration qui ne venait pas. Comme M. d'Arvernes restait la tête inclinée en avant, Roger ne put voir ce qu'exprimait son visage.

Enfin, après un temps assez long, M. d'Arvernes releva son front, mais sans regarder Roger.

— Monsieur le duc.

Ordinairement il disait : « Mon cher Roger. »

— Monsieur le duc, j'ai reçu de Vienne une dépêche où il est question de vous.

Depuis que M. d'Arvernes avait tourné la tête de son côté, Roger s'appliquait à deviner ce que disait le visage empourpré qu'il avait devant les yeux, mais inutilement; ce visage était bien réellement celui d'un diplomate qui sait se rendre maître de ses émotions et les cacher. Le duc était-il fâché? Au contraire, était-il en bonne disposition? L'un était aussi difficile à voir que l'autre : ni le regard, ni la bouche, ni le front immobile ne disait rien ; seule la coloration pourprée, qui chez lui n'était pas ordinaire, semblait annoncer un certain trouble.

— Cette dépêche dit que vous vous êtes battu en duel, continua M. d'Arvernes, et que vous avez blessé votre adversaire.

— Il est vrai.

— Cependant vous êtes venu jeudi au ministère, il me semble.

— Je suis parti jeudi soir pour Vienne, où je suis arrivé samedi matin. Je me suis battu dans la journée, et le soir même je suis reparti pour Paris, où je suis rentré hier matin.

— Votre adversaire était un rédacteur du *Messager du Danube*.

M. d'Arvernes paraissait assez bien renseigné pour que Roger n'eût point intérêt à faire de la discrétion ; peut-être même le mieux était-il de parler avec une certaine franchise, comme s'il s'agissait d'une chose parfaitement innocente. D'ailleurs il trouvait moins embarrassant de parler que de répondre aux questions que M. d'Arvernes lui adressait sur le ton d'un juge d'instruction.

— Le *Messager du Danube*, dit-il, avait publié un article injurieux pour moi, j'en ai demandé raison au correspondant parisien de ce journal, un bonhomme de soixante-dix ans ; celui-ci m'a dit qu'il n'était pour rien dans cet article ; alors j'ai été en chercher l'auteur ou tout au moins l'éditeur responsable à Vienne, et je me suis battu.

— J'ai lu cet article, dit M. d'Arvernes.

C'était là le moment décisif, Roger tâcha de faire bonne contenance.

— S'il était injurieux pour vous, il l'était plus encore pour moi.

Il y eut un silence ; évidemment Roger ne pouvait rien dire, ni que le duc se trompait, ni qu'il ne se trompait pas.

— Et c'est mon honneur que vous avez défendu en même temps que le vôtre, continua M. d'Arvernes.

Roger s'attendait à tout, excepté à cette conclusion ; il fut abasourdi.

— Il n'y aura que les sots, poursuivit M. d'Arvernes, qui pourront s'étonner de ce que vous avez fait et l'accompagner de commentaires malséants. Pour moi, je vous en félicite... et je vous en remercie.

Tout cela avait été débité lentement, avec une application évidente à choisir les mots employés. Cependant, malgré cette lenteur, la surprise de Roger était si vive qu'il se demandait s'il comprenait ce qu'il entendait. M. d'Arvernes n'était point un Géronte, c'était un homme d'intelligence, de courage, de résolution ; aussi ne pouvait-on pas accepter ses paroles sans se demander ce qu'il y avait dessous.

Mais Roger n'eut pas le temps de se livrer à cet examen. M. d'Arvernes, avec la même lenteur et en évitant de regarder droit devant lui, continuait :

— Depuis que vous m'avez été recommandé par Sa Majesté, j'ai fait pour vous, monsieur le duc, ce que les règlements et les traditions permettaient ; mais, maintenant que je suis votre obligé, je dois faire davantage.

Roger n'osa pas répondre : la situation n'était plus seulement gênante, elle devenait humiliante. M. d'Arvernes parlait-il sérieusement ou bien ironiquement ? Ce calme allait-il être suivi d'une explosion terrible et telle qu'on pouvait en attendre une de ce caractère violent ?

— A Paris, continua M. d'Arvernes, il m'est assez difficile, pour ne pas dire impossible, de réaliser ce que je désire pour vous, il y a si peu de temps que vous êtes attaché à mon cabinet ; mais ce qui m'est impossible à Paris m'est facile à l'étranger. Vous plairait-il d'aller à Saint-Pétersbourg ?

Depuis quelques instants Roger avait commencé à comprendre où M. d'Arvernes en voulait venir et ce qui se cachait sous ces remerciements, sous ces offres de services ; mais, pour s'éclaircir, la situation n'en devenait pas plus facile. Sans doute c'était un soulagement de n'avoir pas à s'imposer des témoignages de reconnaissance. Mais ce n'était pas ce soulagement, ce n'était pas sa satisfaction immédiate qui devait le toucher. Il était bien évident qu'au lieu de se simplifier les choses se compliquaient. Ou bien il acceptait d'aller à Saint-Pétersbourg, et alors c'était la rupture de sa liaison. Ou bien il refusait, et alors M. d'Arvernes demandait l'explication de ce refus et parlait en mari outragé, — ce qui pouvait les entraîner loin. Comment sortir de là ?

— Eh bien ? demanda M. d'Arvernes avec une certaine irritation dans la voix et en serrant d'une main crispée le bras de son fauteuil.

Il fallait répondre ; mais, puisque M. d'Arvernes avait recours à la ruse, on pouvait sans lâcheté user des mêmes procédés et du même langage.

— Monsieur le duc, dit Roger en s'inclinant, je suis touché comme je dois l'être de votre proposition, et si je ne vous dis pas tout de suite que je l'accepte avec reconnaissance, c'est qu'elle me cause une grande perplexité. D'un côté je sens combien elle peut être avantageuse à mon avenir ; mais d'un autre je crains que le séjour à Saint-Pétersbourg ne soit nuisible à ma santé. Il peut paraître étrange qu'un homme de mon âge parle de sa santé.

— Effectivement.

— Mais j'ai été assez sérieusement malade en ces derniers temps et les plus grandes précautions m'ont été recommandées, au moins pendant quelques mois encore. Peut-être le climat de Saint-Pétersbourg serait-il bien rigoureux pour moi en ce moment.

Pour la première fois M. d'Arvernes regarda Roger bien en face et longuement :

— Voulez-vous Vienne ? dit-il, le climat est à peu près le même que celui de Paris. Je sens toute la force de vos raisons pour refuser Saint-Pétersbourg et je vous porte un trop vif intérêt pour compromettre votre santé. Si Vienne vous paraît encore trop rigoureux, voulez-vous Rome ?

Roger n'avait reculé que pour se laisser enfermer.

— Vraiment, dit-il, je suis tout ému par votre insistance si... bienveillante ; mais ce ne sont pas seulement des raisons de santé qui me font désirer de ne pas quitter Paris en ce moment.

— Ah ! vous ne voulez pas quitter Paris, s'écria M. d'Arvernes.

Leurs regards se croisèrent et il s'établit un moment de silence.

Ce fut Roger qui le rompit :

— Vous savez, dit-il, que je suis en instance pour me faire relever du conseil judiciaire qu'on m'a imposé. Malgré tous les efforts de mon avoué, M. de Condrieu-Revel est parvenu à empêcher mon affaire d'être jugée ; mais le moment est venu où le jugement ne peut pas tarder maintenant d'être rendu, et, je l'espère, en ma faveur. Avant d'accepter votre proposition, je voudrais que ce jugement fût rendu.

— Votre présence n'est pas nécessaire pour cela, il me semble.

— Au moins n'est-elle pas indispensable, j'en conviens, bien qu'elle puisse être utile ; mais ce qui est nécessaire, ce qui est indispensable pour moi, c'est que ce jugement fixe ma position d'une façon définitive. Vous n'ignorez pas que la pension que je touche est tout à fait minime, et si elle me suffit à Paris c'est que je me suis fait une règle d'économie sévère, de privations de toutes sortes : cela me gêne, il est vrai ; mais, enfin, cela ne m'atteint pas autrement. On me connaît. A Vienne ou à Rome, ma situation ne serait pas la même ; avec mon nom je serais ridicule de vivre comme je vis ici. On ne me connaît pas à Vienne, on ne me connaît pas à Rome. On ne connaît que mon nom. Je vous demande de ne pas me placer dans une situation où j'amoindrirais ce nom. Mon grand-père, le duc François, a été ambassadeur à Rome et à Vienne : permettez-moi de ne me présenter dans ces villes que d'une façon digne des grands souvenirs qu'il y a laissés.

Plusieurs fois pendant ce petit discours, prononcé d'un ton d'autant plus ferme que Roger se sentait sur un bon terrain, M. d'Arvernes avait laissé paraître des signes d'impatience et de colère ; mais peu à peu il avait repris son calme.

— Évidemment, dit-il, il importe que votre situation soit décidée au plus tôt. A partir d'aujourd'hui je vais donc me faire solliciteur en votre faveur, non seulement pour que le jugement soit rendu aussi vite que possible, mais encore pour qu'il vous délivre de votre conseil. J'espère que ma voix ne restera pas sans influence.

XXXI

Quand madame d'Arvernes apprit que Roger s'était battu à Vienne avec un rédacteur du *Messager du Danube*, ce fut un délire de joie et d'orgueil.

C'était pour elle qu'il s'était battu, pour elle seule ; elle ne voulut pas admettre qu'il avait pu se battre un peu aussi pour lui.

Jamais jusqu'à ce jour, elle n'avait eu l'honneur d'un duel, et cela l'avait d'autant plus humiliée que son amie, madame de Lucillière, avait eu la bonne fortune rare qu'on se battît deux fois pour elle.

Combien souvent, pour ces deux duels, lui avait elle porté envie ; maintenant elle n'aurait plus à souffrir de ce vilain sentiment, c'était elle au contraire qu'on allait envier et jalouser.

Car il était charmant, ce duel de Roger. Quoi de plus original que de s'en aller ainsi à Vienne loger une balle dans l'épaule d'un insolent, « se battre pour sa dame », et revenir comme on était parti, au plus vite, afin d'être séparé de la maîtresse aimée aussi peu que possible? Cela n'avait-il pas quelque chose de chevaleresque qui ne ressemblait en rien aux plates vulgarités du temps présent? Et l'adorable, c'était qu'il n'en avait rien dit : sans les journalistes autrichiens, qui avaient fait un tapage étourdissant autour de ce duel dans lequel un des leurs avait été blessé, on ne l'aurait pas connu, tant le duc de Naurouse avait été discret.

Comme ce duel, qui s'était passé loin de Paris, réalisait brillamment ce qu'elle avait désiré et si péniblement poursuivi, c'est-à-dire l'affirmation publique de l'amour du duc de Naurouse pour elle. Maintenant comment le mettrait-on en doute, cet amour ? Comment ne le reconnaîtrait-on pas pour ce qu'elle voulait qu'on le crût, — c'est-à-dire une grande et noble passion et non une de ces amourettes vulgaires comme ses amies pouvaient tant bien que mal en inspirer ?

Pour cette joie triomphante qu'il lui avait donnée, elle eût voulu trouver une récompense extraordinaire, faire pour lui ce qu'elle estimait qu'il avait fait pour elle, quelque chose d'imprévu, de merveilleux, qui fût une preuve matérielle du bonheur qu'elle éprouvait.

Ce fut le beau temps de ses amours, le mieux rempli, car non seulement elle était heureuse, mais encore elle tremblait pour son bonheur, ce qui lui était une sensation nouvelle.

Quand Roger lui avait rapporté son entretien avec M. d'Arvernes, elle avait eu un véritable accès de fureur.

— Tu ne partiras pas, s'était-elle écriée, ni pour Vienne, ni pour Rome; je ne le veux pas, et bien certainement tu ne le veux pas non plus; dis-moi que tu ne le veux pas; mais dis-le-moi donc; jure-le-moi.

— Si tu partais je te rejoindrais; M. d'Arvernes ne gagnerait donc rien à voir réussir l'ingénieuse combinaison qu'il a inventée. Lorsqu'il sera question de toi entre lui et moi, ce qui ne peut manquer d'arriver prochainement, je m'expliquerai nettement à ce sujet, de façon à ce qu'on abandonne l'idée de t'envoyer à Vienne ou à Rome, et elle sera abandonnée, je te le promets.

Bien qu'elle affirmât hautement l'assurance de faire

abandonner l'idée d'envoyer Roger à Vienne ou à Rome et qu'elle fût d'une entière bonne foi dans sa confiance, elle restait inquiète et tourmentée sur un autre point des projets de M. d'Arvernes, — c'est-à-dire sur l'appui qu'il avait promis pour faire lever le conseil judiciaire.

En effet, elle ne voulait point que Roger fût débarrassé de ce conseil; et cela non par crainte qu'une fois maître de sa fortune il voulût partir pour Vienne ou pour Rome, puisqu'elle était certaine à l'avance d'empêcher ce départ, mais par crainte qu'une fois maître de sa fortune il en abusât à Paris pour retourner à son ancienne vie et reprendre ses anciennes habitudes, ce qu'elle redoutait par-dessus tout.

Elle le voulait dans sa dépendance, entièrement à elle, enchaîné, et elle estimait que, pour le maintenir ainsi, le manque d'argent était une excellente chose. Pour elle, elle ne souffrait point qu'il manquât d'argent. Que lui importait, puisque ce qu'elle voulait de lui c'était lui-même, lui seul, son amour, son temps, sa vie, et non des cadeaux, quels qu'ils fussent, riches ou non. — Des cadeaux, elle voulait en donner, non en recevoir, mettant tout son plaisir à offrir.

Pour elle il ne fallait donc pas que le conseil judiciaire fût levé.

En ces derniers temps, pour ne point peiner Roger qui sans jamais s'expliquer clairement et à fond sur M. de Condrieu, n'avait cependant jamais caché les sentiments de répulsion qu'il éprouvait pour lui, elle avait autant que possible évité toutes relations avec le vieux comte. Elle les reprendrait, ces relations, et cela lui serait d'autant plus facile, que M. de Condrieu, loin de se fâcher, avait toujours paru ne pas s'apercevoir qu'elle le fuyait, la poursuivant au contraire pour lui parler de « son cher petit-fils. »

Et aussitôt que cette idée s'était présentée à son esprit, elle l'avait reprise, n'ayant pour la mettre à exécution qu'à se laisser saisir au passage au lieu de s'échapper.

Comme d'ordinaire c'était M. de Condrieu qui avait commencé à parler de Roger, elle l'avait laissé aller; puis, après qu'il avait exhalé en quelques phrases ânonnées ses sentiments de tendresse paternelle, elle l'avait interrompu pour lui demander où en était le procès en mainlevée du conseil judiciaire.

Il l'avait regardée de son œil inquiet qui semblait jamais n'oser se fixer; mais il n'avait pas répondu.

— Si vous croyez que c'est un adversaire qui veut obtenir de vous un renseignement pour en abuser, dit-elle, vous vous trompez, monsieur le comte; je n'ai jamais été votre adversaire, je n'ai jamais été l'alliée de votre adversaire... au moins en cette affaire, où je trouve que le bon droit et la raison sont de votre côté.

De nouveau il la regarda; mais cette fois plus longuement, plus à froid. Cet examen parut le rassurer, et il se décida à parler :

— J'aurais long à vous en dire sur ce sujet, mais l'endroit ne nous est pas propice; si je pouvais être assez heureux pour vous voir un de ces jours, je vous montrerais combien vous êtes dans le vrai en témoignant de la sympathie à la cause que je défends... qu'il m'est si douloureux de défendre.

— Demain, je serai chez moi entre cinq et sept heures.

Cependant, il ne la trouva point à cinq heures, mais il n'eut que peu de temps à attendre; elle arriva bientôt, s'excusant d'être en retard avec une affabilité qu'elle ne témoignait point habituellement au vieux comte. Jamais il ne l'avait vue si aimable, si affectueuse.

En comparant cet accueil à celui que madame d'Arvernes lui faisait en ces derniers temps, M. de Condrieu-Revel eût dû être surpris; mais, depuis la veille, il avait pu réfléchir, et s'il n'avait point deviné d'une façon sûre les intentions de madame d'Arvernes, il les avait au moins pressenties : les quelques mots qu'elle lui avait dits l'avaient éclairé : « Je n'ai jamais été votre adversaire. » Comment avait-il été assez maladroit pour supposer une seule minute qu'elle lui avait adressé cette question relative au procès dans une intention hostile? Tout le monde savait qu'elle n'était pas femme d'argent; elle l'avait plus que prouvé, elle le prouvait tous les jours, donc elle n'avait point intérêt, un intérêt personnel, la touchant directement, à ce que Roger rentrât en possession de ses revenus. Si cet intérêt n'existait point et cependant si elle parlait de ce procès, il fallait admettre un intérêt contraire et par conséquent le désir que le conseil ne fût pas levé. Cela sautait aux yeux. Comment avait-il été assez aveugle pour ne pas le voir tout de suite et se défier d'elle? Par cela seul que le duc d'Arvernes agissait activement pour faire venir le procès et obtenir un jugement favorable à Roger, n'était-il pas évident que la duchesse devait agir en sens contraire et désirer un jugement défavorable? C'était d'après ce raisonnement qu'il avait bâti son plan, et l'accueil qu'on lui faisait ne pouvait que le confirmer dans son idée que c'était une alliance qu'on allait lui proposer.

— Si vous saviez, dit-il, combien j'ai été heureux hier de vos paroles, elles retentissent encore dans mes oreilles, surtout dans mon cœur, mon pauvre cœur si éprouvé : « Le bon droit et la raison sont de votre côté. » J'ai tant besoin d'être soutenu dans cette lutte que j'ai dû engager avec désespoir, désespoir vraiment, contre mon cher petit-fils ! On fait son devoir, on le fait quand même, malgré tout et malgré tous, quand on est un honnête homme ; on le fait, mais enfin c'est un grand soulagement, un très grand soulagement d'avoir pour soi l'appui des gens de cœur. C'est pour cela que le vôtre m'a été si précieux. Je sais tout l'intérêt que vous portez à mon cher petit-fils, je le vois comme tout le monde ; mais, mieux que tout le monde, je le sens là, — il se frappa la poitrine, — car vous ne lui donnez pas une marque de sympathie qui ne me touche personnellement, un témoignage d'affection qui ne retentisse en moi, et Dieu sait s'ils sont nombreux, ces témoignages, s'ils sont vifs !

Il s'arrêta : l'émotion faisait trembler sa voix et ses paupières s'ouvraient et se refermaient vivement comme si elles allaient laisser échapper des larmes. Durant quelques secondes, il resta les yeux fixés sur madame d'Arvernes, qui se demandait s'il parlait sérieusement en insistant sur ces témoignages d'affection vifs et nombreux ; mais comment lire ce qui se cachait derrière ce masque grimaçant et dans ce regard éteint ?

Il poursuivit :

— Il faut vraiment que vous soyez bonne comme vous l'êtes pour m'avoir pardonné le mouvement d'hésitation que j'ai éprouvé, car je reconnais que j'en ai éprouvé un quand vous m'avez adressé cette question relativement au procès. Sachant que M. le duc d'Arvernes faisait en ce moment les démarches les plus actives pour que le conseil judiciaire de mon petit-fils fût levé, j'ai cru... mon Dieu, je puis bien le dire, j'ai cru, oui, j'ai cru que le mari et la femme ne faisaient qu'un ;

12.

mon Dieu, c'est bien naturel, n'est-ce pas, quand on sait comme moi combien, sur toutes choses, vous êtes d'accord entre vous, ainsi qu'il convient d'ailleurs entre la force et la grâce ?

Il salua galamment et, se redressant, il attendit une réponse.

— Bien naturel en effet, dit madame d'Arvernes.

— C'est par la réflexion, continua M. de Condrieu avec une bonhomie pleine d'humilité, que j'ai compris toute mon erreur et combien elle était grande, bien grande, n'est-ce pas, bien ridicule, dites bien ridicule, dites-le, dites-le ?

Mais elle ne le dit point, car, avec ce diable d'homme qui se faisait si naïf, on ne savait jamais si l'on devait rire ou se fâcher.

Pour lui, il se mit à rire.

— Comment cet accord eût-il pu exister à propos de Roger ? vraiment c'était de ma part une maladresse grossière de le supposer ; ce qui devait arriver au contraire, nécessairement arriver, c'était le désaccord le plus absolu, car M. le duc d'Arvernes et vous, madame, vous ne pouvez pas éprouver les mêmes sentiments pour mon cher petit-fils, mais pas du tout, du tout...

— Vous croyez ?

— Quels sont les sentiments de M. le duc d'Arvernes pour Roger ? dit-il... Ceux de l'amitié ; mais d'une amitié dans laquelle entre une sorte de camaraderie, si j'ose m'exprimer ainsi ; il est jeune, M. le duc d'Arvernes, j'entends de cœur, d'esprit, et je comprends cela. — Il prit la main de madame d'Arvernes et, avant qu'elle pût s'en défendre, il la lui baisa.

— C'est ce qui fait qu'il a une grande indulgence, trop d'indulgence, disons-le tout bas entre nous, pour la jeunesse ; il veut qu'elle s'amuse, il s'est laissé toucher par Roger; sans réfléchir s'est engagé à solliciter la levée de ce conseil judiciaire que je m'efforçais de retarder le plus possible; et je crains bien qu'il ne l'emporte. Vous comprenez que, quand une personne jouissant de l'autorité de Son Excellence le duc d'Arvernes se fait le garant d'un jeune homme, répond de son esprit de sagesse et de modération, cela exerce une influence considérable sur des juges. Cependant il y aurait peut-être moyen de combattre cette influence.

— Ah! Et comment cela?

— En lui opposant une influence contraire, — pour tout dire en un mot, la vôtre; mais pour cela il faudrait que vos sentiments à l'égard de Roger fussent tels que je les supposais en pensant que vous ne pouviez pas être d'accord avec M. le duc d'Arvernes... sur cette question s'entend. Quels sont-ils, ces sentiments?

Il fit une nouvelle pause, la regardant en face.

— Quels sont-ils?... Pour moi ceux d'une sœur... oui, madame, ceux d'une sœur. Eh bien, une sœur ne peut pas vouloir que son frère qu'elle aime... car vous l'aimez; qu'elle connaît... car vous le connaissez bien et vous savez mieux que personne combien facilement il se laisse entraîner, elle ne peut pas vouloir qu'il soit livré à toutes ses fantaisies, à toutes ses passions, alors surtout que les passions dont je parle menacent de se réveiller avec une violence qui m'épouvante... oui, madame, qui m'épouvante.

Il baissa la voix un peu plus encore.

— Lorsque vous êtes revenue... d'Écosse, je vous ai raconté que Roger m'inspirait des craintes très vives à cause d'un grand amour qui me paraissait menaçant pour sa santé... Eh bien, cet amour... s'est éteint ou, s'il n'est pas encore tout à fait mort, il est malade, très malade.

— Comment savez-vous cela ? balbutia-t-elle, entraînée par l'émotion.

— Vous pensez bien que je n'abandonne pas un enfant qui m'est si cher sans faire exercer sur lui une certaine surveillance; je ne sais pas tout ce qu'il fait, il s'en faut de beaucoup, mais j'apprends toujours certaines choses qui me permettent de le suivre tant bien que mal et de reconstituer sa vie. Eh bien, je sais de source certaine que depuis quelque temps il a repris certaines relations... mon Dieu, je ne dis pas intimes... mais enfin des relations suivies avec ces comédiennes, ces femmes à la mode et de mœurs faciles qui l'ont perdu il y a trois ans; et cela indique bien, n'est-ce pas, que cet amour dont nous parlions n'a plus autant de charme pour lui. — Quand je croyais cet amour tout-puissant, il me faisait peur; mais maintenant ce qui me fait peur, ce sont ces femmes; ce qui m'épouvante, c'est de penser qu'on va peut-être lui enlever son conseil judiciaire juste au moment où il semble disposé à reprendre son ancienne vie, ses habitudes de désordre. Qu'on lui rende la libre disposition de ses revenus, ne croyez-vous pas comme moi que ces relations, qui en ce moment ne sont pas bien dangereuses parce qu'on le sait sans argent, vont prendre un caractère des plus graves quand sa fortune va lui être rendue? Toutes ces femmes avides ne vont-elles pas le poursuivre, se jeter sur lui ? Leur résistera-t-il ? Je vous le demande.

Elle était trop profondément troublée, trop émue pour répondre.

— Si vos sentiments pour lui sont ce que je croyais, si vous l'aimez... comme un frère, ne voudrez-vous pas vous unir à moi pour tâcher de faire éloigner le moment où ce conseil judiciaire sera levé ?

— Ah! certes, oui, je vous aiderai.

— Ah! madame, que cette parole me rend heureux, non seulement parce qu'elle me promet le succès, mais encore parce qu'elle est l'approbation, la justification de ce que j'ai fait jusqu'à ce jour pour le maintien de ce conseil pendant quelque temps encore, un court espace de temps... car il ne s'agit que d'un court espace de temps... très court.

— Que faut-il faire?

Il prit son air le plus simple, le plus bonhomme :

— Vous pourriez peut être représenter à M. le duc d'Arvernes...

— Non.

— Eh bien, non, non, puisque ce moyen ne vous plaît pas, je n'insiste point; mais alors il faudrait, puisque vous ne voulez pas vous mettre d'accord avec M. le duc d'Arvernes, que vous vous missiez en opposition avec lui.

— Oh! cela, très bien.

— Alors votre rôle sera bien simple : faire juste le contraire de ce qu'il fait.

— Mais encore.

— Oh! je vous guiderai... si vous le voulez bien.

XXXII

Il sortit du ministère la tête basse, le dos voûté, les bras ballants, comme s'il était affaissé sous le poids du chagrin. Et cependant il était en réalité plein de joie et d'espérance; mais c'était chez lui une habitude prise depuis longtemps d'afficher la joie lorsqu'il était triste et la tristesse lorsqu'il était gai. Pourquoi se montrer nu en public ? Sur ce quai d'Orsay qu'il remontait il pouvait rencontrer quelque député sortant du Corps législatif ou quelque personne de connaissance, et il n'avait pas besoin de laisser voir sur son visage ce qui se passait en lui.

Et ce qui se passait en lui c'était une vive, une très vive satisfaction : sa journée avait été heureusement employée, combien rarement depuis longtemps avait-il eu la rare bonne fortune d'être satisfait de lui, des autres et des choses.

Il n'y avait point vanité à se féliciter de la façon dont il avait mené cet entretien avec madame d'Arvernes ; pas à pas il était arrivé au but qu'il s'était proposé : c'était par intuition qu'il avait deviné la situation, et c'était par une série de déductions psychologiques qu'il avait analysé ce caractère, et compris ce tempéramment; pas un mot de trop de dit, tous avaient porté et frappé à l'endroit sensible. Et sans redresser sa grande taille, sans qu'un sourire éclairât son masque éteint, il était au fond du cœur enorgueilli de son succès : humble avec les autres, il n'était pas modeste avec lui-même et, revenant aux différentes phrases de cet entretien, il se disait qu'il eût vraiment été un diplomate remarquable si les gouvernements, toujours aveugles et ingrats, au lieu de le maintenir dans des emplois subalternes, l'avaient placé sur un théâtre digne de son mérite.

Quelle jolie marionnette à faire danser, cette madame d'Arvernes, aussi insensible à la peur que si elle était en bois ! Comme elle irait droit où l'on voulait la conduire, sans se douter qu'elle était tenue et tirée par un fil qu'il ferait mouvoir à son gré. Ils n'avaient qu'à se bien tenir, les juges qui devaient connaître du procès en mainlevée du conseil judiciaire et fermer solidement leurs portes non seulement devant elle, mais encore devant l'armée qu'elle allait leur détacher. Et Roger, lui aussi, devrait se bien tenir : il faudrait qu'il prouvât qu'il n'avait point repris ses relations avec ces comédiennes et ces femmes de mœurs faciles qui l'avaient perdu. Sur ce point aussi on pouvait se fier à elle : comme elle avait pâli, comme elle s'était troublée en entendant parler de femmes avides qui allaient se jeter sur lui ; c'était là le point délicat et difficile dans ce long entretien, celui qu'il fallait atteindre, mais non dépasser, de façon à provoquer la jalousie, mais non une rupture, ce qui aurait pu arriver en frappant trop fort; mais heureusement il avait frappé juste, et ce n'était point se faire illusion que de se dire qu'il avait réussi. En effet, il avait réussi, pleinement réussi comme il voulait réussir et non autrement : c'était un accès de jalousie qu'il avait provoqué par ces confidences et non une rupture.

Mais cette fois pas plus que les autres, cette jalousie ne s'était manifestée par des scènes faites à Roger, des explications, des reproches, des larmes. Elle ne lui avait pas dit un seul mot à ce sujet; elle n'avait même pas fait la plus légère allusion à ces relations : cela eût été indigne de sa fierté et de l'opinion qu'elle avait d'elle-même, au moins de celle qu'elle affichait ; il n'y avait qu'une femme au monde, elle ; il n'y en avait qu'une qu'on pouvait aimer, elle; et quand on l'aimait on ne pouvait plus en aimer d'autres.

Seulement, si elle n'avait rien dit des autres, elle avait parlé d'elle, de son amour, de sa passion qui, chaque jour allait en augmentant : jamais il ne lui avait été si cher; jamais elle n'avait senti comme maintenant combien il lui était indispensable ; elle ne vivait que pour lui; qu'il cessât de l'aimer, elle mourait; qu'il l'abandonnât, elle se tuerait.

Elle ne s'en était pas tenue aux paroles : ce grand amour dont elle parlait, cette passion dont elle affirmait la violence, elle les avait prouvés à chaque instant, sans jamais montrer un minute non pas de lassitude, mais de plénitude, jamais assez, encore et toujours.

— Tu ne m'aimes pas, s'écriait-elle à chaque instant.

Et il fallait qu'il se répandît en protestations sans cesse répétées.

— Oui, tu m'aimes, mais tranquillement; tu penses à moi quand cela te vient, par hasard, non toujours du matin au soir et du soir au matin; je ne suis pas en toi continuellement; je ne suis pas dans ton cœur et dans ton esprit sans distraction; je ne suis pas dans tes veines ainsi que je voudrais y être, dans ton sang; tu peux te passer de moi ; tu peux te distraire, t'amuser, vivre sans moi, sans que je te manque, sans que tout te paraisse vide, froid, monotone, bête ; tu vas, tu viens, tu es gai, spirituel, charmant; tu prends intérêt aux choses, aux gens comme s'il ne devait pas y avoir qu'une chose au monde pour toi : notre amour, qu'une femme au monde : celle qui t'aime et, ne vit que pour toi, ta Valère.

Elle voulut qu'il l'accompagnât partout, et ne fît plus un pas sans l'avoir à ses côtés; surtout elle voulut l'accompagner elle-même.

— Fais-moi inviter, disait-elle, lorsqu'il devait aller quelque part où elle n'était pas invitée.

— Il n'y aura que des hommes.

— Et qu'importe ; ce n'est pas, tu le sais bien, parce que je crains les femmes que je désire être près de toi ; c'est pour le plaisir d'être près de toi, c'est pour ne pas te quitter, c'est pour te voir, pour respirer le même air, pour jouir des mêmes distractions que toi, en même temps que toi, m'en souvenir avec toi ; c'est pour t'avoir davantage.

Et cependant elle ne l'avait jamais eu autant.

A chaque instant, le jour, la nuit, elle trouvait moyen de le voir seul, en tête-à-tête, toutes portes closes, soit chez elle, soit chez lui.

Elle quittait l'église, le théâtre, le bal, pour courir rue Auber, et alors elle s'attardait, ne voulant plus partir ; c'était une de ses joies d'arriver en toilette de gala et d'emplir la chambre de Roger des cascades de sa traîne.

S'ils étaient dans la même réunion, souvent elle s'approchait de lui tout à coup et, à voix basse :

— Va-t'en, disait-elle, je vais te rejoindre tout à l'heure.

Si les prétextes lui manquaient pour partir ainsi, elle s'en passait et partait quand même ; elle eût volontiers mis le feu à la maison dans laquelle on aurait voulu la retenir.

Cependant il arrivait quelquefois que, son mari étant avec elle et ne la quittant pas comme elle l'avait espéré, elle n'était pas libre de partir à l'heure qu'elle avait fixée à Roger ; alors c'étaient de vrais accès de fièvre qui la dévoraient, et elle inventait les moyens les plus extravagants pour réaliser son désir.

Un soir qu'elle était à l'Opéra avec Roger, l'idée lui avait pris tout à coup d'aller rue Auber ; elle lui trouvait ce soir-là des yeux admirables dans lesquels elle voulait plonger les siens sans distraction ; elle voulait être à lui tout entière ; elle voulait qu'il fût à elle ; le monde, les lumières, la musique l'exaspéraient.

— Va-t'en, dit-elle, je vais te rejoindre, il est neuf heures, nous aurons trois heures à nous.

Il était parti ; mais au moment où elle allait le suivre, la porte de sa loge s'était ouverte et M. d'Arvernes était entré ; elle était déjà levée ; tout surpris, il l'avait regardée.

— Partiez-vous ? demanda-t-il.

Elle resta un moment interloquée, furieuse d'être ainsi arrêtée dans son dessein, car M. d'Arvernes, bien certainement, allait s'installer près d'elle et ne plus la quitter de la soirée ; mais elle ne perdait pas facilement la tête, et quand elle était poussée par la passion, elle trouvait des inspirations dans son esprit surexcité : elle voulait Roger, elle lui avait promis de le rejoindre, il fallait qu'elle le rejoignît.

— Oui, dit-elle.

— Je vous fais fuir ? dit-il tristement.

— Vous avez bien vu que j'étais levée pour partir avant votre entrée dans la loge.

— Vous êtes souffrante ?

— Non, mais tourmentée.

— Et pourquoi donc ? demanda-t-il avec une tendre sollicitude.

— L'idée m'est venue que Louis était malade, là, tout à coup, un pressentiment ; je veux m'en assurer ; je suis folle.

Louis, c'était son fils aîné, celui que M. d'Arvernes aimait par-dessus tout, l'héririer de son titre, celui en qui il avait mis toute son ambition paternelle, pour qui il travaillait, de qui il espérait en sa vieillesse un peu de tendresse filiale qui le consolât des chagrins et des déceptions de sa vie si amère.

Bien qu'il ne fût pas habitué ou peut-être précisément parce qu'il n'était pas habitué à entendre sa femme s'inquiéter ainsi de ses enfants, il fut ému par ce cri maternel.

— Eh bien, restez, je vous prie; je vais aller à l'hôtel moi-même. S'il n'a rien, comme je l'espère, comme je le crois, je reviendrai aussitôt; si, au contraire, il a quelque chose, je vous enverrai chercher et je le garderai en attendant votre arrivée. Soyez tranquille, rassurez-vous; vous faites peine à voir.

Et il courut au quai d'Orsay, tandis qu'elle courait rue Auber.

Ce fut en riant qu'elle conta à Roger le danger qui les avait menacés et la ruse au moyen de laquelle elle était sortie de cette situation difficile.

— Nous avons deux heures à nous; ne les perdons pas.

— Mais le duc?

— Qu'importe! En revenant il ne me trouvera pas et il m'attendra; s'il demande des explications, j'en trouverai; si je n'en trouve pas, je lui ferai une scène. Mais ce n'est pas de lui qu'il s'agit; c'est de toi. M'aimes-tu?

XXXIII

Si le séjour de Vauxperreux avait été mauvais pour la santé de Roger, la vie nouvelle adoptée à la suite des confidences de M. de Condrieu-Revel, lui fut plus contraire encore.

Grâce aux soins de Harly, grâce surtout à sa jeunesse, il s'était assez bien rétabli de l'atteinte qu'il avait reçue au commencement de l'automne; les sueurs avaient disparu, la fièvre avait diminué sans tomber complètement, la toux était devenue moins fréquente et moins pénible, enfin l'état général s'était assez sensiblement amélioré.

Mais pour que cette amélioration continuât, il aurait fallu que se continuassent aussi les soins, les précautions, le régime, le repos prescrits par Harly et observés pendant la période aiguë de la maladie, mais abandonnés, aussitôt que le mieux s'était affirmé.

D'un tempérament sec et nerveux, insensible à la fatigue, n'ayant jamais été malade et n'étant jamais restée au lit depuis sa naissance, si ce n'est pendant ses couches, madame d'Arvernes ne prenait pas plus souci de la santé de ceux qui l'entouraient que de la sienne; cependant avec Roger elle ne pouvait pas n'être point frappée quelquefois de la façon dont il toussait, ou bien de sa pâleur, ou bien de la chaleur de ses mains; alors, toute surprise elle lui demandait ce qu'il avait, et toujours il lui faisait la même réponse: « Rien; il n'avait rien! que voulait-elle qu'il eût! » Et justement comme elle voulait qu'il n'eût rien, elle se contentait des réponses qu'il lui donnait.

Cependant au commencement du printemps, après un hiver ainsi rempli, sans un jour de relâche, sans un jour de trêve, la situation prit un caractère assez alarmant pour obliger Harly à intervenir énergiquement.

Quand madame d'Arvernes avait annoncé son intention de faire de Harly son médecin, ce n'avait point été une parole en l'air, et bien qu'elle n'eût guère besoin d'un médecin, puisqu'elle n'était jamais malade, elle avait réalisé cette idée, elle l'avait pris non seulement pour elle, mais encore pour ses enfants, et même elle l'avait donné à son mari qui, toujours inquiet de tout, était assez disposé à se trouver souvent malade, tantôt de ceci, tantôt de cela, et aimait volontiers à changer de médecin comme il changeait de maladies. Avec Harly, si elle ne parlait guère de médecine, elle parlait au moins de Roger, et pour elle cela suffisait.

La position était trop favorable pour que Harly n'en profitât point, non seulement en répondant à ses questions, mais encore en les devançant.

— Le duc de Naurouse m'inquiète, disait-il souvent.

Alors il expliquait ce qui causait ses inquiétudes, en insistant principalement sur ce qu'il y aurait à faire.

— Il aurait besoin de ménagements, de repos, d'une vie tranquille et régulière; se coucher tôt, se lever tard, point de surexcitation d'aucune sorte; il se tue.

— Croyez-vous, docteur ?

— Je vous en donne ma parole.

Malheureusement pour Roger elle n'acceptait pas cette parole aussi sérieusement qu'elle était donnée. Elle ne le voyait pas, elle ne le sentait pas malade. Toutes les fois qu'elle lui demandait comment il allait, il répondait qu'il allait bien. Enfin elle se disait que Harly, qui connaissait leur liaison, tout en ayant l'air de ne pas la soupçonner, voulait sans doute lui faire peur, sans avoir réellement peur lui-même : de là l'exagération des inquiétudes qu'il lui montrait.

Repoussé du côté de madame d'Arvernes, ou tout

au moins n'obtenant rien, Harly s'était retourné du côté de son malade. Mais, s'il lui était possible de parler de Roger à madame d'Arvernes, il ne pouvait guère parler de madame d'Arvernes à Roger, au moins de la même façon; avec certains détours, certaines précautions de langage, il pouvait dire à madame d'Arvernes : « Le duc de Naurouse se tue »; mais il ne pouvait pas dire à Roger : « La duchesse d'Arvernes vous tue. » Entre eux, il n'avait jamais été question de madame d'Arvernes, et il ne pouvait pas, même comme médecin, provoquer des confidences qu'on ne lui faisait pas et qu'on ne lui ferait jamais; il connaissait assez le duc de Naurouse pour n'avoir pas de doutes à ce sujet.

Pour obtenir ce qu'il ne pouvait pas demander franchement, il avait donc pris un moyen détourné, et, quand il avait vu le mal faire des progrès, contre lesquels tous les remèdes de la médecine étaient sans efficacité, il avait ordonné à Roger d'aller passer quelques mois à Nice.

— C'est non seulement l'air, le soleil, la chaleur que vous trouverez là-bas, mais c'est aussi le repos. J'avais espéré qu'à force de m'entendre vous parler de repos, vous finiriez par sentir toute l'importance que j'attache à ce conseil.

— Je la sens, croyez-le.

— Mais cela ne vous décide pas à changer votre genre de vie,

— Cela n'est pas facile.

— C'est justement parce que je vois que cela n'est pas facile que je vous ordonne Nice. Rappelez-vous quel bien vous a fait votre séjour à Varages: quand vous avez quitté Paris à ce moment, vous étiez en mauvais état, moins mauvais, beaucoup moins que celui où vous êtes présentement, mais enfin vous n'étiez pas sans m'inspirer quelques inquiétudes et vous êtes revenu superbe, solide comme un paysan.

— Cette solidité n'a guère duré.

— A qui la faute ?

Comme Roger souriait sans répondre.

— C'est un reproche, continua Harly, ce n'est pas une interrogation. Je ne vous demande pas de confidences, je n'en ai pas besoin; vous ne m'apprendriez rien.

— Ah !

— Ne vous imaginez pas que des bavardages m'ont été faits, je ne les aurais pas écoutés; le bavard c'est vous, c'est votre état général, votre amaigrissement continu, votre faiblesse, votre fièvre, et c'est en réponse à ces confidences que je vous dis : Partez pour Nice, Menton, Monaco, San-Remo, pour où vous voudrez, mais partez sans retard, et surtout partez... seul. Il ne s'agit pas d'une longue absence : quelques mois seulement.

Roger ne répondit rien, ni qu'il partirait, ni qu'il ne partirait point, mais le soir il communiqua à madame d'Arvernes l'ordonnance d'Harly.

Elle montra un vif mécontentement, même de la colère.

— C'est spontanément qu'il a eu l'idée de t'envoyer à Nice ?

— Qui aurait pu lui suggérer cette idée ?

— Toi.

— Moi ! Et pourquoi ?

— Pour préparer par cette absence une séparation définitive.

— Quelle folie !

— Dis-le, répète-le, jure-le que c'est une folie.

— Mais sans doute.

— C'est bien, je pars avec toi.

Dans ces conditions, le séjour à Nice n'avait plus de raison d'être, et Roger expliqua à Harly qu'après avoir refusé les propositions de M. d'Arvernes qui voulait l'envoyer à Rome, il lui était impossible maintenant de quitter Paris.

Mais Harly ne se laissa pas convaincre par cet argument :

— Aller habiter Rome ou Vienne, n'est pas du tout la même chose que d'aller passer quelques mois dans le Midi, pour le soin de votre santé. Je suis donc bien certain que M. d'Arvernes ne vous en voudrait pas de votre départ. D'ailleurs, dût-il vous en vouloir que cela ne devrait pas vous empêcher de partir : C'est votre vie que vous jouez en restant à Paris. Je vous l'ai déjà dit, je vous le répète, et, puisque vous ne vous en rapportez pas à mes paroles, je les explique : Le tubercule est le produit d'un affaiblissement, d'une déchéance de l'organisme; cette déchéance, cet affaiblissement arrivent lorsque la nutrition est viciée, et la nutrition est viciée lorsque dans la machine humaine, qui est une machine comme les autres, la dépense dépasse l'alimentation. Cela tombe sous le sens, n'est-ce pas, et je n'insiste que pour vous dire que c'est là votre cas : la réparation chez vous n'est pas en proportion de la consommation; de là des conditions favorables au développement du tubercule. Ne laissez pas ces tubercules se développer, car une fois qu'ils existent la médecine est bien faiblement armée pour les détruire; ils conduisent fatalement à la tuberculisation, qui conduit elle-même fatalement à la phtisie. Vous voyez que votre vie est entre vos mains, puisque vous êtes maître d'empêcher ces tubercules de se produire.

Pendant qu'il en est temps encore partez, je vous en prie, partez ; ce n'est pas le médecin qui ordonne, c'est l'ami qui prie ; mon ami, mon cher Roger, partez.

XXIV

Malgré les conseils, les prières, les adjurations d'Harly, Roger ne partit point.

Rien ne fut changé à ses habitudes : on continua à le voir à toutes les premières représentations, dans toutes les réunions, à toutes les courses de la saison, aimable et souriant, accompagnant partout madame d'Arvernes dont le visage pâle et le regard violent contrastaient d'une façon bizarre avec les yeux alanguis et les joues rosées de son amant.

Puis tout à coup un jour on ne le vit plus nulle part, et quand en apercevant madame d'Arvernes seule on s'inquiéta de lui et de savoir où il était, s'ils avaient rompu, on apprit qu'il était malade d'une fluxion de poitrine.

Ah ! vraiment, Dieu était juste d'apporter à M. de Condrieu cette réparation au moment même où le procès intenté par le duc de Condrieu et sur le point d'être enfin jugé, menaçait de leur enlever ce nom de Condrieu. Comme elle serait adoucie la douleur de perdre ce procès, si auparavant Ludovic recueillait le titre de duc de Naurouse. Il est vrai que lui-même ne serait ni duc ni Naurouse, Coudrier seulement, ce qui serait bien dur et bien humiliant à son âge et dans sa

13.

position; mais il se consolerait avec la gloire de Ludovic. Dans sa longue existence, ce n'avait pas été pour lui qu'il avait travaillé, combiné des plans compliqués et poursuivi leur exécution à travers les dangers et les fatigues de toutes sortes, ç'avait été pour la fortune de sa maison, celle de son fils d'abord, celle de son petit-fils ensuite, et ce serait se montrer ingrat envers la Providence que de se plaindre à l'heure où Ludovic allait enfin recueillir le fruit de combinaisons que, pendant près de cinquante années, il n'avait pas abandonnées un seul jour. Le marquis de Varages était mort comme il l'avait calculé et voulu, puis le duc et la duchesse de Naurouse étaient morts aussi, et maintenant c'était Roger qui allait mourir à son tour. Ah! comme il avait été sage de ne jamais désespérer! Et comme il est bien vrai que le succès appartient aux patients!

Deux fois par jour, le matin et le soir, il avait été lui-même prendre des nouvelles de Roger, non auprès de Bernard, comme il l'aurait désiré, mais auprès du concierge, de sorte qu'en combinant ce que lui rapportait celui-ci avec les bulletins officiels que Mautravers lui envoyait, il suivait pas à pas la marche de la maladie.

Pendant les premiers jours ceux qui l'approchèrent remarquèrent dans toute sa personne les marques d'une profonde affliction; les choses allaient bien pour lui, et par conséquent mal pour Roger. Les râles occupaient une surface de plus en plus large, disait Mautravers, et la fièvre augmentait tandis que les forces diminuaient; bien certainement il allait mourir, c'était donc le moment de se tenir sur ses gardes et de ne pas montrer de joie.

Puis, vers le sixième jour, on avait remarqué qu'un

vague sourire demeurait constamment sur son visage : les choses allaient mal pour lui, c'est-à-dire bien pour Roger : les râles diminuaient, le pouls s'abaissait, les forces se relevaient ; c'était le moment de ne pas montrer le désespoir causé par cette nouvelle.

Assez rapidement le mieux s'était accentué, et la période de la convalescence avait commencé.

Comment une fois encore Roger allait guérir et se rétablir ! Était-ce possible !

Sans doute, en envisageant les choses froidement, on devait reconnaître que cette fluxion de poitrine aggravait singulièrement l'état de Roger, mais enfin ce n'était pas la mort. Il y a des poitrinaires qui de pneumonies en pneumonies, de bronchites en bronchites, traînent pendant longtemps, très longtemps. Bien soigné, Roger pouvait se rétablir ; il le pouvait surtout si, se décidant à quitter Paris qui le tuait, il allait comme ses médecins le voulaient passer quelques mois dans le Midi.

Quelques mois, puis après ceux-là d'autres encore sans doute ! M. de Condrieu-Revel ne pouvait pas attendre ainsi et permettre par son inaction criminelle une série de rechutes et de rétablissements qui dévoreraient le temps. Du temps, il n'en avait pas à donner ; car tandis que le temps marcherait pour Roger, il marcherait aussi pour le procès du duc de Condrieu et le jugement pouvait être rendu avant que Roger fût mort. Quel serait ce jugement ? M. de Condrieu-Revel avait de des craintes : les chances étaient contre lui, et, si le jugement lui était contraire, la situation de Ludovic se trouverait gravement compromise : vicomte de Condrieu-Revel, Ludovic pouvait espérer hériter du titre et du nom de Roger, tandis que s'il n'était plus que Coudrier, ce titre et ce nom lui échapperaient probablement.

Ce qu'il importait donc avant tout maintenant c'était que Roger ne quittât point Paris et ne rompît point avec les habitudes qui l'avaient mis au point où il était arrivé et qui continuées l'achèveraient.

Il vint trouver M. d'Arvernes.

— C'est de mon petit-fils, dit-il, de mon cher petit-fils que je voudrais vous entretenir.

— Comment va-t-il aujourd'hui ?

— Il est bien faible, bien faible, mais j'espère que je vais pouvoir, sinon le guérir, cela ne dépend pas de moi, hélas! au moins aider à sa guérison.

— Et comment ;

— En ces derniers temps, j'ai eu le chagrin de me trouver en opposition avec votre Excellence, chagrin bien vif, bien cruel. Avec sa jeunesse de caractère, Votre Excellence avait pris parti pour mon petit-fils, c'est-à-dire pour la levée du conseil judiciaire, et moi, avec ma vieillesse chagrine, je persistais à croire utile le maintien de ce conseil. Votre Excellence m'a fait une rude guerre, et cependant peut-être m'aurait-il été possible de la continuer encore, si cette maladie n'était pas venue changer mes dispositions. Que voulais-je : je l'avoue tout franchement, car je suis un homme sans détours ; je voulais retarder le plus possible le jugement de cette affaire, de peur que ce jugement s'inspirant de l'avis de Votre Excellence, ne levât le conseil, et cela non par vaine opposition, mais parce que je pensais que du temps gagné par moi, c'était de la sagesse gagnée par mon petit-fils, de sorte que plus la mainlevée du conseil arriverait tard, moins elle serait dangereuse. Aujourd'hui la maladie a changé ces dispositions : je sais que mon pauvre petit-fils souffre beaucoup d'avoir à subir ce conseil ; je sais aussi qu'il n'attend que d'en être dégagé pour quitter Paris qui le tue, car c'est la vie de Paris qui le tue ; oui, monsieur le duc, c'est la vie de Paris. Enfin je sais encore que, dans l'état de faiblesse où il se trouve, il ne subira plus ces entraînements, ces ardeurs dévorantes qui lui ont fait commettre tant de folies. Aussi je rends les armes. Je vais unir mes efforts aux vôtres pour que ce procès soit jugé le plus vite possible, de façon à ce que mon pauvre, mon cher petit-fils, débarrassé de son conseil, puisse quitter Paris et n'y revenir que lorsqu'il aura recouvré la santé.

Cela fut dit avec tant de bonhomie, tant d'émotion, que M. d'Arvernes ne put pas en soupçonner la sincérité : il avait été touché, le vieux comte ; ou bien, voyant que ses efforts seraient désormais inutiles, il voulait tirer parti de sa soumission forcée de manière à amener un rapprochement entre lui et son petit-fils et finalement un testament en faveur de Ludovic de Condrieu.

Il n'y avait donc plus rien à faire : le jugement serait bientôt rendu, le conseil judiciaire serait levé et le duc de Naurouse quitterait Paris.

Pour M. de Condrieu-Revel c'était un grand point d'avoir obtenu l'inaction du duc d'Arvernes ; maintenant il allait pouvoir manœuvrer pour retarder ce jugement qu'il paraîtrait demander ; et si, malgré tout, ce jugement était rendu, s'il levait le conseil judiciaire, on le ferait frapper d'appel par le conseil de famille.

XXXV

Ce qui, plus que tout, avait disposé M. d'Arvernes à prendre au sérieux les bonnes dispositions de M. de Condrieu-Revel, c'était la gêne et l'humiliation qu'il éprouvait à faire des démarches en faveur du duc de Naurouse.

Malgré son habitude du monde et l'empire qu'il savait exercer sur lui-même, il n'avait jamais pu prononcer ce nom la tête haute et les yeux levés.

Il avait avalé bien des couleuvres dans sa vie d'homme politique qui avait commencé par la bohême et l'aventure, mais jamais d'aussi répugnantes que celles qui étaient formées avec ce nom de Naurouse.

Le jugement allait être rendu, le conseil serait levé, et, après tant de souffrances et d'humiliations, il serait enfin débarrassé.

Il était temps, car il était à bout de forces et d'expédients pour se maintenir, attaqué et poursuivi qu'il était de tous les côtés par ses adversaires qui ne lui avaient pas laissé une minute de répit.

Sans relâche, la guerre des correspondances avait continué, activée par le duel de Roger avec le rédacteur du journal viennois : en Autriche, en Italie, en Prusse, en Russie, en Espagne, en Hollande, dans les deux Amériques, même en Angleterre dans ce pays de la pruderie où le *cant* a supprimé l'adultère... au moins au théâtre et dans le roman, il n'était question que des amours du duc Carino avec une grande dame de la cour de France. Bien entendu cela n'avait guère d'intérêt pour le gros des lecteurs étrangers qui ne savaient qui était ce duc Carino et cette grande dame qu'on qualifiait « de très honnête, très vertueuse, et très illustre » comme celles dont parle Brantôme dans ses *Dames galantes;* mais cela était compris de quelques curieux qui veulent tout savoir; on en causait, on s'en occupait dans les ambassades, ce qui était le point essentiel et poursuivi, et bientôt cela revenait à Paris où l'on voulait qu'en fin de compte tout ce tapage résonnât. Qu'on dît tout bas dans le monde parisien que la duchesse d'Arvernes était la maîtresse du duc de Naurouse, cela n'avait pas grande gravité, d'autres « grandes dames très honnêtes, très vertueuses et très illustres » avaient des amants avoués et reconnus sans être pour cela déshonorées et sans que leurs maris fussent compromis; mais ces propos qui n'eussent été rien, nés et colportés à Paris, prenaient une importance considérable par cela seul qu'ils revenaient de l'étranger : On disait à Vienne que la duchesse d'Arvernes avait pour amant le duc de Naurouse, le duc Carino, on le répétait à Florence, à Berlin, à Saint-Pétersbourg, à Madrid, à La Haye, à Washington, à Rio-Janeiro, à Lima, à Londres, quel scandale abominable; cette duchesse d'Arvernes devait être mise en quarantaine, on ne pouvait plus aller chez elle, les relations devenaient impossibles avec son mari, non à cause de lui, le pauvre homme, bien que dans tout cela il se montrât d'une complaisance inexplicable, mais à cause d'elle.

Il en est de la médisance et de la calomnie comme du vin, elles gagnent à voyager et à revenir des pays d'outre-mer. Ces histoires publiées, racontées dans les journaux et revenant à Paris d'où elles étaient parties, n'étaient point restées enfermées dans le monde de la diplomatie; on ne s'en était point occupé seulement dans les ambassades d'Autriche, de Prusse, de Russie, d'Angleterre, dans les légations du Brésil, du Pérou : elles avaient couru partout et elles étaient arrivées enfin où ceux qui les avaient soufflées voulaient qu'elles arrivassent, — à la cour.

Comment y étaient-elles arrivées, par qui avaient-elles été apportées, dans quelle forme avaient-elles été présentées, avec quels arrangements? M. d'Arvernes ne l'avait pas su; mais bientôt il avait ressenti le contre-coup de l'effet qu'elles avaient produit.

C'était le moment où il attendait pour lui et pour madame d'Arvernes une invitation à une fête, à laquelle depuis leur mariage ils avaient régulièrement assisté chaque année : cette invitation n'était point venue ni pour madame d'Arvernes ni pour lui.

Cela était significatif, mais l'accueil qu'on lui avait fait l'avait été plus encore : plus de paroles affectueuses, plus de ces conversations intimes dans les embrasures de fenêtres qui naguère soulevaient tant de jalousie, rien que des rapports officiels et encore aussi écourtés, aussi froids que possible.

Était-il perdu?

La faveur l'avait élevé, la disgrâce allait-elle l'abattre; c'était en tremblant qu'il ouvrait le *Journal officiel* tous les matins pour voir s'il n'y trouverait point une de ces lettres aux formes solennelles, qui, sans qu'on l'ait prévenu la veille, lui apprendrait brutalement qu'il était remplacé; une bonne parole maintenant, un sourire l'effrayaient; car, au lieu d'y voir une rentrée en grâce, il y voyait une menace déguisée; on voulait adoucir le coup qui allait le frapper.

C'était avec anxiété qu'il étudiait ses adversaires : s'ils ne lui parlaient point c'était par mépris pour un homme tombé ; si au contraire ils lui parlaient c'était l'exaltation du triomphe qui les entraînait à le railler.

Cependant, au milieu de ces angoisses, il ne s'abandonnait pas lui-même, et, si l'on écartait l'ami dont on paraissait oublier les services et le dévouement, il s'appliquait à rendre le ministre indispensable : jamais il ne s'était montré aussi acharné au travail : rapports sur les affaires de son ministère, notes, études, plans, projets, conseils qu'on ne lui demandait pas, mais qu'il présentait lui-même en vue du bien de l'État, tout lui était bon, pour se maintenir et s'imposer. Combien de fois, dans cette période de lutte, le souvenir de ce qu'avait fait un de ses prédécesseurs pour consolider une position menacée, comme maintenant l'était la sienne, revint-il obséder sa mémoire ; miné par des rivaux comme il l'était lui-même en ce moment et se voyant sous le coup d'un renvoi prochain, ce ministre avait fait ouvrir la correspondance secrète que son maître entretenait avec un personnage étranger, et à chaque instant il était venu exposer adroitement, et comme siennes, les idées qu'il avait lues la veille, si bien qu'en peu de temps il avait reconquis la confiance qu'il avait perdue ; comment se séparer d'un serviteur avec qui on était en si étroite communion d'idées ? M. d'Arvernes, lui aussi, eût pu employer des moyens de ce genre, mais bien que réduit aux abois, il ne voulut jamais le faire, car, si on pouvait oublier sa fidélité, lui ne l'oubliait point : il en avait le respect, la fierté, c'était avec d'autres armes qu'il voulait se défendre et combattre.

Si acharné qu'il fût au travail, il y avait des heures pourtant, dans ses nuits de veille, où son esprit n'obéissait plus à sa volonté, et où c'était le cœur qui parlait en lui, qui se plaignait.

Pour qui s'imposait-il ce labeur et ces longues nuits sans sommeil ?

Ah ! comme il l'aurait aimée si elle avait voulu.

Comme il l'aimait toujours.

Alors il lui cherchait des excuses, ou tout au moins des explications, des circonstances atténuantes.

Il était impossible que ce fût volontairement qu'elle agît ainsi ; elle était victime de la fatalité, une malade ; il fallait la plaindre.

Et s'enfonçant dans cette idée qui jusqu'à un certain point était une consolation, il se mettait à lire des livres de médecine ; il avait toujours eu la manie de ces lectures pour trouver les maladies dont il se croyait atteint ou menacé et les soigner lui-même, et il avait en ouvrages de médecine, surtout en dictionnaires, une bibliothèque assez bien composée ; il en prenait un et le reste de sa nuit il le passait à lire, allant d'un mot à un autre, complétant celui-ci par celui-là ; presque heureux de pouvoir se dire avec preuves à l'appui : « C'est bien cela, malade. »

XXXVI

Cependant le jugement n'avait pas été rendu aussitôt que le duc d'Arvernes l'espérait.

Au lieu de venir tout de suite comme M. de Condrieu-Revel l'avait annoncé, l'affaire avait continué de traîner sans être plaidée ni jugée.

— C'est bien décidément pour la semaine prochaine, disait M. de Condrieu-Revel chaque fois qu'il rencontrait le duc d'Arvernes ; j'ai une promesse formelle.

Enfin l'affaire avait été plaidée ; mais, contrairement à ce que M. de Condrieu-Revel avait annoncé, l'avocat du conseil de famille avait vigoureusement soutenu le maintien du conseil judiciaire, plus indispensable que jamais, car ce n'était pas seulement la fortune du jeune duc de Naurouse qu'il protégeait, c'était encore sa santé, sa vie, qui seraient sérieusement compromises, « si ce jeune homme dans les veines de qui couraient de dévorantes ardeurs, pouvait, grâce à cette fortune, satisfaire tous ses caprices et toutes ses passions » ; et, sur ce point, il avait donné cours à son éloquence la plus véhémente pour combattre d'odieuses insinuations : « est-ce que, si la famille spéculait, dans une vue d'héritage, sur sa mort, elle n'accéderait pas tout de suite à cette demande en levée du conseil judiciaire, qui admise rendrait au duc de Naurouse une liberté dont il abuserait aussitôt ? » puis tout de suite il s'était longuement étendu sur M. de Condrieu-Revel, ce vénérable vieillard qui employait les dernières années de sa longue existence, si honorablement remplie, à protéger la jeunesse turbulente et désordonnée de son petit-fils, accomplissant son devoir courageusement, noblement, avec abnégation et sans espérer vivre assez longtemps pour être remercié par l'enfant prodigue devenu sage et comprenant enfin qu'on n'a jamais agi que dans son intérêt, pour son bien, pour l'honneur de son nom.

Une pareille plaidoirie exigeait une réplique qui avait été renvoyée à huitaine ; puis à son tour l'avocat de la famille, c'est-à-dire de M. Condrieu-Revel avait répliqué, ce qui avait pris un nouveau délai ; enfin le tribunal en avait pris un aussi pour rendre son jugement.

« Attendu...

» Attendu que les faits qui ont motivé la dation du conseil judiciaire ne se sont point renouvelés;

» Attendu qu'au lieu de faire des dettes nouvelles, » le duc de Naurouse a remboursé sur ses revenus » sagement économisés la plus grande partie de ses » dettes anciennes;

» Attendu, etc.

» Le tribunal... »

Le conseil judiciaire était levé; la liberté était rendue à Roger.

— Maintenant, dit Roger lorsqu'on lui apporta cette bonne nouvelle, il faut voir ce que M. de Condrieu-Revel va faire.

L'attente ne fut pas longue. Dès le lendemain du jugement, M. de Condrieu-Revel, rencontrant le duc d'Arvernes au sénat, s'expliqua à ce sujet :

— Je suis heureux de rencontrer Votre Excellence, oui, très heureux. Je me proposais d'aller la voir pour lui parler de ce jugement, qui m'a comblé de joie... comblé de joie, positivement, surtout par ses considérants. C'est une réhabilitation pour mon cher petit-fils. Les attestations données par Votre Excellence... ont été validées par le tribunal, validées.

— Cela n'a été que justice.

— Oh! sans doute, sans doute, c'est ce que j'ai dit moi-même au conseil de famille.

— J'espère qu'il accepte ce jugement?

— Avec bonheur... comme je l'accepte moi-même; car tous les membres de ce conseil ont un cœur de père pour ce cher enfant. Seulement... et c'était à ce propos que je voulais voir Votre Excellence... seulement, le conseil de famille, après une discussion longue et approfondie, a pris une résolution que j'ai combattue... de toutes mes forces combattue, parce que je ne la trouve ni juste ni politique. Mais enfin, comme j'ai été seul de mon avis, il l'a prise malgré moi et tout ce que j'ai pu dire.

— Quelle résolution? interrompit M. d'Arvernes, agacé par ce flux de paroles entortillées.

— Celle... mon Dieu, oui, celle... vous m'en voyez encore tout ému... celle... de faire appel de ce jugement de première instance.

— Mais c'est impossible.

— C'est justement ce que j'ai dit moi-même : « C'est impossible »; et j'ai donné les raisons qui abondaient pour combattre cet appel; on m'a écouté, on m'a d'autant mieux écouté que ces raisons que je développais, chacun des membres du conseil se les donnait lui-même; mais il y en avait une qui, pour eux, dominait toutes les autres : celle de la prudence; ce n'est pas pour obtenir le maintien du conseil judiciaire que le conseil de famille forme son appel.

— Pourquoi alors?

— Pas pour gagner son procès, non, pas du tout; mais pour gagner du temps simplement; le conseil de famille estime que mon petit-fils, mon cher petit-fils a fait des folies, ces folies ont été causées par son extrême jeunesse, ce qui est tout à fait mon sentiment, et la preuve, c'est que la sagesse lui est venue avec l'âge, de sorte qu'en avançant en âge il avance en même temps en sagesse; donc, pour le mettre à l'abri de nouvelles folies il n'y a qu'à ne pas lui donner la liberté d'en faire... immédiatement; l'appel du jugement rendu hier paraît offrir ce moyen; en effet, cet appel ne sera pas jugé avant six mois, un an peut-être, et il y a lieu d'espérer que dans un an mon cher petit-fils sera tout à fait sage, tout à fait sage, tout à fait.

M. d'Arvernes dédaigna de répondre; ce qui occupait son esprit, ce n'était pas la fourberie de M. le Condrieu-Revel, il en avait vu bien d'autres, c'était le délai d'un an dont on venait de lui parler.

Un an à attendre, quand en ces derniers temps il en avait été à compter les jours et les heures!

Il fallait agir au plus vite, tout de suite.

Le lendemain était un samedi, et justement, la semaine précédente, madame d'Arvernes avait été le samedi à Fontainebleau où Roger s'était établi pour sa convalescence; peut-être voudrait-elle y aller encore le samedi de cette semaine.

Elle avait pris, le précédent samedi, le train de onze heures; à neuf heures et demie il se présenta chez elle; la femme de chambre lui répondit que madame la duchesse s'habillait; mais cela ne l'arrêta pas; il entra dans le cabinet de toilette; elle était en train de boutonner sa robe devant une psyché.

— Vous, dit-elle sans retourner la tête, ici.

— J'ai à vous parler.

— Je suis pressée.

M. d'Arvernes fit signe à la femme de chambre de sortir, et il alla s'assurer que la porte était bien fermée derrière la tapisserie qui la cachait.

Il revint alors lentement et, de la tête aux pieds, il regarda sa femme, qui avait fait une toilette de voyage charmante, printanière et fraîche; elle ne s'était pas détournée et, devant la glace, avec ses deux mains, elle achevait de mettre en ordre chacune des parties de son habillement, tirant le corsage, aplatissant la jupe ou la faisant bouffer, tout cela avec une tranquillité parfaite, comme si elle avait été seule.

— Vous sortez? demanda-t-il enfin, d'une voix contenue, mais qui tremblait.

— Oui.

— Où... allez-vous ?

— A la campagne.

— Où?

Elle se retourna brusquement et le regarda en face; durant plusieurs secondes ils restèrent les yeux dans les yeux : il était blême et ses lèvres décolorées tremblaient.

— Alors c'est un interrogatoire? demanda-t-elle.

— Au moins c'est une question à laquelle je vous prie de répondre.

— Vous avez tort.

— En quoi donc? demanda-t-il avec hauteur.

— En ce que votre question n'est pas de celles qu'on pose à une femme qui dédaigne de mentir; n'insistez donc pas.

— J'insiste.

— Je vous ai déjà dit que j'étais pressée, fit-elle en étendant la main pour prendre son chapeau.

— Vous ne partirez pas.

— Et qui m'en empêchera?

— Moi.

— Vous ! allons donc.

— Où allez-vous? Encore une fois, où allez-vous?

C'était avec l'accent de la menace qu'il avait répété sa question; mais elle ne parut pas intimidée; elle se tenait la tête haute, le regard assuré; la releva encore, son regard exprima le défi.

— Puisque vous le voulez, soyez satisfait, dit-elle, à Fontainebleau.

— Voir M. de Naurouse, s'écria-t-il en s'avançant furieusement.

— Puisque vous le savez, pourquoi le demandez-vous ?

— Pour que vous le disiez.

— Je l'ai dit.

Il leva au-dessus d'elle ses deux poings crispés; mais elle ne baissa ni la tête ni les yeux, et le regardant en face plus dédaigneuse encore, plus méprisante :

— Monsieur Janelle ! dit-elle.

— Remerciez Dieu que je ne sois pas seulement ce Janelle que vous insultez, car je vous aurais étranglée depuis longtemps de mes mains.

C'est votre grandeur alors que je devrais remercier.

— C'est l'honneur de mon nom, l'honneur de mes enfants, cet honneur que vous traînez dans la boue et que je vous rappelle pour vous adjurer de faire cesser un pareil scandale qui nous déshonore vous et moi et qui, plus tard, les déshonorera eux aussi. Ne pensez pas à moi, votre mari, qui ne vous ai jamais rien fait que de vous aimer, vous aimer trop, et que vous perdez par le scandale de vos amours, car vous n'ignorez pas que vous me perdez; que ce scandale, mes adversaires et mes ennemis l'exploitent perfidement contre moi; que je puis être remplacé demain sans qu'on ait rien à me reprocher que d'être votre mari et la honte qu'à pleines mains, à plaisir vous jetez sur mon nom. Ne pensez pas à vous, à votre dignité de femme. Mais eux, vos enfants, ne penserez-vous pas à eux ? Leurs voix ne trouveront-elles pas le chemin de votre cœur, ne remueront-elles pas vos entrailles de mère ? C'est eux qui vous parlent par ma bouche : pensez donc qu'un jour votre fille aimera peut-être, qu'elle sera aimée, qu'elle voudra se marier et qu'une famille honorable pourra dire : « Nous ne voulons pas de vous, fille de la duchesse d'Arvernes. »

Il s'enfonça les deux mains dans les cheveux désespérément, pressant son front, enfonçant ses doigts dans son visage convulsé.

— Puis, tout à coup, d'une voix brisée que l'émotion étranglait :

— La passion vous égare, vous affole ; revenez, revenez à vous, rompez une liaison indigne de vous.

Elle avait été troublée, émue par l'appel qu'il lui avait adressé ; mais ces derniers mots, non préparés, non réfléchis, s'échappant irrésistiblement, la blessèrent et étouffèrent cette émotion.

— Et en quoi donc est-elle indigne ? dit-elle.

— Indigne d'une honnête femme.

— Ce sont là des grands mots que vous auriez bien dû m'épargner. Vous savez que je ne suis pas sensible à cette morale bourgeoise. Quant à la scène de jalousie que vous venez de me faire, je ne sais pourquoi, laissez-moi vous dire qu'elle est tout à fait déplacée.

— Vous demandez pourquoi ?

— Assurément ; séparés de fait depuis plusieurs années, je ne suis restée dans cette maison qu'à la condition, — tacite, il est vrai, mais que j'avais le droit de croire bien comprise de vous, — de garder ma liberté. Il vous plaît aujourd'hui, je ne veux pas chercher sous quelle pression, il vous plaît de me refuser cette liberté, c'est bien, séparons-nous alors tout à fait. J'aime M. de Naurouse... J'aime M. de Naurouse, je le répète, non pour vous braver, non pour vous insulter, non pour vous peiner, mais pour que vous compreniez bien que rien au monde, ni votre volonté, ni vos ordres, ni vos menaces, ni les ordres ou les menaces de personne ne rompront cette liaison qui est ma vie même. Où il sera, je serai; où il ira, j'irai. Vous avez voulu l'envoyer à Rome : je n'ai rien dit, parce que cette fantaisie de votre part ne s'est point réalisée; mais je vous préviens aujourd'hui puisque vous avez voulu aborder ce sujet malgré moi, que s'il avait été à Rome, j'y serais allée avec lui; et que s'il y allait demain, j'irais, à Vienne, à Londres, au bout du monde. Renoncez donc à toute espérance de rupture. Et si cette liaison vous blesse, si elle vous gêne, si elle compromet votre position dans l'État, encore une fois, séparons-nous. Je veux ma liberté, ma liberté entière pour demain, pour toujours, et je la veux tout de suite : laissez-moi passer.

Tout en parlant elle avait mis son manteau et son chapeau et elle était arrivée devant lui.

— Vous ne sortirez pas, s'écria-t-il, en faisant deux pas au-devant d'elle.

Elle s'arrêta, puis, changeant de direction, elle alla à la cheminée et tira un cordon de sonnette.

— Alors vous emploirez la force pour me retenir.

La femme de chambre entra; il y eut un moment de silence terrible, puis madame d'Arvernes reprit son chemin vers la porte de sortie et arriva jusque contre son mari, qui lui barrait le passage; il leva les deux mains violemment.

— Eh bien! dit-elle.
— Valère! Valère!

Ses mains étaient retombées; elle passa, et, suivie de la femme de chambre, elle sortit.

Il se jeta après elle, mais aussitôt il s'arrêta.

Pendant quelques secondes, il resta immobile; puis tout à coup, sortant violemment, il monta au second étage à l'appartement des enfants.

— Louis, Eugénie, dit-il à la gouvernante.

Les deux enfants, les deux aînés, entendant leur nom, accoururent suivis des deux plus jeunes.

Il prit Louis et Eugénie, il les serra dans ses bras il les embrassa convulsivement, allant de l'un à l'autre, mais sans plus s'occuper des deux plus jeunes que s'ils n'étaient pas là, s'ils n'avaient jamais existé.

XXXVII

— Tu viens nous chercher? dit Louis en se pendant au cou de son père.

— Pour aller nous promener avec toi? dit Eugénie.

— Quel bonheur! s'écrièrent-ils en même temps.

Non, ce n'était point pour les promener qu'il était venu; ce n'était point pour eux, c'était pour lui, c'était pour se réfugier en eux, pour trouver en eux un soutien, un appui, une inspiration; pour n'être pas seul.

Mais comment leur dire cela? Ces deux voix enfantines, ces deux cris joyeux venaient de lui remuer le cœur et d'emplir de larmes ses yeux secs. Les pauvres enfants, ils avaient si peu de joies : leur mère ne s'occupait jamais d'eux, et lui, c'était à peine si, de temps en temps, il trouvait quelques instants dans sa journée occupée à leur donner. Ils sortaient, il est vrai, ils se promenaient, mais régulièrement, méthodiquement, par devoir, avec leur gouvernante digne et austère qui ne riait jamais que de ce que disaient les parents de ses élèves.

— Papa.

— Papa.

Le garçon était à droite, la fille était à gauche; les deux autres enfants, arrêtés à une certaine distance, regardaient d'un air de curiosité inquiète, se tenant par la main.

— Où voulez-vous aller? dit M. d'Arvernes.

— Déjeuner au restaurant avec toi, dit Louis.

— Moi je veux aller à la campagne, dit Eugénie.

Il devait y avoir conseil des ministres ce jour-là, et jamais M. d'Arvernes ne manquait ces conseils : ce n'était pas le moment de ne pas arriver le premier pour ne partir que le dernier, quand tout le monde l'attaquait et tombait sur lui.

— Moi, dit Louis, je veux bien aller aussi à la campagne, mais je veux avant déjeuner au restaurant.

Et s'adressant à sa sœur :

— Tu sais, nous mangerons des pommes de terre soufflées.

— Moi, je veux de la compote d'abricots. Avec les abricots entiers.

— Oh! papa!

Et tous deux l'embrassèrent en même temps

Quand il releva la tête, il se tourna vers la gouvernante :

— J'emmène Louis et Eugénie, dit-il.

Les deux enfants poussèrent des cris de joie à briser les vitres.

Les deux derniers étaient restés immobiles, regardant toujours. Entendant cela, ils ne dirent rien; mais se tenant par la main, ils se retournèrent et sortirent de la chambre.

Bien que M. d'Arvernes ne les eût pas regardés, il ne put pas ne pas voir ce mouvement, qui s'était accompli, d'une façon si caractéristique, si frappant dans son silence.

— Vous promènerez Guillaume et Germaine, dit-il.

Sans répondre, la gouvernante inclina sa longue taille raide et pas un muscle de son visage anguleux ne bougea.

Ce que Louis appelait déjeuner au restaurant, c'était prendre place dans la salle commune et non dans un cabinet particulier; ce qui lui plaisait, c'était la vue de la foule, le mouvement, le va-et-vient, le bruit, encore plus peut-être que les mets qu'il pouvait commander au gré de sa fantaisie.

Ce fut d'ailleurs pour lui et pour sa sœur une grande affaire, délicate et difficile, que l'ordonnance du menu. Il avait été convenu qu'il commanderait deux plats et que sa sœur en commanderait deux aussi; mais lorsqu'il fallut faire cette commande, ils se trouvèrent aussi embarrassés l'un que l'autre.

Naturellement le garçon s'était adressé à M. d'Arvernes en lui présentant la carte du jour, mais celui-ci l'avait passée à Louis en lui disant de s'entendre avec sa sœur pour faire leurs choix.

— Des pommes de terre frites soufflées, dit Louis vivement.

— De la compote d'abricots, dit Eugénie non moins rapidement.

— Et avec cela ? demanda le garçon sans rien perdre de sa gravité.

Ils savaient lire l'un et l'autre ; mais, bien que penchés sur la carte de façon que leurs deux têtes se touchaient et lisant attentivement, ils ne trouvaient rien ou plutôt ils n'osaient se décider pour rien.

Les bouillonnements de la colère secouaient encore les nerfs de M. d'Arvernes et dans son cœur réson-

14.

naient encore des coups sourds qui brusquement l'arrêtaient; cependant, à les regarder ainsi penchés devant lui, les cheveux bruns de Louis se mêlant aux boucles blondes d'Eugénie, tandis que leurs petits doigts roses suivaient gravement les lignes écrites sur la carte, un sourire attendri lui monta aux lèvres et ce fut avec un mouvement d'orgueil paternel qu'il promena ses yeux sur les personnes assises aux tables voisines de la sienne comme pour les prendre à témoin et leur dire :

— N'est-ce pas qu'ils sont charmants ?

Au reste c'était aussi le sentiment de ceux qui ne tenaient point leurs yeux gloutonnement attachés sur leur assiette et qui regardaient autour d'eux : la gentillesse de ces deux enfants qui paraissaient si contents et en même temps si embarrassés amenait un sourire sur les lèvres, et ceux qui ne connaissaient point le duc d'Arvernes se disaient :

— Voilà un heureux père.

A la fin le menu fut composé.

Jamais ils n'avaient eu si bel appétit, et c'était vraiment plaisir de les voir dévorer, c'était à croire qu'ils étaient au pain sec ou qu'ils jeûnaient depuis plusieurs jours; mais, pour faire travailler activement leurs quenottes, ils ne condamnaient pas leurs yeux au repos; rien de ce qui se passait autour d'eux ne leur échappait. Ils suivaient tout curieusement; les garçons faisant leur service, les sommeliers débouchant les bouteilles couchées dans les paniers, les maîtres d'hôtel découpant; ils regardaient les gens manger comme ils auraient regardé les animaux du Jardin des Plantes prendre leur nourriture, et quand ils en remarquaient qui avaient quelque chose de particulier, ils échangeaient tout bas en riant leurs observations; quelquefois même Louis qui avait les manières d'un sauvage (au moins sa gouvernante le disait-elle), les montrait du doigt, tandis que sa sœur, plus discrète dans ses épanchements, lui abaissait vivement la main en lui disant à voix basse :

— On ne montre pas les gens au doigt.

A quoi Louis répliquait d'un air superbe :

— Quand on est avec papa on fait ce qu'on veut.

Et ce qu'il voulait présentement, ce qui lui plaisait, c'était faire tout ce que sa gouvernante lui défendait : couper son pain avec son couteau, le saucer en le tournant dans son assiette, vider son verre d'un trait, mettre ses coudes sur la table, parler la bouche pleine, enfin une révolte audacieuse contre les lois les plus sacrées, avec la complicité et l'approbation paternelles.

— Dépêche-toi donc, lui disait sa sœur de temps en temps, nous ne pourrons pas aller à la campagne.

— La journée est à nous ; et puis on s'amuse ici.

— On s'amuse aussi à la campagne.

— Tu n'es donc pas contente de déjeuner !

— Je suis contente de déjeuner, mais je serai contente aussi de me promener.

— Et où veux-tu te promener? demanda M. d'Arvernes.

— Dans un pays où il y a des ânes, parce que je veux aller à âne, sur un vrai âne qui s'arrête quand on veut le faire marcher et qui marche quand on veut qu'il s'arrête.

— Ça c'est bête, dit Louis.

— Non, c'est ça qui est amusant.

Pour un Parisien, le pays où il y a des ânes c'est Montmorency. Le déjeuner achevé, M. d'Arvernes les conduisit à la gare du Nord, et une heure après ils arrivaient sur le plateau des Champeaux, au milieu des champs qui occupent cette partie de la forêt, entre les pentes boisées de Piscop et celles d'Andilly. Là seulement M. d'Arvernes lâcha les brides des ânes qu'il avait voulu mener à la main dans les rues du village ; maintenant le chemin était gazonné et l'on ne voyait, on n'entendait aucune voiture ; ils pouvaient courir librement, si leurs ânes voulaient courir ; il les suivrait.

Il faisait une belle journée printanière, un temps tiède avec un soleil légèrement voilé par les vapeurs qui montaient de la terre échauffée ; l'air était doux à respirer avec ses senteurs de feuilles nouvelles ; et doux aux yeux étaient les champs verts enfermés dans l'encadrement sombre des grands arbres de la forêt ; au milieu des blés déjà hauts qui se mouvaient en longues ondulations veloutées, s'élevaient des cerisiers et des pommiers tout blancs de fleurs, dont la brise en passant détachait les pétales qui voltigeaient çà et là, papillonnant capricieusement, mêlés aux flocons cotonneux des peupliers.

— De la neige ! criait Eugénie, qui n'avait jamais été à la campagne au printemps.

Ah ! si les ânes avaient voulu courir ; mais justement ils s'y refusaient obstinément, malgré les claques que leur appliquaient les enfants. Pour les décider il fallut que M. d'Arvernes cassât une baguette de noisetier et les fouettât ; alors ils partirent au galop et il dut galoper lui-même derrière eux, tout ému de voir Louis et Eugénie ballottés à droite, à gauche, en avant, en arrière, comme si à chaque instant ils allaient tomber.

Ils ne tombèrent point, mais il arriva un moment, après plusieurs galops, où ils se fatiguèrent d'être ainsi secoués et où ils voulurent descendre pour marcher dans l'herbe verte et cueillir les fleurs du chemin, des primevères sur les talus des fossés, des scilles aux grappes d'un bleu céleste à la lisière des bois.

Les fleurs cueillies, il fallut en faire un bouquet. Alors M. d'Arvernes attacha à un arbre les ânes qu'il conduisait par la bride et l'on s'assit sur l'herbe à l'abri d'un buisson d'épines blanches.

Les enfants étaient radieux; il ne les avait jamais vus si frais; l'air leur avait fouetté la peau et leurs joues pâlies dans le renfermé de la ville s'étaient empourprées; leurs yeux agrandis souriaient joyeusement avec douceur.

Le temps passa vite; ils ne se fatiguèrent point de rester là sur l'herbe. Cependant M. d'Arvernes, se souvenant qu'il avait été élevé un peu en paysan dans les prairies de l'Isère, voulut leur faire des sifflets avec des branches de saule, et comme il n'avait point de couteau, il alla en emprunter un à un ouvrier qui rehaussait des pommes de terre dans un champ tout près de là, puis en revenant il coupa des baguettes de saule et, s'asseyant entre ses deux enfants attentifs, il commença à battre avec le manche de son couteau l'écorce toute gonflée de sève; bientôt elle se détacha et les sifflets furent rapidement achevés, aussi bien réussis qu'ils auraient pu l'être par un vrai paysan, sans que rien dans leur facture trahît une main qui, depuis longtemps déjà, ne s'employait plus qu'à signer la correspondance diplomatique de l'Empire français.

Alors ce fut à qui des enfants sifflerait le plus fort, le plus longtemps; mais, si fort qu'ils sifflassent, ils eurent un rival qui sifflait plus fort qu'eux, plus longtemps et d'une façon autrement agile et habile : un rossignol qui voltigeait autour du buisson auquel ils étaient adossés et ne quittait une branche que pour aller se percher sur une autre, sans s'éloigner jamais.

reprenant sa chanson interrompue, lançant ses coups de gosier éclatants et ses roulades rapides.

Cette persistance à ne pas s'éloigner fit croire à M. d'Arvernes que le nid de la femelle ne devait pas être loin. On le chercha, et après bien des peines, après avoir rampé à quatre pattes, s'être piqué les mains et la figure, on finit par l'apercevoir au fond du massif épineux; la femelle était sur ses œufs; elle ne s'envola point, mais son œil trahit son inquiétude.

Le soleil s'abaissait, il fallut penser au retour.

— Quel malheur! dit Eugénie; si mère avait été avec nous, comme elle se serait amusée!

Ce mot fut pour M. d'Arvernes un coup de poignard. Sa femme, il l'avait oubliée. Alors il la vit dans les bois aussi. Aux amusements de ses enfants, elle en avait préféré d'autres.

XXXVIII

Ils rentrèrent tard à Paris.

Madame d'Arvernes n'était point encore revenue.

Après un rapide dîner, les enfants, morts de fatigue, ne demandèrent qu'à se coucher.

Pour M. d'Arvernes, il passa dans son cabinet après avoir recommandé qu'on le prévînt quand la duchesse rentrerait.

Sur son bureau il trouva préparé, comme à l'ordinaire, par son secrétaire, le travail urgent dont il avait à s'occuper; mais son esprit n'était pas capable de s'appliquer à un travail quelconque, facile ou non.

Écartant d'un brusque mouvement de bras la masse de papiers qui encombraient son bureau, il s'assit, et ayant ouvert un tiroir, il en tira deux photographies encadrées de maroquin qu'il plaça devant lui, sous la lumière de la lampe, celles de ses enfants : Louis et Eugénie.

Et par un geste qui lui était habituel dans ses heures de préoccupation, il s'enfonça la tête entre ses mains et il resta à regarder ces deux portraits, allant de l'un à l'autre, revenant à celui-ci après avoir quitté celui-là.

Pendant longtemps il garda cette attitude ; puis, tout à coup se levant, il se mit à arpenter son cabinet à grands pas, allant d'un bout à l'autre nerveusement, avec des gestes incohérents qui trahissaient la violence de son agitation. De temps en temps cependant, il s'arrêtait devant son bureau et longuement il regardait les portraits, et alors l'expression de son visage s'attendrissait ; il semblait qu'il les interrogeait, qu'il écoutait leurs réponses et les acceptait.

Les heures marchaient ; le silence de la nuit descendait sur Paris, et au loin seulement, de temps en temps, on entendait le roulement d'une voiture. Dans l'hôtel pas de bruit.

Comme la demie après onze heures sonnait, on frappa à sa porte et un domestique le prévint que la duchesse venait de rentrer.

Quand il arriva chez elle, elle était seule, occupée à enlever son chapeau. S'arrêtant à la porte, il se retourna et la ferma.

— Que veut dire ceci ? demanda-t-elle d'un air hautain.

— Que nous avons à parler.

— Ce n'est guère le moment.

— Ce n'est pas ma faute si l'heure est aussi avancée.

— Eh bien! qu'avez-vous à me dire?

— J'ai à vous demander si vous avez réfléchi à ce qui s'est dit, à ce qui s'est passé ce matin entre nous?

Elle paraissait agacée et sous l'influence d'une irritation nerveuse assez violente; plusieurs fois elle avait porté sa main à son front comme si elle avait mal à la tête; une bouffée de chaleur lui était montée au visage, ses mains tremblaient.

— Moi j'ai à vous demander de me laisser dormir, dit-elle.

— Quand vous m'aurez répondu.

— Et que voulez-vous que je vous dise de plus que ce que je vous ai dit?

— Je veux précisément que vous reveniez sur ce que vous m'avez dit dans un accès d'emportement, par colère, par défi, je l'espère.

— Je ne vous ai rien dit qui ne fût l'expression de ma pensée.

Il avait jusque-là parlé avec calme, lentement, mesurant ses mots, les pesant en homme qui s'est préparé et qui s'est promis de se contenir.

— Remarquez donc, dit-il en haussant la voix malgré lui et en accélérant son débit, remarquez que nous n'avons jamais traversé des circonstances plus graves que celles où nous nous trouvons, et que c'est notre vie à tous deux que vous allez décider.

— Je n'ai pas à décider la mienne, elle l'est.

— Il est impossible que vous n'ayez pas réfléchi.

— Ayant réfléchi avant de parler, je n'avais pas besoin de réfléchir après; ce que j'ai dit n'était que l'affirmation d'une résolution arrêtée depuis longtemps et dont rien ne me fera changer : ma liberté ou notre séparation légale.

Il resta un moment sans répondre, la regardant et détournant tout à coup les yeux comme s'il voyait en elle des choses qui, au lieu de lui inspirer le calme qu'il cherchait, l'exaspéraient ; puis, après, quelques secondes, la regardant de nouveau :

— Dieu m'est témoin, dit-il, que je suis venu a vous dans une pensée de conciliation et pour vous demander de ne pas pousser les choses à la dernière extrémité.

— A qui la faute ?

— A qui ? s'écria-t-il.

Mais, par un effort désespéré, il parvint à se retenir.

— Vous êtes trop intelligente, reprit-il, pour ne pas sentir que la résolution que vous me signifiez, je ne peux l'accepter ni dans l'un ni dans l'autre de ses termes : la séparation, pour l'honneur de nos enfants ; votre liberté, pour l'honneur de mon nom.

Une fois encore elle donna tous les signes d'une agitation violente ; il était évident qu'elle n'était pas dans son état ordinaire ; elle paraissait étouffer, et de temps en temps elle portait machinalement sa main à sa gorge.

— Je ne sens pas cela du tout, dit-elle, et une fois encore, la dernière, je vous le répète, que vous acceptiez ou n'acceptiez pas cette résolution, je l'exécuterai : libre ou séparée. Décidez.

— Jamais.

— C'est là un mot.

— Qui sera une réalité. Jamais, jamais.

Cela fut jeté avec une énergie furieuse; peu à peu la colère l'avait dominé, il n'était plus maître de lui. En

15

face d'une pareille résistance, la violence seule le poussait.

Mais chez elle aussi la colère s'était développée.

— Moi, aussi, dit-elle, je voulais me modérer ; mais puisque vous réveillez une discussion douloureuse que je croyais éteinte, car nous avions tout dit, puisque vous me poussez à bout, les choses iront plus loin que je n'aurais voulu. Ne vous en prenez qu'à vous.

— Et que pouvez-vous me dire de plus que ce que vous m'avez dit ce matin ?

— Rien autre chose, en effet, si ce n'est que le confirmer.

— Réfléchissez.

— J'ai réfléchi, et c'est parce que j'ai réfléchi, c'est parce que j'ai compris que notre situation devait être décidée aujourd'hui pour toujours, que je ne puis me laisser toucher par vos raisons, pas plus que je ne puis me laisser arrêter par vos défenses ou vos ordres ! vos ordres ! vos ordres !

Elle parlait précipitamment, achevant à peine les mots qui jaillissaient de ses lèvres tremblantes.

— Je vous ai dit, continua-t-elle, que partout où irait M. de Naurouse je le suivrais. Il va partir à Arcachon, je pars avec lui. Vous entendez, je pars.

— Et moi je vous dis que vous ne partirez pas.

— Qui donc m'en empêchera ?

— Moi, qui vous ferai enfermer comme folle.

— Folle !

— Et ne faut-il pas que la folie vous entraîne ?

— Dites l'amour, car je l'aime ; vous entendez, je l'aime, et l'on n'enferme pas comme folles celles qui aiment.

Si elle n'était pas folle, à coup sûr elle était en proie à une agitation désordonnée. Bien qu'elle parlât avec une volubilité extrême, elle paraissait étouffer de plus en plus, c'était à croire qu'elle était étranglée et les mouvements de main qu'elle portait à sa gorge étaient de plus en plus fréquents ; son visage, ordinairement pâle, était bouffi et fortement coloré.

— Ainsi c'est bien entendu, répéta-t-elle, je pars avec Carino que j'aime, que j'aime, et rien ne nous séparera, ni vous, ni personne.

Il s'avança violemment sur elle pour la faire taire en lui fermant la bouche ; mais au moment où il allait abaisser ses mains levées, elle poussa un cri aigu, non de frayeur, mais de douleur, d'une douleur atroce, comme celle qu'on éprouve lorsqu'on est grièvement blessé ou cruellement torturé ; puis, chancelant, elle fit quelques pas de côté, les bras étendus pour se protéger dans une chute, et elle alla s'abattre comme une masse inerte, sur un canapé.

Cela avait été si brusque que M. d'Arvernes n'avait pu la retenir ; d'ailleurs, en la voyant jusqu'à un certain point se diriger au lieu de tomber sur le tapis, il s'était demandé si ce n'était pas une scène qu'elle lui jouait.

Mais en la voyant étendue sur le canapé, cette idée d'une simulation possible qui avait traversé son esprit n'avait pas persisté ; elle était là, renversée, la face vultueuse, les veines du cou gonflées, les membres raidis, la gorge serrée, la poitrine oppressée, ne respirant plus.

Épouvanté, il lui prit la main : elle était glacée.

Croyant à une syncope, il versa de l'eau dans un verre et, du bout des doigts, il lui en jeta fortement quelques gouttes au visage ; mais ce moyen ne produisit aucun effet, elle ne bougea pas, la perte de connaissance était complète.

Vivement il sonna et, ouvrant la porte, il donna l'ordre qu'on allât chercher Harly au plus vite.

Deux femmes de chambre étaient entrées et elles s'empressaient autour de leur maîtresse, demandant ce qu'elles devaient faire à M. d'Arvernes, qui ne savait que répondre.

A la raideur des membres avaient succédé des mouvements convulsifs : ils se tordaient, s'écartaient, se rapprochaient, s'étendaient, se pliaient, et toujours les mains se portaient à la poitrine et au cou comme pour en arracher ce qui les oppressait.

Malgré le désordre de ces mouvements, les femmes de chambre étaient parvenues à desserrer ses vêtements, tandis que M. d'Arvernes lui passait de temps en temps un flacon d'éther sous le nez.

Cela parut la calmer un peu ; bientôt ses mouvements perdirent de leur énergie, l'oppression fut moins forte, et le visage immobile, s'anima en même temps que les yeux, couverts par les paupières abaissées, s'entr'ouvrirent en clignotant : une sorte de sourire se répandit sur toute la face ou plutôt une expression de plaisir grandit rapidement.

A ce moment la porte s'ouvrit et Harly entra ; il était parti si précipitamment qu'il n'avait pas pris le temps de quitter ses pantoufles.

Il vint vivement au canapé et, après avoir examiné la malade d'un coup d'œil rapide, il fit un signe aux femmes de chambre pour leur dire de sortir ; puis, à voix basse, il demanda à M. d'Arvernes ce qui s'était passé, et celui-ci raconta comment la crise avait commencé : un cri, une défaillance et des convulsions.

Ils revinrent à la malade : l'expression de plaisir

s'était accentuée, des soupirs s'échappaient de ses lèvres, tandis que ses yeux entr'ouverts par un spasme étaient portés en haut et en dedans, à moitié cachés sous la paupière supérieure, ne montrant qu'une ligne blanche.

— Voulez-vous me laisser seul avec madame la duchesse, dit Harly vivement.

Et, presque de force, il fit reculer M. d'Arvernes vers la porte.

Mais à ce moment elle poussa un soupir plus fort, plus prolongé et plus doux ; quelques mots nettement articulés furent prononcés :

— Oh ! mon Roger, je t'aime !

— Sortez, monsieur le duc, cria Harly, sortez, je vous en prie, sortez.

Il remua la porte avec fracas ; puis, ayant poussé M. d'Arvernes dehors, il la referma et tira le verrou.

Alors il revint à madame d'Arvernes ; il la trouva le visage baigné de larmes.

Comme il se penchait vers elle, elle ouvrit les yeux tout à fait, et, après un court moment d'étonnement, elle le reconnut.

— Ah ! c'est vous, docteur ! Que s'est-il donc passé ?

— Rien, une attaque de nerfs.

XXXIX

M. d'Arvernes avait recommandé que le docteur Harly vînt le trouver dans son cabinet aussitôt que possible.

Mais, avant que le médecin sortît de chez sa malade, près d'une heure s'écoula.

Alors on le conduisit à la porte du cabinet de M. d'Arvernes; il frappa et entra.

La vaste pièce était pleine d'ombre, une seule lampe posée sur le bureau et coiffée d'un abat-jour l'éclairant. Assis, affaissé dans un fauteuil à une certaine distance de ce bureau, se tenait M. d'Arvernes; devant lui, sous la lumière de la lampe, étaient les portraits de Louis et d'Eugénie.

Assurément il n'avait point entendu les coups frappés à sa porte, car, au bruit que fit Harly en s'avançant, il releva brusquement la tête, et Harly vit son visage convulsé inondé de larmes.

— Rassurez-vous, monsieur le duc, dit Harly vivement, madame la duchesse a repris connaissance, toute sa connaissance; cela ne sera rien.

Tristement M. d'Arvernes secoua la tête.

— Ce n'est pas sur elle que je pleure, dit-il fièrement.

Étendant la main vers les portraits de ses enfants :

— C'est sur eux, s'écria-t-il d'une voix brisée, sur eux, les pauvres enfants. Mon Dieu! que deviendraient-ils si je mourais, avec une mère comme la leur? Devant vous, qui avez une fille, je n'ai pas honte de montrer mes angoisses, ma faiblesse, mon désespoir

Mais c'étaient là des paroles : la honte, au contraire, lui fit enfoncer son visage dans ses deux mains, et il resta ainsi caché, la tête basse, jusqu'à ce qu'il eût pu, par un effort énergique, se rendre maître de son émotion. Seul, anéanti par la douleur, il s'était abandonné; maintenant le respect humain lui faisait un devoir de se contenir.

Devant la faiblesse de cet homme qui avait donné

tant de preuves de courage, d'audace, et qui avait soutenu à lui seul le poids écrasant des résolutions les plus terribles, Harly restait muet, ému et troublé. Pour lui, la situation était grave; il était l'ami de Roger, et bien certainement d'un instant à l'autre son amitié allait être mise à l'épreuve.

Pendant plusieurs minutes, M. d'Arvernes garda le silence; dans le calme de la nuit on n'entendait que sa respiration oppressée.

Enfin il abaissa ses mains et releva sa tête : ses larmes avaient séché, ses yeux étaient brûlants.

— Un hasard, dit-il, vous a rendu maître d'un secret que vous soupçonniez déjà sans doute comme tout le monde, que vous connaissiez même peut-être : dans son délire, cette malheureuse femme a parlé et elle a confessé sa honte.

— Il ne faudrait pas attacher trop d'importance à des paroles prononcées dans le délire : en donnant vous-même le nom de délire à cette crise vous l'avez caractérisée; vous savez que le propre du délire est d'associer des idées incompatibles et de les prendre pour des vérités réelles.

M. d'Arvernes interrompit par un geste d'impatience ces phrases filandreuses que le médecin débitait sans conviction d'ailleurs.

— Je vous remercie, dit-il, mais ces paroles prononcées dans le délire ont été la suite et même la répétition de celles qui avaient été prononcées en pleine raison quelques instants avant cette crise; je dois donc les prendre pour ce qu'elles sont. D'ailleurs vous comprendrez que je ne puis me faire aucune illusion à leur égard quand je vous aurai dit que madame d'Arvernes vient de m'annoncer en rentrant de Fontainebleau qu'elle partait avec M. de Naurouse pour Arcachon.

— C'est de la folie.

— C'est justement ce que je lui ai dit ; et c'est quand elle m'a entendu la menacer de la faire enfermer comme folle qu'elle est tombée dans cette crise. Eh bien, ce que je lui ai dit, ce que vous venez de dire vous-même, je vous demande de le lui répéter.

— Moi, monsieur le duc!

— N'êtes-vous pas son médecin, et n'est-ce pas là un cas de maladie à traiter? Et puis à qui puis-je m'adresser pour intervenir entre elle et moi et la ramener à la raison? De parents, je n'en ai plus. Son père? Il n'est point, par malheur, l'homme d'une pareille mission ; il l'a élevée sans jamais s'occuper d'elle, la laissant libre de faire ce qu'elle voulait, s'imaginant que toute responsabilité cessait pour lui si elle était heureuse ou plutôt si elle s'amusait ; il n'a rien à dire, rien à faire, puisque ce n'est point elle qui se plaint. Des amis? Voulez-vous que je fasse ma confession à celui-ci, à celui-là, jusqu'à ce que j'en aie trouvé un qui veuille agir et qui ait qualité, qui ait autorité pour agir? Non, docteur, non, allez près de cette folle et calmez-la. Elle a confiance en vous, et cette confiance est d'autant plus grande que vous êtes l'ami de... celui qu'elle aime. Faites-lui entendre le langage de la raison, de l'honneur ; si elle ne vous écoute pas, agissez comme médecin, mais que son idée de suivre M. de Naurouse à Arcachon ne se réalise pas, car je ne la laisserai pas partir.

Harly se trouvait dans une terrible perplexité et en présence d'une responsabilité qui pouvait devenir des plus lourdes : d'un côté il se trouvait pris de pitié pour ce père et, d'autre part, il tremblait pour Roger. Une fois encore il voulut s'échapper :

— Assurément, dit-il, si madame d'Arvernes vous

a annoncé ce projet, ce n'était point une parole sérieuse, c'était une menace, un défi : elle était déjà sous l'influence de la crise qui allait se déclarer; vous le dites vous-même : c'est une maladie.

— Et voilà pourquoi je vous la confie, c'est pour que vous la guérissiez ou tout au moins pour que vous la calmiez. Qu'elle soit inconsciente du mal qu'elle fait ou bien qu'elle n'en soit pas responsable, je vous l'accorde, je veux le croire; mais est-ce une raison pour la laisser libre de faire ce mal? Parce qu'ils ne sont pas responsables, laisse-t-on les fous libres? On les enferme, n'est-ce pas? On les met dans l'impossibilité de nuire. Eh bien j'agirai avec elle comme on agit avec les fous. Qu'elle persiste dans son idée de suivre le duc de Naurouse, et j'appelle le préfet de police qui la fait enfermer.

Il parlait avec violence, furieusement, en frappant le bras de son fauteuil à le briser : c'était l'homme qui ne recule devant rien, que rien n'arrête lorsqu'il est engagé.

Harly cependant voulut tenter un effort pour empêcher cette exaltation d'arriver à son paroxysme.

— Il n'y a pas de maison d'aliénés qui la recevrait, dit-il avec calme, mais en même temps avec autorité, en tout cas il n'y en pas qui la garderait.

Avec M. d'Arvernes ce moyen n'était pas le bon, la contradiction n'ayant d'autre effet que de l'exaspérer.

Brusquement il bondit en avant.

— Et quand j'aurai fait constater le flagrant délit d'adultère par un commissaire de police, s'écria-t-il, quand j'aurai fait condamner cette femme par un tribunal, il y aura des prisons pour la recevoir, n'est-ce pas, et pour la garder? Dites-lui cela. Qu'elle sache cela. Qu'elle comprenne. Elle est restée sourde à la

15.

voix de l'honneur, à celle du devoir, à celle de la tendresse maternelle : elle écoutera peut-être celle de la crainte. Dites-lui que c'est un homme à bout de patience, exaspéré, fou lui-même, fou de colère et de douleur, qui menace, et peut-être aura-t-elle peur. Elle vous répondra que je n'oserai jamais. Dites-lui si celui que vous voyez en ce moment est homme à n'oser point et à se laisser arrêter.

Les cheveux rejetés en arrière, le visage blême, les yeux hagards, les lèvres tordues, les bras croisés sur la poitrine, il vint se camper en face de Harly, terrible, effrayant. Il poursuivit :

— Elle vous dira que la peur du déshonneur pour mon nom et pour mes enfants me retiendra; vous lui répondrez que non, car elle nous déshonore elle-même plus honteusement que ce procès ne pourrait le faire. Au moins ce sera fini, une fois pour toutes; mieux vaut que cela arrive pendant que les enfants sont jeunes encore; ils ne connaîtront rien de ce procès, et plus tard, quand ils seront en âge de se marier, la honte de leur mère sera oubliée... au moins jusqu'à un certain point.

Il s'arrêta épuisé et se laissa tomber sur un fauteuil, où il resta assez longtemps haletant, sans que Harly osât rien dire, de peur de surexciter à nouveau cette fureur qui devait s'user par sa violence même.

— Cela vous étonne que je me décide à agir enfin après avoir si longtemps souffert sans révolte et tout supporté sans éclat. Pourquoi pas alors, n'est-ce pas? Et pourquoi maintenant? A tout prix je voulais éviter le scandale, je le voulais par fierté, je le voulais pour mon honneur, pour celui de mes enfants, — il montra les portraits, — Louis, Eugénie, les miens. Et puis je me disais : elle vieillira; l'âge calmera ces emportements de la passion; elle deviendra dévote; peut-être elle mourra, car j'en étais arrivé à admettre sa mort comme une délivrance, moi qui l'aimais. Mais l'âge n'a rien calmé, au contraire; la dévotion n'est pas venue, la mort non plus. Allez, docteur, montrez-lui la terrible nécessité à laquelle elle me pousse malgré moi, et encore une fois essayons de l'arrêter dans sa folie. Allez.

L'hésitation n'était plus possible : si désagréable, si difficile que fût cette mission, Harly devait l'accepter; il le devait pour le duc d'Arvernes et la duchesse; il le devait plus encore pour Roger, car si le hasard venait de mettre entre ses mains l'honneur du duc et de la duchesse, c'était la vie de Roger qu'il y avait mis en même temps. Pour l'honneur du duc, il fallait qu'elle renonçât à son idée d'aller à Arcachon; pour la santé, pour le rétablissement de Roger, il fallait qu'elle consentît à le laisser vivre seul pendant plusieurs mois là-bas.

Avec une femme comme elle la tâche serait rude; mais si rude qu'elle fût, il ne la déserterait point et il s'y emploierait entièrement.

Seulement ce n'était pas tout de suite, à cette heure avancée de la nuit, qu'il pouvait entreprendre sa négociation; ce fut ce qu'il expliqua à M. d'Arvernes.

— Quand j'ai quitté madame la duchesse, elle commençait à s'endormir; je ne puis pas aller troubler son sommeil pour traiter avec elle un sujet aussi grave, aussi difficile : ce serait s'exposer à provoquer une nouvelle crise, mais je vous promets que demain matin, si, comme je l'espère, elle est en état de m'entendre, je m'acquitterai de la mission, que vous me faites l'honneur de me confier, avec tout le zèle et toute l'énergie dont je suis capable. Vous auriez pu mettre votre cause en des mains plus habiles mais non plus dévouées.

Il fallut que, malgré son impatience, M. d'Arvernes acceptât ce retard.

— Alors à demain, dit-il, ou plutôt à bientôt,

Et, tirant son fauteuil, il s'assit devant son bureau.

— N'allez-vous donc pas vous coucher? demanda Harly en lui prenant le poignet, vous avez le plus grand besoin de vous calmer, de vous reposer.

— Si c'était pour dormir sans rêves, oui, je me coucherais ; mais aux rêves de mon sommeil, je préfère les réalités de la veille. A demain, à la première heure, n'est-ce pas?

XL

Il était trois heures du matin quand Harly sortit de l'hôtel du quai d'Orsay.

A neuf heures, il revint. Madame d'Arvernes était réveillée depuis quelques instants déjà, mais elle était encore au lit.

Elle le reçut avec un sourire affectueux.

— Bonjour, docteur; c'est aimable à vous de venir si matin après la mauvaise nuit que je vous ai fait passer.

— Je suis heureux de vous voir en si bon état.

— Alors la crise a été grave?

— En soi, non, mais par ses conséquences...

Il regarda autour de lui dans la chambre.

— Voulez-vous donner l'ordre qu'on ne nous dérange pas.

Mais, pour plus de sûreté et de peur qu'on pût écouter, Harly alla lui-même fermer la porte d'un petit salon situé avant la chambre et aussi celle du cabinet de toilette.

Assise sur son lit, les cheveux épars coquettement, dans ce désordre qu'elle savait si bien arranger, elle le regardait aller et venir.

Savez-vous que positivement vous m'effrayez, dit-elle, quelle opération terrible voulez-vous donc me faire?

Il était revenu au lit et gravement il s'était assis en face d'elle à une courte distance; jamais elle ne lui avait vu cet air solennel.

— Avez-vous gardé souvenir de ce qui s'est passé dans la crise de cette nuit? dit-il.

— Je me rappelle que tout à coup, dans une discussion que j'avais avec M. d'Arvernes, j'ai poussé un cri, puis je me suis vue tomber et instinctivement, machinalement, je me suis dirigée vers un canapé où je me suis abattue; là, j'ai dû m'évanouir, perdre connaissance, car je ne me souviens de rien. Quand je suis revenue à moi en ouvrant les yeux, je vous ai trouvé penché au-dessus de mon visage et vos yeux sont entrés dans les miens.

— Vous n'avez pas eu vaguement connaissance de ce qui se passait, de ce qui se disait autour de vous, des personnes qui vous entouraient?

— Non, pas du tout; je n'ai eu connaissance de rien. Qui donc m'entourait?

— M. d'Arvernes d'abord, puis vos femmes de chambre qu'il avait appelées, puis moi qui suis arrivé et qui alors ai renvoyé tout le monde. Mais avant ce renvoi de M. d'Arvernes, et alors que les femmes de chambre étaient déjà sorties, vous avez... vous avez parlé.

Vivement elle ramena ses cheveux en avant de manière à cacher son visage.

Elle se remit vite et, voulant racheter le cri qui lui avait échappé, elle essaya de rire.

— Et qu'ai-je dit? demanda-t-elle.

— Vous avez parlé de Roger.

S'il avait tenu les yeux sur elle, il l'aurait vu rougir instantanément, un flot de sang empourprant ses joues et son front.

— Qu'ai-je dit? s'écria-t-elle, qu'ai-je dit, mes paroles mêmes.

Il y eut un moment de silence pénible pour Harly, pour elle terrible; qu'avait-elle dit?

En la voyant ainsi il comprit le sentiment de crainte qui la suffoquait, et bien que les paroles qu'il avait à répéter ne fussent point faciles à dire, il se décida à les prononcer pour faire cesser cette angoisse.

— ... « Oh! mon Roger, je t'aime! » dit-il à voix étouffée et en détournant la tête.

— Et après? balbutia-t-elle, voyant qu'il se taisait, après?

— C'est tout.

Un soupir de soulagement lui échappa; elle sembla renaître.

— Et qui était là? demanda-t-elle.

— M. d'Arvernes et moi.

A plusieurs reprises elle respira longuement, fortement, et la rougeur qui avait empourpré son front s'effaça. Évidemment cela n'était pas bien grave; elle avait craint autre chose. Qu'elle eût dit devant son mari et devant Harly : « Oh! mon Roger, je t'aime! »

cela n'avait pas grande importance : pour son mari, c'était une simple répétition ; pour Harly, c'était une confirmation de ce qu'il soupçonnait, de ce qu'il savait déjà.

— Et c'est là tout ? fit-elle.

— Non, madame, le hasard m'ayant fait connaître ce secret, M. d'Arvernes a voulu m'en entretenir. Lorsque je suis sorti de votre chambre j'ai passé dans son cabinet ; je l'ai trouvé là en proie à un désespoir profond, pleurant devant les portraits de ses enfants, et alors il m'a rapporté la résolution que vous lui aviez fait connaître dans la discussion qui avait précédé cette crise : celle d'accompagner M. de Naurouse à Arcachon.

— Comment...

— Et il m'a demandé d'être son intermédiaire auprès de vous...

Mais elle ne le laissa pas continuer. Brusquement, elle rejeta ses cheveux en arrière et, étendant son bras vers Harly, elle lui coupa la parole :

— Non, mon cher docteur, non, s'écria-t-elle, je ne permettrai point qu'il y ait un intermédiaire entre M. d'Arvernes et moi, et pour une pareille question.

— Mais, madame...

— J'ai pour vous beaucoup d'estime, une très vive sympathie, il n'y a donc dans mes paroles rien contre vous ; c'est contre le rôle qe'on veut vous faire prendre que je me révolte. Je vous le répète, je n'accepte point d'intermédiaire entre M. d'Arvernes et moi, et vous lui direz que j'ai refusé de vous entendre, qu'au premier mot je vous ai fermé la bouche ; nous nous sommes expliqués, M. d'Arvernes et moi, nous n'avons ni l'un ni l'autre rien à ajouter à ce que nous avons dit.

— Songez, madame, à la terrible gravité de cette résolution...

De nouveau elle l'interrompit :

— C'est m'outrager de continuer, monsieur le docteur.

Cela fut dit avec tant de hauteur et une si fière énergie que Harly s'arrêta.

Il n'était pas déjà à l'aise pour traiter un pareil sujet, il fut décontenancé.

Voyant l'effet qu'elle avait produit, elle continua :

— Assez, ne parlons plus de M. d'Arvernes ; je ne pourrais le faire qu'en vous prenant pour juge entre lui et moi, en l'accusant comme il a eu sans doute la faiblesse de m'accuser. Je ne descendrai pas à cela; restons-en là.

Mais justement il ne pouvait pas en rester là, ni pour M. d'Arvernes, ni pour Roger; et cependant il ne pouvait pas non plus, d'autre part, faire écouter de force ce que M. d'Arvernes l'avait chargé de dire. Ce serait un mauvais moyen pour réussir que de la blesser; avec une femme violente et passionnée comme elle, ce n'était assurément pas à la menace qu'il fallait recourir.

— Eh bien, soit, madame, dit-il, après un court moment de réflexion, j'abandonnerai un sujet qui vous blesse et qui, pour moi aussi, est pénible, croyez-le; mais si vous ne me permettez pas de vous parler de M. d'Arvernes, vous ne serez pas blessée, je l'espère, que je vous parle de M. le duc de Naurouse?

— De Roger ! oh ! tant que vous voudrez ; vous ne me parlerez jamais assez de lui. Il y a bien longtemps que je désirais vous en parler moi-même, et je puis vous dire que ma sympathie pour vous m'est venue de l'amitié que vous avez pour lui.

— Eh bien, madame, cette amitié dont vous parlez me fait vous demander de ne pas l'accompagner à Arcachon. Si je l'envoie au bord de la mer, c'est pour qu'il y soit seul, dans un repos absolu, à l'abri de toute émotion, de toute excitation, et qu'il vive là d'une vie végétative qui lui permette de refaire sa santé si gravement compromise.

Il s'arrêta un moment, car ce qu'il avait à dire était délicat ; mais ce ne fut qu'un court instant.

— Si vous l'accompagnez à Arcachon, il ne trouvera plus ce repos que je lui recommande par-dessus tout ; près de la femme qu'on aime le cœur bat trop vite, tout est prétexte à émotions ; c'est un malade, ne l'oubliez pas...

Elle l'interrompit :

— Mais c'est précisément parce qu'il est malade, que je tiens à l'accompagner. Comment, vous, son médecin, vous voulez qu'il soit seul là-bas sans autres soins que ceux d'un domestique ! Moi qui l'aime, je ne veux pas de cela. Il a besoin de repos, dites-vous ; je veillerai sur son repos. Il ne lui faut pas d'émotions, je les lui éviterai. Je veux être une sœur pour lui, une sœur de charité. Sa sœur, sa garde-malade ; mais c'est là un bonheur que je ne connais pas et qu'il me donnera. C'est maintenant que rien ne me retiendra à Paris, rien, vous entendez, docteur, rien.

Il voulut insister, elle l'écouta sans se fâcher ; mais tout ce qu'il dit, tout ce qu'il essaya fut inutile.

— Sœur de charité, garde-malade, rien que garde-malade.

Elle s'était enthousiasmée pour cette idée dont rien ne put la faire démordre.

De guerre lasse il dut se retirer, sentant bien que, pour ce jour-là, au moins, il n'obtiendrait rien : le lendemain il reviendrait à la charge et d'ici-là il trouverait peut-être quelque moyen efficace pour la retenir, car, plus que jamais, il fallait pour Roger qu'elle ne partît point : maîtresse et sœur de charité, c'était trop.

Mais avant d'être au lendemain, il devait ce jour même rendre compte de sa mission à M. d'Arvernes, qui l'attendait.

— Eh bien ? s'écria le duc en le voyant entrer, eh bien ?

Harly raconta ce qui s'était passé, tout ce qui s'était passé. M. d'Arvernes fut atterré.

Quand Harly se tut, il se fit un long silence.

Enfin M. d'Arvernes, qui tenait la tête baissée, la releva : une mâle résolution animait son visage :

— Décidément, dit-il, il ne me reste plus qu'à m'adresser à M. de Naurouse pour que tout cela prenne fin. Eh bien ! je m'adresserai à lui.

— Monsieur le duc ! s'écria Harly.

— Ce n'est pas pour lui qu'il faut craindre, c'est pour moi qu'il faut être compatissant. Mon cher docteur, ma croix est lourde à porter.

LI

De même que M. d'Arvernes savait que sa femme allait à Fontainebleau le samedi, de même il savait aussi que le duc de Naurouse venait à Paris le lundi et le jeudi. Comme on était au dimanche, il pourrait donc le voir le lendemain.

Cependant, pour ne rien laisser au hasard, il fit demander, rue Auber, si le duc de Naurouse devait venir le lendemain, et la réponse fut qu'on l'attendait vers midi,

A midi juste, M. d'Arvernes sonna à la porte de l'appartement de Roger, qui lui fut ouverte par Bernard : le duc de Naurouse n'était pas arrivé.

— C'est bien, dit M. d'Arvernes, je vais attendre.

— Je ne sais si M. le duc viendra aujourd'hui à Paris, dit Bernard d'un air embarrassé ; je ne le crois pas.

— Enfin, je vais attendre.

Il fallut bien que Bernard ouvrît la porte du salon et fît entrer M. d'Arvernes ; puis, tout de suite, il la referma pour revenir dans le vestibule.

Bien que M. d'Arvernes ne fût jamais venu rue Auber et que Bernard n'eût jamais été à Vauxperreux, celui-ci connaissait parfaitement de vue le mari de la femme que son maître aimait, et c'était là ce qui avait causé son trouble et son embarras. Attendant, comme tous les lundis, madame d'Arvernes à midi et demi, il avait craint une rencontre entre le mari et la femme, rencontre qui pouvait se produire dans le vestibule ou dans l'escalier, et, pour l'éviter, il n'avait trouvé rien de mieux que de dire que son maître ne viendrait pas. Maintenant que M. d'Arvernes était installé dans le salon, que dire si madame d'Arvernes arrivait, devançant l'heure comme elle le faisait quelquefois ? Que son mari était là ? C'était bien gros. Et Bernard, qui avait des prétentions à la délicatesse et à la distinction, n'aimait pas les choses brutales.

Heureusement pour son embarras, ce ne fut pas madame d'Arvernes qui arriva, ce fut son maître, et avec lui il était naturel et correct de parler tout de suite de M. d'Arvernes.

— M. le duc d'Arvernes attend monsieur le duc au salon.

M. d'Arvernes était assis, faisant face à la porte ; il s'inclina silencieusement, tandis que, de son côté, Roger saluait sans rien dire.

Ils restèrent ainsi vis-à-vis l'un de l'autre durant quelques secondes qui furent terriblement longues, ne se regardant pas, et cependant ne tenant pas non plus leurs yeux baissés.

Ce fut M. d'Arvernes qui, le premier, prit la parole.

— J'ai à vous entretenir de choses graves, dit-il.

— Je vais recommander qu'on ne reçoive personne, répondit Roger en se dirigeant vers la porte.

— Je vous en serai reconnaissant

Quand Roger revint, M. d'Arvernes avait repris son fauteuil et il avait déposé son chapeau sur une console en jetant dedans ses gants : il se tenait assis, raide, sans appuyer son dos ni ses mains, dans l'attitude du recueillement ; il était d'une pâleur livide et, de temps en temps, des plissements nerveux traversaient son large front, tandis que ses dents inférieures mordaient sa moustache grisonnante.

Enfin il fixa sur Roger ses yeux troublés, qui lançaient un feu sombre.

— Monsieur le duc, dit-il d'une voix saccadée et chevrotante, c'est de madame d'Arvernes que je veux vous parler : samedi, en rentrant de Fontainebleau, où elle avait été vous voir, comme le samedi précédent elle vous avait déjà vu, elle m'a fait part de sa résolution de vous accompagner à Arcachon.

Cela avait été débité lentement, chaque mot étant

coupé par un intervalle plus ou moins long; mais arrivé là, le ton et le mouvement changèrent. Par un geste violent, M. d'Arvernes appuya sa main sur la table qui le séparait de Roger et, se penchant en avant :

— Vous comprenez que cela ne peut pas être, et je viens vous demander de l'empêcher.

— Moi !

— Vous, qui pouvez tout d'un mot, là où moi je ne peux rien, à moins d'appeler la loi à mon aide, ce que je ne veux pas pour son honneur et pour l'honneur de ses enfants.

Roger ne répondit rien, mais son visage trahit sa pensée.

— Cela vous étonne, continua d'Arvernes, qu'un mari vous tienne ce langage? En effet, ce n'est point celui que la tradition met ordinairement dans la bouche des maris. Mais nous sommes dans la réalité, une réalité pour moi effroyable, et je vous tiens le langage que je crois le meilleur pour sortir de cette situation horrible. Vous provoquer !... Pourquoi ? Quand je vous tuerais, quand vous me tueriez, à quoi cela servirait-il ? A enfoncer un peu plus dans la honte ces malheureux enfants. Vous avez fait vos preuves de courage, et j'ai fait les miennes aussi dans des circonstances autrement sérieuses que celles que peut présenter un duel. Et puis, quelque mal que vous m'ayez fait, je ne peux pas loyalement vous en rendre responsable, et ce n'est pas à vous que je dois en demander raison. Ce n'est donc pas votre courage que vous devez montrer, c'est votre délicatesse, votre loyauté, et c'est parce que j'ai compté sur cette délicatesse, sur cette loyauté, sur la noblesse et la fierté de votre cœur, que je me suis décidé à cette démarche, — qui, elle aussi, demande du courage, — pour vous dire : renoncez à cette femme, ne vous faites pas son complice dans le déshonneur qu'elle veut infliger au nom qu'elle porte et à ses enfants.

Ce fut avec un accent brisé, mais la tête haute et le regard plein d'assurance qu'il prononça ces derniers mots.

Puis, après un court instant pour respirer, car l'émotion l'étouffait, il continua :

— Je pourrais vous dire que cet amour n'est pas digne de vous et vous le prouver. Je pourrais vous dire qu'elle ne vous aime pas et vous le prouver; que ce n'est pas votre bonheur qu'elle veut, mais la satisfaction égoïste de sa passion. Je pourrais vous prouver que, dans cette lutte que vous venez de soutenir contre votre famille, elle a été l'alliée, la complice de votre grand-père, et que dans toutes mes démarches en votre faveur j'ai rencontré son influence opposée à la mienne et souvent la détruisant.

— Eh quoi ! s'écria Roger qui, jusque-là, n'avait pas fait un geste et n'avait pas dit un mot, mais qui ne fut pas maître de retenir un cri de surprise et de doute.

— Je vous donnerai ces preuves si vous les voulez; mais, pour le moment, je vous donne ma parole. Je pourrais vous dire qu'elle vous tuera, comme elle en a tué d'autres. Je pourrais vous dire que si vous lui résistez, elle vous fera une vie misérable, comme elle l'a faite, à ceux qui l'ont aimée, leur desséchant le cœur, détruisant en eux toute croyance, toute espérance. Mais ce n'est point de cela que je veux vous parler. Il ne convient point que dans ma position, je m'adresse à votre raison, ni que j'invoque la sagesse, ni que j'éveille votre intérêt personnel, ni que je provoque votre jalousie. C'est aux sentiments chevaleresques que je vous ai vu affirmer plus d'une fois que je fais appel. Monsieur le duc, mon honneur et celui de mes enfants est entre vos mains; rendez-le-moi, rendez-le-nous. Si vous êtes l'homme que je crois, vous comprendrez ce langage que je ne tiendrais pas à un autre.

Il se leva.

— Décidez.

Il se croisa les bras; mais malgré les efforts manifestes qu'il faisait pour s'affermir on voyait ses bras serrés trembler sur sa poitrine, que soulevait inégalement sa respiration haletante.

Roger était resté assis. Comme il allait se lever à son tour, M. d'Arvernes étendit un bras vers lui :

— Encore un mot, dit-il. Si le sentiment que vous éprouvez pour elle est un grand amour, une passion toute-puissante, si elle est votre vie, votre âme, la chair de votre chair, emmenez-la; mais si ce n'est qu'un caprice, une passion éphémère, une liaison banale, pesez, pesez ce que je viens de vous dire et rendez-la à son mari, rendez-la à ses enfants. Partez, quittez la France, voyagez; allez au loin, assez loin pour qu'elle ne puisse pas vous rejoindre comme elle voudra le faire par coup de tête, par originalité. C'est là une résolution difficile à prendre, je le reconnais, pénible peut-être, mais non au-dessus, j'en suis sûr, de votre vaillance.

Pendant assez longtemps Roger resta immobile, les yeux baissés, les sourcils contractés, tandis que M. d'Arvernes, penché sur lui, suivait avec angoisse les phases du combat intérieur qui se livrait dans cette âme troublée, et tâchait de les deviner.

Enfin Roger redressa la tête et se levant:

— Cette semaine, dit-il, d'une voix émue, mais ferme, j'aurai quitté la France.

Un soupir s'échappa de la poitrine de M. d'Arvernes, mais ce fut tout.

De la main il salua, et aussitôt il se dirigea vers la porte.

Mais, prêt à sortir, il se retourna :

— Monsieur le duc, dit-il, j'aurais été heureux d'être votre ami.

Roger s'inclina et, le suivant, il le conduisit jusqu'à la porte du vestibule.

XLII

A peine la porte fut-elle refermée sur M. d'Arvernes, que Roger prit son chapeau.

— Monsieur le duc sort? demanda Bernard, surpris que son maître n'attendît pas madame d'Arvernes.

— Oui.

— Que devrai-je dire, si l'on vient pour voir M. le duc?

— Que je ne rentrerai pas.

Bernard n'osa pas en demander davantage; d'ailleurs, Roger lui avait tourné le dos et était rapidement sorti.

— On dirait qu'il se sauve, pensa Bernard.

Et de fait, il se sauvait réellement, ne voulant pas que madame d'Arvernes qui allait arriver, le trouvât.

Ses pas le portèrent machinalement droit devant lui,

sans qu'il sût trop où il allait, et pendant longtemps il marcha ainsi pour marcher, attendant qu'une éclaircie se fît dans son esprit et qu'une inspiration lui vînt.

Il avait pris un engagement d'honneur, il fallait qu'il le tînt, coûte que coûte.

Après avoir tourné et retourné sur lui-même, il se retrouva rue Auber ; alors l'idée lui vint de monter chez lui pour savoir ce qui s'était passé. Il regarda l'heure qu'il était : trois heures. Assurément elle était venue et repartie ; il n'y avait pas à craindre de la rencontrer.

— Madame est venue, dit Bernard.

C'était de cette façon discrète que Bernard avait l'habitude d'appeler madame d'Arvernes, ce qui le dispensait de lui donner son titre et son nom.

— Qu'a-t-elle dit ?

— Elle n'a pas voulu me croire quand je lui ai répondu que M. le duc ne rentrerait pas. Elle a parcouru elle-même tout l'appartement ; alors ça été des questions sans fin ; je ne voulais pas parler, mais M. le duc sait comment madame interroge.

— Qu'avez-vous dit ?

— J'ai dit que M. le duc avait reçu la visite de M. le duc d'Arvernes et qu'il était sorti aussitôt après.

— Qu'aviez-vous besoin de nommer M. le duc d'Arvernes et pourquoi vous permettez-vous de parler des visites que je reçois.

— M. le duc a raison d'être fâché contre moi ; mais, quand madame veut une chose, M. le duc sait mieux que moi comment elle s'y prend pour l'obtenir.

— C'est bien, interrompit Roger avec un geste de mécontentement.

— M. Harly est venu aussi, et il a dit qu'il serait

bien aise de voir M. le duc aussitôt que possible; il sera chez lui à trois heures et demie, et ce soir à partir de sept heures.

Roger était fort mécontent que Bernard eût commis la maladresse de parler de la visite de M. d'Arvernes; mais, ainsi que le disait justement son valet de chambre, il savait mieux que personne comment madame d'Arvernes s'y prenait lorsqu'elle voulait obtenir quelque chose. D'ailleurs, la maladresse faite, il n'y avait pas à la réparer.

Il se rendit chez Harly, qui le reçut aussitôt avec de grandes démonstrations de joie.

Et comme Roger le regardait tout surpris :

— J'ai vu M. d'Arvernes comme il sortait de chez vous, dit Harly.

— Comment!

Harly raconta ce qui s'était passé : comment dans une crise nerveuse madame d'Arvernes avait parlé ; comment M. d'Arvernes l'avait chargé d'être son intermédiaire auprès de la duchesse pour empêcher celle-ci d'accomplir son dessein d'aller à Arcachon; enfin comment M. d'Arvernes s'était décidé à agir lui-même après avoir acquis la certitude que rien n'arrêterait sa femme affolée.

— Vous pouvez vous imaginer, continua Harly, avec quelle angoisse j'attendais le résultat de cette visite, dont je vous aurais prévenu si M. d'Arvernes ne m'avait pas demandé le secret, car je ne savais pas comment la question s'engagerait entre vous.

— Elle s'est engagée sur le terrain de l'honneur.

— M. d'Arvernes m'a tout raconté et il m'a dit avec quelle noblesse vous lui aviez répondu.

En disant que M. d'Arvernes lui avait tout raconté, Harly n'ajoutait pas que ce n'était point seulement pour lui faire ce récit que M. d'Arvernes était venu le voir en sortant de la rue Auber, mais aussi pour lui demander de veiller sur le duc de Naurose. Sans douter de la parole de celui-ci, il se tenait en défiance contre les faiblesses de la passion et, ne pouvant pas veiller lui-même à l'exécution de l'engagement pris, il trouvait prudent de se faire remplacer par Harly, qui pouvait parler et agir sans que son intervention ressemblât à un soupçon ni à un doute.

— Si quelqu'un a montré de la noblesse en cette affaire, dit Roger, c'est M. d'Arvernes, que j'ai appris à connaître aujourd'hui seulement. On m'aurait raconté hier qu'un mari venant dire à l'amant de sa femme : « Rendez-la-moi », pouvait remplir ce personnage avec grandeur et dignité, je n'aurais pas cru cela, et ce mari m'aurait paru parfaitement ridicule. Eh bien, quand j'ai vu la douleur de M. d'Arvernes, sa honte, son humiliation, et en même temps sa fierté, son souci de l'honneur de ses enfants ; quand je l'ai vu devant moi les bras croisés sur sa poitrine, tremblant, mais la tête haute, attendant ma réponse, je l'ai trouvé superbe, et je vous assure que si nous avions eu des témoins ce n'eût point été le mari qui aurait fait pitié, ni qui aurait donné à rire.

— Ce que vous avez vu en M. d'Arvernes, lui de son côté l'a vu en vous.

— Et que pouvais-je ?

— Rien autre chose que ce que vous avez fait ; mais faire son devoir n'est pas chose si commune en ce monde qu'on ne doive pas féliciter ceux qui le font. Aussi est-ce de grand cœur que je vous adresse mes félicitations pour votre mâle résolution. Vous avez agi en homme, et, ce qui est mieux encore, en homme d'honneur.

Roger secoua la tête :

— Et en homme de cœur ? dit-il sur le ton de l'interrogation.

— Certes.

— Il n'en est pas moins vrai que j'abandonne une femme qui m'aime...

— Trop, interrompit Harly pour arrêter ce retour en arrière qui pouvait devenir dangereux, je veux dire trop pour elle et pas assez pour vous. A mon sens, ce n'est pas là de l'amour, au moins ce n'est pas l'amour tel que je le comprends, avec la générosité, l'abnégation, le dévouement, le sacrifice, avec le souci du bonheur de celui qu'on aime avant toute chose, surtout avant le sien. Ainsi c'était peu vous aimer, c'était mal vous aimer que s'opposer, dans un intérêt égoïste, à la levée de votre conseil judiciaire ; c'était plus mal encore vous aimer que vouloir vous accompagner à Arcachon quand on savait, — et on le savait, je vous en donne ma parole, — que le repos était pour vous une question de vie ou de mort. Aussi n'est-ce pas seulement l'ami qui est heureux de votre résolution, c'est encore le médecin. Quand partez-vous ? Où allez-vous ?

— Où me conseillez-vous d'aller ?

— Peu importe ! où vous voudrez ; voyagez, cela sera le meilleur pour vous : le voyage vous distraira, vous occupera.

— J'ai pensé à aller en Amérique et à revenir par l'Inde.

— Excellente idée ; le tour du monde, c'est parfait. Vous verrez comme vous nous reviendrez superbe de santé. Votre conseil judiciaire sera définitivement levé pendant votre absence, et à votre retour vous serez maître de vous entièrement, libre de toutes les manières : de corps, d'esprit, de cœur, tout jeune encore et cependant ayant l'expérience de la vie : vous pourrez prendre la place qui vous plaira, le monde sera à vous. Partez, partez.

Roger secoua la tête.

— Qui peut vous retenir, continua Harly qui devinait très bien ce qu'il y avait dans ce geste ; j'espère que ce n'est point la question de la rupture et des adieux ?

— Cependant...

— Je ne voudrais pas vous imposer mes conseils, mais je ne peux pas ne pas vous dire ce que je ferais si j'étais à votre place. Je partirais tout de suite, aujourd'hui même.

— On ne part pas pour New-York tous les jours.

— C'est vrai, mais on part tous les jours, plusieurs fois par jour pour le Havre. Je m'en irais donc au Havre et je m'installerais à *Frascati* en attendant le prochain départ du vapeur, qui aura lieu sans doute samedi. Il est évident que si vous restez à Paris, vous passerez votre temps dans l'angoisse de l'irrésolution, ce qui vous sera très mauvais. Et, d'autre part, il est à peu près certain aussi que, si vous voulez procéder à une rupture régulière, à des adieux en forme, vous vous préparerez des scènes terribles pour vous non moins que pour celle dont vous voulez vous séparer, et dont, en fin de compte, après bien des crises, bien des douleurs, vous ne vous séparerez point. Voulez-vous, pouvez-vous revenir sur l'engagement que vous avez pris envers M. d'Arvernes ?

Non certes.

— Eh bien alors, employez, coûte que coûte, le moyen, le seul moyen propre à l'accomplir : mettez-

16.

vous à cette table et écrivez : « Je suis obligé de quitter Paris à la hâte, je vous écrirai aussitôt que possible. » Cet « aussitôt que possible », ce sera demain, après-demain, au Havre ; là, vous écrirez tout ce que vous voudrez, aussi longuement que vous voudrez, et samedi, au moment de vous embarquer, vous jetterez votre lettre à la poste. Il n'y a que cela de pratique et de sûr ; tout le reste serait faiblesse ou duperie.

— Mais...

Harly ne se laissa pas interrompre

— Vous voulez dire que vous n'avez rien préparé pour ce départ ; cela n'a pas d'importance : je me charge de ces préparatifs. J'enverrai Bernard à Fontainebleau prendre ce qui vous est nécessaire, et ensuite je lui ferai arranger vos bagages à Paris, puis je vous l'enverrai à *Frascati* avec quelques milliers de francs que je suis heureux de mettre à votre disposition et que je me procurerai facilement d'ici-là.

Roger se défendit.

Harly reprit ce qu'il avait déjà dit, le développa, le précisa, parla comme ami, parla comme médecin.

Et chaque fois il poussa plus profondément les avantages qu'il obtenait, se gardant bien de blâmer la résistance et les scrupules de Roger, mais revenant toujours à son point de départ : Si vous voulez une séparation, il ne faut pas d'adieux, ou la séparation ne se fera pas.

Roger sentait trop bien la force de cette vérité pour pouvoir la contester.

— Il y a un train à 6 heures 30 minutes, dit Harly, je vais vous conduire à la gare, car il ne faut pas que vous ayez la tentation de remonter chez vous. Qui sait ce qui vous y attend ?

En chemin, il abandonna ce sujet en tâchant de distraire Roger.

— Savez-vous, dit-il, qu'en vous pressant de partir je prends parti contre la personne que j'aime le mieux au monde.

— Qui donc ?

— Ma fille, qui voulait vous faire une surprise : elle a planté votre cerisier dans notre jardinet de Saint-Cloud, votre fameux cerisier du dîner de votre majorité. Nous avons été le voir hier ; il est en fleur, magnifique, et elle se faisait fête de vous offrir sa récolte.

— Espérons que ce sera pour l'année prochaine.

— Comment, espérons ?

XLIII

On était au samedi, c'est-à-dire au jour de départ du *Canada* pour New-York, qui devait avoir lieu à la pleine mer du matin.

Arrivé la veille avec les bagages et aussi avec l'argent qui lui avait été remis par Harly, Bernard avait tout préparé.

Roger n'avait plus qu'à s'embarquer ; dans quelques heures il aurait quitté la France.

La chambre qu'il occupait à *Frascati* avait deux fenêtres, l'une sur la pleine mer, l'autre sur l'entrée du port et les deux jetées ; assis devant la fenêtre ouverte sur la mer, il songeait au départ, et ce n'était pas sans tristesse que dans cette chambre vide où il avait vécu depuis cinq jours, où il avait remonté le cours de sa vie et de ses amours en écrivant à sa maîtresse sa lettre d'adieu, il plongeait ses yeux dans les profondeurs sans bornes où bientôt il allait s'enfoncer et disparaître.

Et malgré lui, détournant ses yeux de l'horizon vaporeux dans lequel ils se perdaient, au milieu de la confusion des flots et des nuages, il laissait son esprit retourner en arrière.

L'heure était mélancolique, d'autant plus triste qu'il ne trouvait en lui aucun ressort, rien sur qui s'appuyer, rien qui le satisfît ou qui l'encourageât.

Comme il songeait ainsi, regardant sans le voir le mouvement des navires qui s'opérait devant lui, à ses pieds, les uns entrant dans les jetées, les autres gagnant la haute mer, il crut entendre un bruit de pas à sa porte ; Bernard sans doute. Nonchalamment il se retourna, car l'heure du départ n'était pas encore sonnée.

La porte s'ouvrit vivement poussée ; c'était madame d'Arvernes.

Instantanément Roger fut debout.

Pendant ce temps, madame d'Arvernes fermait la porte et s'adossait contre.

Durant quelques instants ils se regardèrent, lui immobile devant sa fenêtre à laquelle il tournait le dos ; elle devant la porte ; de sorte qu'ils étaient séparés par toute la largeur de la chambre, qui était assez vaste.

Madame d'Arvernes était en costume de voyage, coiffée d'une toque avec un voile qui lui cachait le haut du visage, enveloppée d'un manteau chaud ; en tout la toilette d'une femme qui avait passé la nuit en chemin de fer.

Lentement elle dénoua son voile et défit son manteau, qu'elle jeta sur une chaise qui se trouvait à la portée de sa main, et sans faire un pas en avant, comme si elle tenait à garder sa porte et à la défendre.

Roger remarqua alors qu'elle était pâlie et que ses yeux sombres avaient un éclat fiévreux ; son visage portait les marques de la fatigue.

A la regarder ainsi, un frisson courut dans ses veines et une bouffée de chaleur lui monta au visage.

Pour elle, toujours immobile, elle le regardait aussi ; mais loin de fermer les yeux, elle les ouvrait tout grands, elle les dardait sur lui, l'enveloppant de la tête aux pieds, suivant jusqu'au plus profond de son être le trouble qu'elle produisait.

Elle ferma à demi les paupières et, les yeux noyés, alanguis, les lèvres entr'ouvertes, les narines frémissantes, la poitrine haletante, elle attendit.

Comme il ne bougeait point, elle se décida à parler et sur ses lèvres, comme dans ses yeux, courut un sourire moqueur.

— Ainsi, dit-elle, c'est bien vrai, vous partez ?

— Dans une heure je serai en mer.

Cela fut dit avec tristesse, mais aussi avec résolution : la voix était émue, mais ferme cependant.

— Et c'est sans regret ? demanda-t-elle.

— Non sans regret, avec chagrin au contraire, avec une vive et profonde douleur.

— Alors pourquoi partir ?

— Parce qu'il le faut.

Elle laissa échapper un mouvement d'impatience ; mais aussitôt elle se contint et le sourire moqueur qui avait paru sur ses lèvres s'accentua en prenant un caractère de raillerie voulue.

— Ainsi c'est un engagement que vous avez pris envers vous... et envers un autre ; un engagement qu'on a sollicité, imploré, qu'on vous a arraché. On vous a dit que c'était le devoir d'un galant homme de rendre une femme à son mari, une mère à ses enfants; on vous a fait voir qu'en décidant cette rupture qui vous était cruelle vous étiez héroïque, chevaleresque.

Elle accentua encore la raillerie de son sourire et l'ironie de son intonation.

— Chevaleresque, c'est tout dire quand on parle à un Naurouse, fit-elle en continuant, pour être chevaleresque le duc de Naurouse sacrifierait sa vie avec bonheur. Et puis, chevaleresque envers un mari, ça c'est original, ça n'est pas du premier venu; on s'emballe là-dessus et l'on se sauve au plus vite, chevaleresquement.

Elle se mit à rire d'un mauvais rire dédaigneux.

Puis, brusquement, le sourire qui était sur ses lèvres s'effaça; ses sourcils, qui étaient abaissés, se relevèrent; deux profonds sillons se creusèrent dans ses joues, des rides coupèrent son front, et ce fut l'expression de la douleur que trahit son visage.

— Et envers la femme, s'écria-t-elle, est-ce se montrer chevaleresque que l'abandonner? Que t'ai-je fait pour mériter cet abandon?

Ce fut avec un élan passionné qu'elle employa le tutoiement.

— Dis, que t'ai-je fait, Roger? De quoi te plains-tu? Quels griefs as-tu contre moi? Dis-les, ces griefs; montre-les s'ils existent : je te répondrai. Un seul, un seul existe, un seul est réel : je t'ai trop aimé, je t'aime trop. Mais l'invoqueras-tu? Parle.

Ils étaient toujours en face l'un de l'autre : elle, adossée contre la porte; lui, devant la fenêtre, sans qu'ils eussent fait, ni elle ni lui, un pas pour se rapprocher.

— Tu ne dis rien? s'écria-t-elle après un moment d'attente.

S'il ne disait rien, c'était qu'il sentait bien qu'une discussion ne pouvait que le perdre; il était trop profondément remué, trop troublé, trop ému pour discuter. Est-ce qu'il était en état de réunir des arguments, de plaider? Était-il même en état de garder son sang-froid, sa raison? Ce n'était pas une femme indifférente à son cœur qu'il avait devant lui : c'était une femme qu'il avait aimée, qu'il aimait encore. Sous ses regards il frémissait, et lorsqu'elle avait défait son manteau, il s'était dégagé d'elle un parfum, ce parfum qu'il avait si souvent respiré, qui avait fait bondir son cœur et tendu ses nerfs.

— Je n'ai qu'une chose à dire : j'ai pris un engagement et mon honneur m'oblige à le tenir, quoi qu'il m'en coûte.

— Quoi qu'il m'en coûte !

— Vous voyez bien qu'il m'en coûte beaucoup; de même que vous comprenez bien, vous sentez bien aussi que ce n'est point par sécheresse de cœur, par indifférence, par dureté que j'ai voulu vous éviter des explications, des adieux qui ne pouvaient que nous rendre malheureux, horriblement malheureux l'un et l'autre.

De nouveau il fit deux pas en avant.

— Puisque la fatalité nous sépare, ne faisons rien, ni vous ni moi, pour aggraver les difficultés... les douleurs de cette situation; l'heure du départ a sonné.

Il s'était avancé vers la porte, c'est-à-dire vers elle; mais elle n'avait pas quitté sa position.

— Tu ne partiras pas, dit-elle

— L'heure presse.

— Tu ne partiras pas !

Et résolument elle s'appuya contre la porte en étendant ses deux bras en croix.

— Tu penses bien, s'écria-t-elle, que je ne t'ai pas rejoint ici pour te laisser partir; et pourquoi partirais-tu quand nous pouvons être heureux, quand je t'aime, car, malgré tout, je t'aime encore; je t'aime, tu entends, mon Roger, je t'adore, et quand tu m'aimes aussi, car tu as beau détourner les yeux, tu as beau voiler ta voix, rendre tes paroles brèves et sèches, tu m'aimes, tu m'aimes comme tu m'aimais il y a aujourd'hui huit jours dans ta chambre à Fontainebleau, où nous avons été si heureux. Te souviens-tu? Tu vois bien que tu te souviens puisque tu frissonnes comme je frissonne moi-même à l'évocation de ces souvenirs; comme tu m'aimais il y a un mois, il y a six mois, comme depuis que nous nous connaissons. Oh! le pauvre fou qui aime, qui est aimé et qui veut partir!

— J'ai donné ma parole.

— Eh bien, tu manqueras à ta parole.

— Jamais.

— Alors tu emploieras la force pour m'arracher de cette porte que je défends, car je ne te laisserai pas partir. Allons, Roger, mon Roger adoré, mon bien-aimé, mon amant, mon Dieu, ma vie, toi que je vénère, que je respecte, qui es tout pour moi, le passé, le présent, l'avenir, mon espérance en ce monde et dans l'autre, allons, étends sur moi cette main que j'ai si souvent caressée et baisée avec ivresse, repousse-moi, arrache-moi d'ici, car je ne te livrerai point passage.

Parlant ainsi, elle l'enveloppait, elle l'entourait, elle le brûlait de ses regards passionnés.

Adossée contre la porte, la poitrine en avant, la tête haute, elle attendait, bien certaine que si cette main hésitante s'étendait vers elle et la touchait, ne fût-ce que du bout du doigt, ce ne serait pas pour l'arracher de cette porte.

Au dehors par la fenêtre ouverte, on entendait le bruit de plus en plus fort de la mer qui frappait les galets et bientôt, sans doute, allait battre son plein.

— Allons, murmura-t-elle, d'une voix dans laquelle il y avait plus de caresse que de défi, viens, Roger, viens me repousser, me faire violence, que je sache enfin comment tu m'aimais.

Il était à deux pas d'elle, sous son regard, et en même temps que cette voix le bouleversait, chaque vague qui déferlait sur le rivage lui retentissait dans la poitrine, lui rappelant qu'à la marée pleine le vapeur quitterait le quai.

Il fit un pas de plus en avant et il étendit la main pour l'écarter.

Mais de ses deux mains elle saisit la sienne et, d'un bond, elle fut sur lui, l'enlaçant de la tête aux pieds, le serrant, lui fermant la bouche avec un baiser.

Et ce ne fut pas elle qui recula, ce fut lui, la portant suspendue à ses lèvres.

XLIV

— Eh bien! oui, tu partiras, dit-elle; je ne veux pas te faire manquer à ta parole. Tu as promis de partir, mais tu n'as pas promis de ne pas revenir, et tu reviendras. Que m'importe maintenant que tu partes? Puisque tu es toujours mon Roger puisque tu m'aimes toujours, je sais bien que tu me reviendras. Oh! le grand enfant, le naïf, qui s'imaginait pouvoir quitter sa Valère! Seulement, ne pars pas encore, ne pars pas si vite : tu as le temps.

Il voulut dire que, bien loin d'avoir le temps, l'heure au contraire était arrivée; mais elle ne le laissa pas parler.

— Tu sais bien que ces vapeurs partent toujours longtemps après l'heure fixée.

De la main il lui montra par la fenêtre le pavillon blanc avec croix noire, hissé tout au haut du mât des signaux de la jetée sans flamme noire en forme de guidon au-dessus.

— Eh bien ? demanda-t-elle en regardant ce signal.
— Eh bien! cela veut dire qu'il est pleine mer.
— Tu sais mieux que moi qu'au Havre la mer reste pleine longtemps. Je te dis que le *Canada* n'est pas prêt à partir. Avant de venir ici, j'ai été au quai du vapeur, te cherchant; on m'a dit qu'il ne partirait qu'à neuf heures, et huit heures ne sont pas encore sonnées, Il ne faut pas une heure pour aller, en voiture, d'ici au quai des transatlantiques; laisse-moi profiter des dernières minutes qui nous restent, laisse-moi te regarder, laisse-moi t'embrasser, laisse-moi te prendre pour t'emporter, te garder jusqu'au retour.

Le temps s'écoula sans que Roger eût conscience des minutes qui passaient.

— Oui, disait-elle, tu vas partir : je vais te conduire, je ne te quitterai que sur la planche. Encore un baiser, un seul !

Si Roger avait regardé du côté de la jetée, il aurait vu le pavillon noir et blanc de la pleine mer amené et remplacé au haut du mât par un pavillon rouge qui disait aux navires venant du large que l'entrée du port leur était interdite pour laisser sortir un transatlantique; mais ses yeux étaient plongés dans ceux de sa maîtresse, et il ne voyait rien, il n'entendait rien.

— Oui, tu vas partir, disait-elle, encore une minute.

Un coup de canon lui coupa la parole. Vivement Roger s'arracha aux bras qui l'étreignaient et courut à la fenêtre : sortant de la jetée, il aperçut un grand navire avec deux grosses cheminées rouges, le *Canada* qui, au moment de faire route, saluait son port; le câble qui l'attachait à son remorqueur fut largué, la vapeur couronna ses cheminées, il était parti.

Madame d'Arvernes s'était avancée doucement, marchant sur le tapis sans faire de bruit : elle jeta ses bras autour du cou de son amant :

— Eh bien, oui, dit-elle, je t'ai retenu; mais ne croyais-tu pas plutôt que je te laisserais partir quand j'ai eu tant de mal à te retrouver? C'est à Bernard que je dois d'avoir pu suivre tes traces; s'il ne m'avait pas parlé de la visite de M. d'Arvernes, mon esprit n'aurait pas été en éveil; mais quand j'ai connu cette visite, j'ai pu tant bien que mal reconstituer ce qui s'était passé et deviner ce qui allait arriver. Ton concierge en apprenant à ma femme de chambre que Bernard avait fait conduire tes bagages à la gare du Havre a fait le reste; tu étais au Havre; j'y suis venue; nous y sommes, restons-y. Ne me regarde donc pas avec ces yeux effarés et pense plutôt à commander notre déjeuner; je meurs de faim comme une femme qui a passé sa nuit en chemin de fer, et qui n'a guère dormi, son cœur était trop serré par l'angoisse; maintenant qu'il n'y a plus de navires en partance pour New-York, je respire et j'ai faim.

Lorsqu'ils descendirent pour déjeuner au rez-de-chaussée, il aperçut Bernard dans le vestibule se tenant là en homme qui attend : il n'était donc point parti sur le *Canada*, et il avait eu l'intelligence de débarquer à temps.

Il ne lui dit rien; mais, le déjeuner commandé, il demanda à madame d'Arvernes la permission de la laisser seule un instant et il revint dans le vestibule.

Il fit un signe à Bernard, qui accourut :

— Je suis bien aise que vous ne vous soyez pas embarqué, dit Roger.

Bernard pi . son air discret :

— J'étais là dans ce vestibule, dit-il, quand j'ai vu madame... descendre de voiture; elle a demandé l'appartement de monsieur le duc; alors j'ai bien pensé que monsieur le duc ne partirait pas et j'ai été tout de suite à bord du *Canada* pour faire débarquer les bagages que j'ai fait placer sous la tente, pour le cas où monsieur le duc se déciderait à partir quand même; monsieur le duc n'ayant pas paru, ils sont restés sous la tente et moi je suis revenu ici. Faut-il les faire rapporter?

— Non, qu'ils restent où ils sont. Pour vous, parcourez le port et informez-vous des vapeurs qui sont en partance à la marée de ce soir où à celle de demain matin. Vous me le direz en particulier.

Bernard ouvrit de grands yeux, mais il ne se permit pas d'observation, quelque envie qu'il en eût Il était fâché de ne pas aller à New-York, parce qu'il avait toujours désiré visiter l'Amérique; mais c'était une consolation de penser que le lendemain il partirait peut-être pour un autre pays inconnu : il aimait l'imprévu.

Pendant toute la journée, madame d'Arvernes se montra charmante; pas un mot de reproche, pas une allusion : rien que des caresses et des paroles passionnées. C'était à croire qu'ils étaient venus de Paris ensemble.

Pour Roger, il s'efforçait de cacher sa préoccupation, et si de temps en temps il se trahissait par un silence ou par des regards inquiets, elle faisait comme si elle ne voyait rien et, loin de se plaindre, elle se montrait au contraire plus gaie. D'ailleurs, elle ne s'inquiétait pas de cette préoccupation, qu'elle trouvait toute naturelle. Il devait être gêné, embarrassé; mais, après le premier moment passé, cette gêne s'effacerait, et alors on pourrait traiter la question d'avenir. Elle avait le présent, c'était déjà beaucoup, c'était tout; elle avait reconquis sa puissance, elle saurait la garder et la défendre.

Après déjeuner ils étaient montés en voiture et ils s'étaient fait conduire au château d'Orcher, où ils avaient passé la journée à se promener et à s'asseoir dans les bois qui couvrent les collines, du haut desquelles l'œil embrasse dans son ensemble toute la baie de la Seine, que ferment les coteaux verts d'Honfleur et de Villerville.

— Cette brise de la mer me rappelle Portrieux, disait-elle parfois en se serrant contre lui; et toi, penses-tu à Portrieux? Ah! comme je t'aimais déjà... et pourtant je t'aime mille fois plus encore aujourd'hui.

Lorsqu'ils rentrèrent pour dîner, Roger trouva quelques courts instants pour entretenir Bernard :

— Ce soir partiront à la marée... dit celui-ci en tirant un carnet.

Mais son maître lui coupa la parole :

— Ne nous occupons pas de ceux de ce soir; quels sont ceux de demain?

— Bon, se dit Bernard, si nous reculons toujours ainsi, nous ne partirons jamais.

Mais, cette observation, il la fit tout bas ; haut il lut :

— Pour Saint-Pétersbourg le *Stentor*, pour Lisbonne la *Caravelle*, pour Liverpool le *Stromboli*, pour Rio-Janeiro et la Plata le *Rosario*.

Roger interrompit cette énumération qui menaçait d'être longue : Rio-Janeiro était plus loin encore que New-York.

— A quelle heure part le *Rosario*? demanda-t-il.

— A neuf heures il quittera les docks.

— Bien. Faites porter les bagages à bord du *Rosario* et retenez-moi une cabine ; vous m'attendrez sur le vapeur même.

Après le dîner, madame d'Arvernes voulut aller au théâtre, et bien qu'elle eût passé la nuit précédente en wagon, elle eut la fantaisie de rester jusqu'à la fin. Il était minuit lorsqu'ils rentrèrent à l'hôtel et plus d'une heure du matin lorsque, après avoir soupé, ils montèrent à leur appartement. Ce fut là que, pour la première fois, elle parla de fatigue.

Bien que fatigué aussi, Roger ne s'endormit pas, agité, enfiévré par la résolution qu'il allait accomplir : si elle avait été dure à prendre à Paris, loin d'elle, combien terrible était-elle à exécuter maintenant qu'il l'avait revue, qu'elle était là, près de lui !

N'était-ce pas misérable de l'abandonner ainsi ? Ne devrait-il pas lui dire hautement : Je pars ?

Oui, sans doute, il devrait le lui dire : cela seul était digne et honnête ; mais s'il le lui disait, partirait-il ? L'expérience de la veille était là pour lui montrer combien sa chair était faible.

Pour partir il fallait qu'il se sauvât, ou bien il ne partirait jamais.

Le jour le surprit avant qu'il eût fermé les yeux ; puis, peu à peu, le bruit de la mer qu'on entendait faiblement grandit, annonçant que la marée montait.

A sept heures il se leva avec précaution, et avec toutes sortes de précautions aussi il s'habilla.

Mais elle dormait d'un profond sommeil, bercée par la vague qui l'empêchait d'entendre d'autres bruits.

Habillé il resta debout longtemps devant elle, la regardant et ressassant pour la centième fois tous ses raisonnements de la nuit, mais avec une émotion plus poignante encore puisque le moment de la séparation approchait, puisqu'il était arrivé.

Elle fit un mouvement ; il crut qu'elle allait se réveiller, il se sauva.

Cependant elle ne se réveilla point, et ce fut à huit heures seulement qu'elle ouvrit les yeux. N'apercevant point Roger, elle l'appela.

N'obtenant pas de réponse, elle ne s'en inquiéta pas autrement, tant elle était certaine de l'avoir reconquis.

— Il est sur la jetée, se dit-elle, se rappelant qu'il lui avait raconté que depuis qu'il était au Havre tout son temps s'était passé, pendant que la mer était haute, à suivre sur la jetée le mouvement d'entrée et de sortie des navires.

Et elle s'habilla lentement pour aller le rejoindre.

Comme elle arrivait sur la jetée, elle vit un grand vapeur qui s'avançait lentement dans l'avant-port pour sortir.

— Le *Rosario*, dit-on autour d'elle, c'est son premier voyage à la Plata.

Elle s'approcha du parapet pour voir le *Rosario* sortir. Il s'avançait doucement, presque insensiblement, dominant de sa masse majestueuse le remorqueur qui le conduisait pour l'aider à gouverner : soulevé par la marée dans son plein, il était plus élevé que la jetée qu'il rasait.

Tandis que l'équipage s'occupait à la manœuvre, les passagers groupés, çà et là, se tenaient tournés du côté de la ville pour dire adieu à la terre; il y en avait qui agitaient des mouchoirs.

Tout à coup, dans un de ces passagers appuyé à un hauban, madame d'Arvernes crut reconnaître Roger.

Elle passa sa main sur ses yeux.

Mais elle ne se trompait pas, c'était lui qui, semblait regarder les fenêtres de *Frascati*.

— Roger!

Mais ce cri, il ne l'entendit point : on venait de mettre en route, et le navire s'éloignait rapidement, le cap sur la haute mer. (1)

FIN

(1) L'épisode qui suit a pour titre : *Corysandre*.

ÉMILE COLIN — IMPRIMERIE DE LAGNY

www.ingramcontent.com/pod-product-compliance
Lightning Source LLC
Chambersburg PA
CBHW071126160426
43196CB00011B/1813